U0143287

WHAT IS PHILOLOGY

# 语言学是什么

第2版

徐通锵 著

北京大学出版社
PEKING UNIVERSITY PRESS

**图书在版编目(CIP)数据**

语言学是什么/徐通锵著. —2 版. —北京：北京大学出版社，2020.8
（人文社会科学是什么）
ISBN 978-7-301-31435-7

Ⅰ. ①语…　Ⅱ. ①徐…　Ⅲ. ①语言学—通俗读物　Ⅳ. ①H0-49

中国版本图书馆 CIP 数据核字(2020)第 120915 号

| | | |
|---|---|---|
| 书　　　　名 | 语言学是什么（第 2 版） | |
| | YUYANXUE SHI SHENME（DI-ER BAN） | |
| 著 作 责 任 者 | 徐通锵　著 | |
| 策 划 编 辑 | 杨书澜 | |
| 责 任 编 辑 | 魏冬峰 | |
| 标 准 书 号 | ISBN 978-7-301-31435-7 | |
| 出 版 发 行 | 北京大学出版社 | |
| 地　　　　址 | 北京市海淀区成府路 205 号　100871 | |
| 网　　　　址 | http://www.pup.cn | |
| 电 子 信 箱 | weidf02@sina.com | |
| 新 浪 微 博 | @北京大学出版社 | |
| 电　　　　话 | 邮购部 010-62752015　发行部 010-62750672 | |
| | 编辑部 010-62752926 | |
| 印 刷 者 | 北京中科印刷有限公司 | |
| 经 销 者 | 新华书店 | |
| | 890 毫米×1240 毫米　A5　11.125 印张　220 千字 | |
| | 2007 年 1 月第 1 版 | |
| | 2020 年 8 月第 2 版　2020 年 8 月第 1 次印刷 | |
| 定　　　　价 | 48.00 元 | |

# 目 录
CONTENTS

## ▎＋▎汉语特点的研究和中国语言学与国际接轨

# 序 一

## 让人文情怀和科学精神滋润心田

原北京大学校长

林建华

一直以来,社会都比较关注知识的实用性,"知识就是力量""科学技术是第一生产力"。对于一个物质匮乏、知识贫乏的时代来说,这无疑是非常必要的。过去的几十年,中国经济和社会都发生了深刻变化,常常给人恍如隔世的感觉。互联网＋、跨界、融合、大数据等新概念层出不穷,正以难以想象的速度颠覆传统……中国正与世界一起,经历着更猛烈的变化过程,我们的社会已经进入到以创新驱动发展的阶段。

中国是唯一一个由古文明发展至今的大国,是人类发展史上的奇迹。在近代史中,我们的国家曾经历了百年的苦难和屈辱,中国人民从未放弃探索伟大民族复兴之路。北京大学作为中国最古老的学府,一百多年来,一直上下求索科学技术、人文科学和社会科学的发展道路。我们深知，进步决不是忽视既有文明的积累，更不可能用一种文明替代另一种文明，发展必须充分吸收人类积累的知识、承载人类多样化的文明。我们不仅应当学习和借鉴西方的科学和人文情怀，还要传承和弘扬中国辉煌的文明和智慧，这些正是中国大学的历史使命，更是每个龙的传人永远的精神基因。

通俗读物不同于专著，既要通俗易懂，还要概念清晰，更要喜闻乐见，让非专业人士能够读、愿意读。移动互联时代，人们的阅读习惯正在改变，越来越多的人喜欢碎片化地去寻找和猎取知识。我们真诚地希望，这套"人文社会科学是什么"丛书能帮助读者重拾系统阅读的乐趣，让理解人文科学和社会科学基本内容的欣喜丰盈滋润心田；我们更期待，这套书能成为一颗让人胸怀博大的文明种子，在读者的心田生根、发芽、开花、结果。无论他们从事什么职业，都能满怀人文情怀和科学精神，都能展现出中华文明和人类智慧。

历史早已证明，最伟大的创造从来都是科学与艺术的完美结合。我们只有把科学技术、人文修养、家国责任连在一起，才能真正懂人之为人、真正懂得中国、真正懂得世界，才能真正守正创新、引领未来。

# 序　二

原北京大学校长

人类已经进入了 21 世纪。

在新的世纪里，我们中华民族的现代化事业既面临着极大的机遇，也同样面临着极大的挑战。如何抓住机遇，迎接挑战，把中国的事情办好，是我们当前的首要任务。要顺利完成这一任务的关键就是如何设法使我们每一个人都获得全面的发展。这就是说，我们不但要学习先进的自然科学知识，而且也得学习、掌握人文科学知识。

江泽民主席说，创新是一个民族的灵魂。而创新人才的培养需要良好的人文氛围，正如有些学者提出的那样，因为人文和艺术的教育能够培养人的感悟能力和形象思维，这对创新人才的培养至关重要。从这个意义上说，人文科学的知识对于我们来说要显得更为重要。我们迄今所能掌握的知识都是人的知识。正因为有了人，所以才使知识的形成有了可能。那些看似与人或人文学科毫无关系的学科，其实都与人休戚相关。比如我们一谈到数学，往往首先想到的是点、线、面及其相互间的数量关系和表达这些关系的公理、定理等。这样的看法不能说是错误的,但却是不准确的。因为它恰恰忘记了数学知识是人类的知识,没有人类的富于创造性的理性活动,我们是不可能形成包括数学知识在内的知识系统的,所以爱因斯坦才说:"比如整数系,显然是人类头脑的一种发明,一种自己创造自己的工具,它使某些感觉经验的整理简单化了。"数学如此,逻辑学知识也这样。谈到逻辑,我们首先想到的是那些枯燥乏味的推导原理或公式。其实逻辑知识的唯一目的在于说明人类的推理能力的原理和作用,以及人类所具有的观念的性质。总之,一切知识都是人的产物,离开了人,知识的形成和发展都将得不到说明。

因此我们要真正地掌握、了解并且能够准确地运用科学知识,就必须首先要知道人或关于人的科学。人文科学就是关于人的科学,她告诉我们,人是什么,人具有什么样的本质。

现在越来越得到重视的管理科学在本质上也是"以人为本"的学科。被管理者是由人组成的群体,管理者也是由人组成的群体。管理者如果不具备人文科学的知识,就绝对不可能成为优秀的管理者。

但恰恰如此重要的人文科学的教育在过去没有得到重视。我们单方面地强调技术教育或职业教育,而在很大的程度上忽视了人文素质的教育。这样的教育使学生能够掌握某一门学科的知识,充其量能够脚踏实地完成某一项工作,但他们却不可能知道人究竟为何物,社会具有什么样的性质。他们既缺乏高远的理想,也没有宽阔的胸怀,既无智者的机智,也乏仁人的儒雅。当然人生的意义或价值也必然在他们的视域之外。这样的人就是我们常说的"问题青年"。

当然我们不是说科学技术教育或职业教育不重要。而是说,在学习和掌握具有实用性的自然科学知识的时候,我们更不应忘记对于人类来说重要得多的学科,即使我们掌握生活的智慧和艺术的科学。自然科学强调的是"是什么"的客观陈述,而人文学科则注重"应当是什么"的价值内涵。这些学科包括哲学、历史学、文学、美学、伦理学、逻辑学、宗教学、人类学、社会学、政治学、心理学、教育学、法律学、经济学等。只有这样的学科才能使我们真正地懂得什么是真正的自由、什么是生活的智慧。也只有这样的学科才能引导我们思考人生的目的、意义、价值,从而设立一种理想的人格、目标,并愿意为之奋斗终生。人文学科的教育目标是发展人性、完善人格,提供正确的价值观或意义理论,为社会确立正确的人文价值观的导向。

国外很多著名的理工科大学早已重视对学生进行人文科学的教育。他们的理念是,不学习人文学科就不懂得什么是真正意义的人,就不会成为一个有价值、有理想的人。国内不少大学也正在开始这么做,比如北京大学的理科的学生就必须选修一定量的文科课程,并在校内开展多种讲座,使文科的学生增加现代科学技术的知识,也使理科的学生有较好的人文底蕴。

我们中国历来就是人文大国,有着悠久的人文教育传统。古人云："文明以止，人文也。观乎天文，以察时变，观乎人文，以化成天下。"这一传统绵延了几千年，从未中断。现在我们更应该重视人文学科的教育，高扬人文价值。北京大学出版社为了普及、推广人文科学知识，提升人文价值，塑造文明、开放、民主、科学、进步的民族精神，推出了"人文社会科学是什么"丛书，为大中学生提供了一套高质量的人文素质教育教材，是一件大好事。

2001 年 8 月

# 卷 头 语

**语言学**，顾名思义，自然是研究语言的科学。因此，要了解什么是语言学，得首先了解什么是语言。

**语言**和语言学，汉语里仅仅是一字之差，而在英语里却是两个完全不同的词。"语言"英语里是 language，而"语言学"是 linguistics。语言是用来说的，每一个正常的人至少都能用一种语言说话，而语言学是对语言的研究，是人们对语言的理性认识，目的是要弄清楚语言的结构规律和演变规律，对此有了解的人不多。所以，要了解语言学是什么，首先得了解语言是什么，以及它与相关现象之间的关系；而中国语言学的研究还得考察它与西方语言学之间的关系。它们都是语言学应该研究的内容。

语言还要研究，人们可能对此不理解，认为每一个人都会说话，也听得懂别人的说话，有什么可研究的？这是很大的误解，因为每一个人都"会"、都"知道"的现象，不一定每一个人都懂得其中的道理。苹果熟了会掉下来，不会飞上天。这是人人都知道的现象，最平常不过了，应该没有什么学问，但是牛顿见了这种现象却感到奇怪，问了个"为什么"，结果发现了地心引力的原理，对物理学的发展产生了重要的影响。不妨再举一个例子。到商店里买东西，需要花钱；只要你交了钱，售货员就能给你东西。每个人都亲自买过千百次东西，这是每个人都会的，也是最平常不过了，但马克思却对此问了个"为什么"，结果发现了商品交换的规律，论证了资本主义的发生、发展和灭亡的规律，对社会的发展产生了深刻的影响。语言与落体运动、商品交换相比较，要复杂得多，其中所隐含的"为什么"也要多得多，因而研究起来也要困难得多。几千年来，人们一直对语言感兴趣，进行了很多研究，发现了很多规律，但仍然弄不清楚人类为什么能如此得心应手地运用语言进行思想交流，说不清楚语言中为什么有那么多的"可以意会，难以言传"的现象。对此好有一比的是，现在能够说清楚的语言规律犹如地表层的规律，正在探索的是类似地幔层的奥秘，希望最终能到达地心，但不知道是何年何月才能实现这样的目标。大家看到这里，可能会认为我在这里是"故弄玄虚"。否！语言就是那么复杂，而且可能是最复杂的一种社会现象。当前最有力的一个证据就是计算机科学的发展。这一学科的兴起和发展除了自然科学的发展外，也得益于语言规律的研究，但现在阻碍它的深入发展的，却不是自然科学方面的技术，而是我们对语言规律的认识太肤浅，说不出规律间的内在联系，更找不出一条能"以一驭万"的简单的统率性规律。为适应社会发展的需要，我们只能脚踏实地，认真研究，想办法找出语言深层的规律。

语言学是一门古老的科学，但也是一门年轻的科学，在科学体系中已逐渐显露出它的重要地位。它在本质上是一门社会科学，但又接近于自然科学，因而善于从其他科学的发展中吸取自己所需要的营养，而它的研究成果也会对其他科学的发展产生积极的影响。科学的发展需要语言学。

# 什么是语言？

在中国人的观念中，"字"是中心主题，"词"则在许多不同的意义上都是辅助性的副题，节奏给汉语裁定了这一样式。

——赵元任

　　赵元任(1892—1982)，著名语言学家、哲学家和作曲家。主要著作有《国语新诗韵》《现代吴语的研究》《广西瑶歌记音》《粤语入门》(英文版)、《中国社会与语言各方面》(英文版)、《中国话的文法》《中国话的读物》《语言问题》《通字方案》等。

## 1　语言与说话

每一个正常的人都会说话，但说话不等于语言。"用汉语说""用英语说"这些说法已隐含语言与说话的区别和联系。这里的"汉语""英语"就是我们所说的语言，而"说"就是说话的行为。语言是用来"说"的，一个生理上没有毛病的人每天都要说话，不是用汉语说，就是用英语或其他语言说。一种语言如没有人说，它就会消亡，我国历史上某些民族的语言，如鲜卑语、契丹语、女真语等，由于说这些语言的人后来融入汉语社团，改说汉语，他们的语言也就因为没有人说而消亡了。

语言存在于说话中，人们每天都需要用它说话，说的人越多，它的生命力也就越强；反之，说的人越少，这个语言要长期维持它的生命力就越难。即使是一个正常的人，如果离开群体，独自一个人生活，没有说话的对象，没有说话的需要，他也会失去语言运用的能力，类似哑巴。抗战时期，山东的青年农民刘连仁被日军抓到日本当劳工，后逃入北海道的山林中穴居，没有说话的需要，因而他的语言能力也就日渐衰退而不会说话了。在他穴居的第 13 年，他看见一条船，想喊一声"船"求救，但舌头不听使唤，转动不灵，喊不出"船"的音来。他意识到失去语言能力的危险，将来遇救，也无法说明自己的来历。于是，他张嘴训练舌头的弹性，以顽强的毅力学说话，最后才慢慢地说出："我叫刘连仁，我是中国人，山东高密县人。我是民国三十三年抓来的劳工……"刘连仁为什么在失去语言能力之后又能说出几句简单的话来？因为他原来会说话，失去语言能力之后还记得像"我、人、中国、高密县、叫、是、劳工……"这样一些字眼儿，还记得"我叫刘连仁"中的"我"得放在"叫"的前面，不能说成"刘连仁叫我"，等等。就是说，他还记得一些把字组织起来造句的规则。这件事告诉我们语言与说话的联系与区别：语言好像是一种工具，需要人去用，不用就会"生锈"，就会"退化"和消亡，而说话则是人们运用语言工具跟人们交流思想、认知现实的行为，是为了适应他人的需要、维护社会的和谐发展而进行的一种社会活动。语言与说话的这种关系告诉我们：**语言**存在于说话和说出来的"话"中，而**说话**需要遵守一定的规则，不能随便乱说；这"一定的规则"就是语言，但人们往往可以意会，却难以言传，能具体地感受到的就是有一套音义结合的结构单位和把这些单位组合成语句的规则，即词典和语法书。一个人一生下来就进入一个现成的语言网，在脑袋上渐渐地套上一个语言"紧箍咒"，说错了，不符合规则，社会上众多的"唐僧"就会"念念有词"，迫使你改正。

那么，语言是一种什么样的东西呢？这个问题貌似简单，实际上非常复杂，虽经人们几千年的研究，我们现在还只知道它的一点皮毛。人们将语言研究喻为"盲人摸象"，摸到鼻子的说大象像条蛇，摸到耳朵的说大象像大蒲扇，摸到腿的说大象像柱子，摸到肚皮的说大象像一堵墙，摸到尾巴的说大象像绳子……千百年来，人们曾给语言下过各种各样的定义，每一个定义只涉及语言的一个侧面，犹如盲人只摸到大象的某一部分就说大象像什么一样。我们现在对语言的认识也还没有摆脱"盲人摸象"的阶段，只是尽可能设法"摸"得全面一点而已。

## 2　语言是现实的编码体系

### 语言、思维与现实

什么是语言？最常见的定义是：语言是人类最重要的交际工具。这个定义着眼于语言的社会功能，自然不错，但没有涉及语言本身的构造和性质，因而也难以说明它何以能成为人类最重要的交际工具。我们根据对语言性质的认识，将它定义为人类认知现实的编码体系，或者简单地说，语言是现实的编码体系。为什么？用语言进行交际,实质是人们交流对现实的认识,协调彼此在适应环境、征服自然、进行社会活动的行为,以期取得最佳的成效。这里所说的现实、人们对现实的认识和语言这三方面的关系,大致可以用如下的公式来说明:

现实──语言·思维──现实

公式两端的两个"现实"不是一个东西。第一个"现实"是纯客观的存在,或者说,在语言产生以前就存在,它的性质和规律是通过无穷无尽的表面偶然性表现出来的;第二个"现实"是人们通过语言对客观现实的认知,已能从无穷无尽的表面偶然性中找出必然性的规律,说出"现实"是什么。"语言·思维"是联系两个"现实"的桥梁,它们相互依存,共同实现对现实的认知。

语言对第一个"现实"的关系可以简单地概括为编码,就是用发音器官发出来的音与某一类现实现象结合起来,"编"成语言的"码",使之成为这类现实现象的符号。比方说"人"这一类现实现象,它的特点是直立行走、会说话、会制造和使用生产工具进行劳动的动物,汉语用 rén 这个音去表达,于是人们一听到 rén 就知道它的意义是指"直立行走、会说话、会制造和使用生产工具进行劳动的动物",因而这种音义结合的"码"就成为"人"这一类现实现象的符号。汉语中如"天、地、山、水、狗、马、车、跑、跳、叫、桌子、苹果……"都是这一类的"码",是某种现实现象的符号,用以指称现实中的具体现象。人们将这种"码"的集合称为"语汇"或"词汇"(现在一般多倾向于用"语汇")。至于这些"码"如何"编"成话语,进行交际,那就需要遵循一定的规则,而这些规则,归根结底,实质上都是现实规则的反映,例如"猫、狗"等有生命的事物能够"跑、跳、叫……",因而可以组成"猫叫(了)""狗跳(了)"这样的简单句,而"天、地、桌子、苹果"等无生命的事物就不能与"跑、跳、叫"这一类表行为动作的"码"组合,"叫天天不应"似乎"天"可以与"叫"组合,其实这里的"天"是拟人化了的。所以语言的"码"和组"码"造句的规则都会直接或间接地受现实规则的制约,或者简单地说,就是现实规则的投射。这种规则人们一般称之为语法。不同语言接受这种投射的方式千差万别,因而呈现出不同的结构,但尽管如此,由于人类共同生活于同一个地球,面对的现实是相同的,不同的语言都是对同一现实的编码,因而在这种千差万别的结构中也隐含有共同的结构原理,可以对"差别"进行转换,不然不同语言之间也就很难通过翻译进行交流了。

语言对公式中的第二个"现实"来说,可以简单地说是用码,就是人们用语言去认知现实,复原和揭示隐含于现实中的规律。用码也属于编码的范畴,但是为了区别于语言和第一个"现实"的关系,这里使用"用码"这个字眼儿。用码就是说话,表达对现实的认识,人类创造语言的目的就在于这种"用",使之成为人类适应和改造现实的一种交流思想的工具。说话的行为可以随时随地进行,想说就说;说出来的话无穷无尽,不可计量,但是说话时所用的"码"和遵循的语法规则是有限的。几千个常用的"码"(例如汉语 1500—2000 个常用字)就能应付日常的交际,至于组"码"的规则数量就更少了,现在语言学著作中经常谈到的就只有"主谓""述宾""述补""偏正"

"联合"五种,各种各样的句子基本上都是这些基本规则的灵活运用。比方说下面的几个句子:

> 小王看书
>
> 妹妹读报
>
> 哥哥抽烟
>
> 猴子吃花生
>
> 叔叔开拖拉机
>
> 大水冲了龙王庙
>
> …………

这些不同的句子实际上就是同一条规则的运用。人们运用语言进行交际就是以有限生成无限,用有限的规则造出无穷的话语。语言的奥秘就在于此,语言学的目标就是要揭示这种以有限生成无限的奥秘,把有限的规则找出来。

**"现实——语言·思维——现实"**这个公式,如果说前半段是将现实转化为语言,使之成为现实的编码体系,是一种质的飞跃,那么公式的后半段,就是人类如何用语言去认知现实,揭示现实的规则,就是一个更高层次的飞跃,可以为改造和征服现实开辟前进的道路。可以设想一下,人类要是没有语言,那就无异于生活在黑暗中,只能是现实的奴隶,无法成为现实的主人。这一公式中的"语言"和"思维"处于等同的地位,因为"编码"与"用码"一定需要有思维能力的主体去实现,这就是人,或者说,是生活在社会中的人群,其他动物没有这种能力。不妨比较一下，人的能力为什么比其他的动物强？而且是不知道强出多少倍？其中最重要的原因就是人类有语言，会用语言进行思想交流。一般动物的叫喊在同类物种中虽然也能传递一定的信息，表示暴怒、惊恐、警告、觅食、求偶等意思，但这不是"码"。为什么？因为"码"的形成需要具备一定的条件，其中最重要的就是装配自如，能以同样的意义重复使用，服从一定的规则灵活组配，以生成表达不同意思的语句，而且在使用的时候还不受时空条件的限制。例如"人"字，它是汉语中的一个"码"，可以和其他的"码"相组配，构成如"人才、人品、人格、人民、人工"等，也可以从这些组配的构件上拆下来，再和其他的"码"相组配，构成如"工人、男人、女人、美人、主人、旁人"等。什么地方或什么时候要用这种"码"，完全取决于交际的需要，不受什么特定时空条件的限制。一般动物的叫喊虽然也能重复使用，但不能作为一种"码"与其他的"码"进行灵活组配，以表达不同的意思。这些叫喊都是受当时当地的刺激引发的，是对具体情景的感性反应，只能传递某种信息，既不能向同伴告知发生于过去的事情，也不能设想未来。只有人类才能用"编"出来的"码"说古道今，表达深邃的哲理，翱翔于丰富的想象，思想驰骋到哪里，它就能如影随形地跟随到哪里。人类的语言和其他动物的叫喊为什么有这些根本的区别？就是由于人类具有对现实现象进行分析、综合的思维能力，而这种能力又必须借助于语言才能实现。所以，语言是人类区别于其他动物的重要标志。非洲有一个民族的语言很有意思，把新生的婴儿叫作 kuntu（物），到孩子学会了说话才把他叫作 muntu(人)。这种现象鲜明地反映出这种认识。

### 语言的结构框架

"语言是现实的编码体系"这个定义可以将现实与语言的关系形象化地展示为：

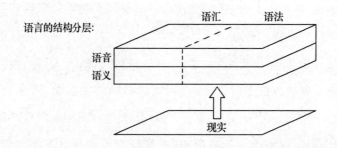

这是一个示意图,大意为:语言的结构,纵横都可以粗略地各分两层。纵向两层是语音和语义,其中语义是现实规则直接的投射和临摹(iconicity),但它需要借助于语音才能表现出它临摹的状态和结果;音义之间的关系是一种非线性的结构,任何时候它们都相互依存,结合在一起,缺少其中的一个方面,另一个方面也就无法存在。至于语音和语义如何结合而生成语汇的结构单位和语法结构的规则,不同的语言各有自己的"高招",因而形成不同语言的结构特点。上图中的箭头意为语言规则是现实规则的投射或临摹,突出语言是现实编码体系的性质。语音、语义两层由实线分开,意为它们是界限清楚的两层;语汇、语法两层用虚线分开,意为其间的界限比较模糊、灵活,不同语言的特点在这里表现得最为清楚。两种不同性质的结构分层纵横交错、相互制约,即语音、语义及其相互关系寄生于语汇和语法,而语汇和语法的规则也受制于语音、语义及其相互关系;语言学固然可以将某一层次的现象抽象出来进行研究,但脑子里一定要有它与其他结构层次的关系的观念,不能将这一层次的现象绝对化,进行孤立的研究。

前图是对语言结构的粗略分层,用以解释语言与现实的关系;其实,每层还可以细分,至于如何分,则取决于研究的目的,这里不再讨论。我们了解了语言的性质,就可以进一步讨论语言各结构层之间的关系了。

## 3　体系的枢纽:语言的基本结构单位

体系,简单地说,就是由结构单位及其相互关系组成的系统。语言就是由语言结构单位及其相互关系组成的系统。这个系统很复杂,大系统套着小系统。以前述语言结构的示意图为例,每一个方块,不管是大方块还是小方块,都自成一个系统,它们相互依存,彼此制约,有层次地组成一个人们能得心应手地用来进行思想交流的工具。这么复杂的系统,我们怎么去认识它、驾驭它？这就需要我们去寻找能驾驭这个复杂系统的"纲"。从结构原理上说,任何复杂的系统,内部都有一条能驾驭这个复杂系统的"纲"或简单线索,人们可据此以简驭繁,实现纲举目张的目标。语言系统中这一"以简驭繁"的"纲"是什么?应该是语言的基本结构单位,抓住了它,也就抓住了语言系统的枢纽。

### 语言基本结构单位是根据什么原则确定的?

语言中的结构单位很多,哪一个是基本结构单位?这需要有一个客观的鉴别标准。标准如何确定?应该着眼于语言的音义关联,看关联点落实于哪一种结构单位;只有成为音义关联点的结构单位才有资格成为一种语言的基本结构单位。如前所述,语言是现实的编码体系,把现实转化为语言的"码"的最基本的思维单位是概念,因为它是对现实现象的分类和概括;这一点,对任何语言来说都是一样的。语言中和概念相对应的结构单位肯定是一种语言的音义关联的基点,有资格成为语言的基本结构单位。判断是思维的另一个基本形式,它的音义关联在不同语言中的表现有重要的区别,能否成为音义关联的基点,需要根据具体语言的具体情况进行分析,无法一概而论。所以,音义关联点的确定,首先应该着眼于和思维中的概念相对应的语言结构单位。根据这一标准,音义结合的关联点,汉语是字,印欧语是词和句,因而它们都是各自语言中的最基本的结构单位。

字的音义关系是汉语音义关联基点的体现,它的特点是"1 个字·1 个音节·1 个概念"的一一对应,就是一个音节可以包装一个概念,因而可以给"字"下这样一个定义:字是一个音节关联着一个概念的结构单位。这一结构格局在现代汉语中虽有一些变化，出现了不少表达一个概念的字组，但没有改变这一格局的基础，因为任何多音节的字组都是由原来表达概念的字生成的。这方面的详细情况后面再结合相关的问题进行讨论，这里从略。印欧语和概念相联系的语言结构单位是词，它体现音义关联的基点，如果仿效汉语的结构格式，它的特点就是"1 个词·n 个音节·1 个概念"。字和词分别是不同语言的基本结构单位，比较这两个公式，唯一的差异就是音节的多少，即汉语和概念相联系的音节是 1，而印欧语是 n（n＝1，2，3……）。这个简单的差异决定了两种语言结构的一系列差异，形成了各自的特点，后面各章将以此为基础展开讨论。

不同语言的基本结构单位的生成既然有相同的结构基础，即都是音义关联的基点，那么它自然会成为语言中最容易识别的符号。不同语言的这种符号，相互间的表现形式虽然可以千差万别，但隐含有共同的结构原理，具有一系列共同的特点。这就是：

第一，现成的，拿来就能用，像汉语的"天、地、人、山、叫、走……"都是储存在每一个人脑子里的现成的结构单位。

第二，离散的、封闭的，很容易和其他的结构单位区别开来，像汉语的"天、地、人"等结构单位的封闭性、离散性特点非常突出，一个字一个音节，界限清楚。

第三，在语言社团中具有心理现实性，即使没有受过教育的人，也知道一句话中有几个结构单位，例如说汉语的人都清楚地知道"鸡叫了三遍，天快亮了"这个句子有 9 个字。

这三个特点是我们仔细比较研究了汉语、英语、俄语等一些语言的结构单位的异同之后总结出来的假设,具有普遍的理论意义,应该适用于不同语言的研究。为什么?因为特殊的现象中都隐含有一般的结构原理,汉语、英语等虽然都是一些特殊的语言,但我们如果从这些不同的、特殊的现象中找到了它们共同的特点,那么体现这种共同点的理论就具有一定的普适性;将来如在别的语言的研究中又发现了新的特征,那么再进行适当的修正和补充。

### 印欧系语言的基本结构单位——词和句

用音义关联的标准和这三条共同的结构原理去衡量,英语等印欧系语言的基本结构单位——**词**具有这三个特点,自不待言,它是现成的,在语言社团中具有心理现实性,拿来就能造句,充当句子的结构成分,做主语、谓语、宾语、定语等之用;结构上它也有离散的、封闭的特点,只允许有一个主重音,而语素无重音,词组则有若干个词重音,一个没有受过教育的老太太大体上也会凭重音从一句话中找出若干个词来。词的封闭性的语义基础就是它与概念的关联,如英语"The old farmer kills the duckling."这个句子,除了虚词 The 之外,都可以用这些标准来衡量。

印欧语的基本结构单位除了词以外,还应该有**句**。人们可能会提出疑问:词是现成的、需要人们牢记的基本结构单位,容易理解,而句子是根据交际的需要临时组织起来的,怎么会是印欧语的基本结构单位?不错,句子是临时组织的,千变万化,但这"万变"中有不变的规则，这就是由一致关系所维持的句子的"主语—谓语"的构造框架。这种框架是现成的、封闭的，两根柱子（主语、谓语）支撑着一根"梁"（一致关系），潜存于人们的意识中，也就是说，这种由一致关系所控制的"主语—谓语"结构框架在印欧系语言社团中具有心理现实性。临时造出来的句子固然可以各种各样，但都得在这个封闭的框架中进行，必须符合由一致关系所维持的主谓结构的要求，谁都不能违背；不符合这一标准的词的组合，都不能成为一个符合语法规则的句子。所以，印欧语句子的实质有点儿"表里不一"，表面上临时组织，多种多样，无穷无尽，是运用各种结构单位的组合而造出来的一种"成品"，而它的底层深处却只有一个现成的框架，或者说，只有一条基本规则，即由一致关系维系着的主谓结构，它以不变应万变，支配着各种语句的生成。我们说，句子是印欧语的一种基本结构单位，指的就是这种由一致关系所维系的主谓结构框架。这种框架是一种离散的、封闭的结构，很容易和别的结构单位，如小于句子的词组或大于句子的句群区别开来，因为一致关系封闭了句子的大门。叙述一个事件的完整意义、特定的语调和"主语—谓语"的结构框架给这种结构的封闭性提供了充分的保证。它之所以具有这种特点，就是由于它与思维形式之一的判断相对应。

和词、句相比较，语素和词组就没有这些特点。它们一不是现成的，如词组需要根据交际的需要临时组配，而组配的时候又没有类似句子那样的一致关系做框架；语素需要从词中分离出来，而且分离很困难，是英语研究的一个难点；二不是离散的、封闭的结构，没有受过专业训练的人是很难对这两种结构单位进行分离和鉴别的；三是它们在语言社团中没有心理现实性，如语素，直到 20 世纪初才引起语言学家的关注，至于一般的人只知道有词，而不知道有语素。所以，词和句是英语等印欧系语言的基本结构单位，了解了词和句的相互关系，也就掌握了这一类语言系统的基本结构脉络。

### 汉语的基本结构单位——字

汉语的基本结构单位是什么？学界的一般意见是词。可是，什么是词？没有人说得清楚。如果用上面的音义关联和现成、离散、心理现实性的标准来衡量，也没有办法找出词来。为什么？因为"词"是一个外来的概念，是英语 word 的翻译。汉语原来有"词"这个字，但它的意思是"意内而言外也"(《说文解字》)，说的是语言表达方面的问题，与语言的基本结构单位没有关系。例如"说话没有词(儿)了""理屈词穷""词不达意""文词优美""口中念念有词""陈词滥调"等词句中的"词"指的都是话语的意思，不是结构单位。现在汉语学界大多以词为基本结构单位来研究汉语的结构，但始终解决不了，或解决不好汉语中的一些基本问题，除了像"词"这样的结构单位说不清楚以外，最尖锐的问题就是名、动、形的词类划分和它们与句子结构成分(主语、谓语、宾语等)的关系，虽经几次周期性发生的大讨论，也没有取得多大的实质性的进展。为什么？因为语言基本结构单位是驾驭语言系统的"纲"，"纲举目张"，"纲"弄错了，"目"就很难"张"了，语言结构中的一些实质性问题解决不好，主要原因就在于此。

那么，汉语的基本结构单位是什么？根据前面提到的"音义关联的基点"这一标准和以此为基础而形成的三条共性结构原理去衡量，结论只能是字，不是词。汉语里没有"词"这么一种结构单位。最早提出这一观点的是中国现代语言学的奠基者赵元任先生，他在1940年就说"汉语中没有'word'这个词。最贴近的是'字'，翻译过来是词，但实际意义是'音节'或'音节成分'"①。过了二十余年，一些有经验的语言学家又开始考虑这方面的问题，认为印欧语里现成的单位是词，而汉语里现成的是字，"汉语里的'词'之所以不容易归纳出一个令人满意的定义，就是因为本来没有这样一种现成的东西"，"讲汉语语法也不一定非有'词'不可"，之所以还需要保留"词"这个概念，那是由于将来实现拼音化时词儿需要连写。汉语书写的拼音化是无法实现的，因为汉语凸显语义的性质、悠久的文化传统和歧异的方言都不允许汉字实现拼音化（第四章第二节）。② 对字的性质和特点进行全面论述的还是生活在美国的赵元任，他从1968年开始，就不断对这个问题发表意见，其中最重要的是那篇写于1975年的文章《汉语词的概念及其结构和节奏》，认为汉语句法的基本结构单位是"字"，而不是"词"，印欧系语言中 word（词）这一级

① 请参看沃尔夫文集《论语言、思维和现实》的前言和译序的引文，长沙：湖南教育出版社 2001 年版。

② 吕叔湘：《语文常谈》，原连载于 1964 年的《文字改革》月刊，北京：生活·读书·新知三联书店于 1980 年结集出版。

单位"在汉语里没有确切的对应物","在说英语的人谈到 word 的大多数场合,说汉语的人说到的是'字'。这样说绝不意味着'字'的结构特性与英语的 word 相同,甚至连近于相同也谈不上。'字'和 word 的关系就好比通常用'橘子'对译英语的 orange,其实橘子在构造上属红橘(tangerine),与 orange(甜橙)是不同的植物。但由于橘子是中国最常见的柑橘属水果,就像甜橙在其他国家中最常见一样;于是,'橘子'这一名称的作用就变成指'最常见的柑橘属水果'了"。英语的一个词我们通常叫作一个"字",情况就同用"橘子"去对译 orange(甜橙)一样。赵元任在用大量的语言事实分析了字和词(word)的相似性和区别性之后得出结论,认为"汉语中没有词但有不同类型的词概念",根据西方语言学家的眼光来分析汉语并确定像词这样的单位可能有用,"但这不是汉人想问题的方式,汉语是不计词的,至少直到最近还是如此。在中国人的观念中,'字'是中心主题,'词'则在许多不同的意义上都是辅助性的副题,节奏给汉语裁定了这一样式"①。赵先生在文章中还两次警告人们不要在汉语里去寻找在其他语言中存在的实体,认为重要的是确定"字"和句子之间的那级单位是什么类型的,至于叫作什么,那是其次考虑的问题。迄今为止,这是对"字"的性质和作用最明确、最科学的论述,遗憾的是这篇文章译成汉语较晚,直到 1992 年清华大学纪念赵先

---

① 赵元任:《汉语词的概念及其结构和节奏》,见《赵元任语言学论文集》,北京:商务印书馆 2002 年版。

生百年诞辰的时候才与读者见面。不过学术研究有它自己的规律，国内的学者在不知道赵的观点的情况下也开始了对字的探索。一辈子从事语法研究、在学界有很大影响的张志公先生因在实际研究工作中碰到了很多钉子也开始把注意力转向字，认为"对于字的性质恐怕确实需要下一番工夫来研究研究。这是个地道的中国货，把它翻成 morpheme，再把 morpheme 翻成语素，用以指字，恐怕有点名同实异，还需要再考虑考虑"①。20 世纪 90 年代初同时在进行这方面考虑的还有徐通锵、汪平、潘文国和鲁川等。汪、潘、鲁三人的文章虽然发表于 90 年代末，似乎比较晚，但实际的研究都始于 80 年代末 90 年代初，只是当时不敢把研究成果拿出来，怕不容于学界。不同地区、不同年龄、不同层次、不同领域的学者在相互不知情的情况下同时考察字在汉语结构中的地位，说明学术研究的客观条件已趋成熟，人们已因汉语研究的挫折而开始向着同一个方向去探索前进的道路了。

字不同于词，汉语是不计词的，字是汉人观念中的中心主题，赵先生的这些论断都指明了一个道理，这就是汉语的基本结构单位是字，不是词。那么，什么是字？一般都认为写出来供人们看的才叫字。其实，这是一种很大的误解。"字"首先是说的，书写形体只是把说的字写下来而已。我们如果要人家讲话讲得慢一点，只能是

---

① 张志公：《汉语辞章学引论》，初载于 1993 年的《语文学习》，又见《张志公自选集》，北京：北京大学出版社 1998 年版；《张志公论语文·集外集》，北京：语文出版社 1998 年版。

"你一个字一个字慢慢说"，绝不会是"一个词一个词慢慢说"；"你敢说一个'不'字"，这句话里的"字"也不能换成"词"。所以我们应该改变"写出来的才叫字"的错觉。我们传统研究中所说的字的意思是多义的：《说文解字》的"字"指书写形体；"字正腔圆""吐字清楚"的"字"指音节；《文心雕龙》的"因字而生句"的"字"和我们平常说的"字里行间""练字运气"的"字"则都是指汉语的结构单位。字是形、音、义三位一体的结构单位，不同的解释是从不同的角度去观察字的特点而形成的。汉语的研究有悠久的传统，三位一体的字就是它的研究对象：音韵研究字音，文字研究字形，训诂研究字的形、音、义之间的关系，其中的核心是"字义"。语言学研究口说的字，也就是《文心雕龙》"因字而生句"的"字"和赵元任的"在中国人的观念中，'字'是中心主题"的"字"，通俗地说，口说的字就是汉语中由一个音节表达一个概念的那种结构单位，所以我们前面将其定义为"一个音节关联着一个概念的结构单位"。它是汉语的基本结构单位，具有现成性、离散性和汉语社团的心理现实性的性质，是汉语音义关联的基点。此外如五言诗、七言诗、万言书中的"言"说的都是字，也可以从另一个侧面说明字是汉语的基本结构单位，它在汉语系统中的地位相当于印欧系语言的 word，指称概念。

赵元任先生说"汉语中没有词但有不同类型的词概念"，这"词概念"是通过什么方式表现出来的？是字或字组的不同的义项。最近出了一本《现代汉语规范词典》（2004），根据义项分词类。比方说，"经"字条下列 12 个义项，分属于名词、动词和形容词三个词类，说明"经"字中隐含有三个不同的词。所以，字与词虽是各自语言里的基本结构单位，都具有现成、离散和心理现实性的共同结构原理，但由于语言结构的差异，它们在各自的系统里都各有自己的特点，相互间的关系呈现出复杂的状态，虽然在翻译的时候可以进行语义对应的转换，但字与词本身却"近于相同也谈不上"，因而在语言研究时绝不能"张冠李戴"。汉语中为什么分不出词？语言学家奋斗了几十年为什么还分不清词和词组的界限？计算机的语言信息处理为什么在分词的问题上滞步不前？基本的原因恐怕就在于离开汉语自己的基本结构单位，模糊了驾驭汉语系统的"纲"。

从《马氏文通》到现在已百余年，我们对汉语基本结构单位的认识经历了一段曲折的过程，现在又开始重新重视字在汉语中的地位，把它看成为汉语的基本结构单位。这是人们认识的一次螺旋式的上升，不是简单地回归传统。字与词，表面上看起来仅仅是一字之差，但实际上却涉及语言理论和研究方法的调整和改造。为什么？因为语言基本结构单位是语言系统的枢纽。

# 语言的结构(上)：
# 语音和语义

"思想—声音"就隐含着区分，语言是在这两个无定形的浑然之物间形成时制定它的单位的。

——索绪尔

索绪尔(1857—1913)，瑞士语言学家，被誉为"20世纪语言学之父"，他的《普通语言学教程》一书是20世纪现代语言学及结构主义语言学的奠基之作。

# 1 语言符号的音与义是怎么结合的?

## "理据说"和"约定说"之争

语言的基本结构单位俗称语言符号,指称某一类现实现象。它是音与义的结合体,其中的"义"是现实现象在人们意识中的概括反映,而"音"则是人类发音器官发出来的、用以表达意义的声音,是意义的物质载体。不管什么语言,它的基本结构单位都是音义结合体。这种结合体中的音义关系犹如一张纸的正反两面,谁都离不开谁;要剪开一张纸,正反两面必然同时剪开,不可能只取正面而留下反面。假定说,音与义是可以分开的,那么,不与意义相结合的声音一定是混沌模糊的,分不清界限。比方说风声,我们无法从中分出一个个音的清晰界限。反过来说也一样,不与声音相结合的意义也是混沌模糊的，也分不出界限，例如动物吼叫所传递的信息。语言的符号，比方说汉语的"鸡"，只有 jī 这个音与"嘴短、头部有肉质的冠、翅膀短、不能高飞的家禽"这个意义相结合，我们才能分出音的界限和意义的界限。有人用拉链做比喻，说声音和意义犹如拉链的两个片，没有拉好的拉链，每一片都没有什么用处，只有拉起来，环环相扣，才体现出拉链的价值。语言结构的基本原理大体上就隐含在这种环环相扣的音与义的相互关系里，因而要了解语言的结构，首先需要了解语言符号的音义关系的性质和特点。这是语言研究中最基本、但也是最重要的一个问题。

语言符号的音义关系，自古以来就有两种对立的意见。一种意见认为符号的音义关系决定于事物的性质和特点，能说出概念得名的理由；另一种意见认为音义关系完全由社会约定，说不出什么道理。前一种意见可以称为**"理据说"**，后一种意见自然就是"无理据说"，人们将它称为**"约定论"**。这是两种对立的学说，历来都有尖锐的争论。人类语言的研究大体上就是从这一争论开始的。古希腊时期，两种对立的意见经过长期的争论慢慢地归统于无理据说。到了 20 世纪初期，现代语言学的奠基者、瑞士语言学家索绪尔（F. de Saussure，1857—1913）提出语言符号任意性、无理据性的学说之后，它就成为语言学界一种公认的理论。反观汉语的研究，开始的时候也导源于名实关系的争论，但与古希腊的研究不同，我们的祖辈始终坚持理据说，认为"名"生于"道"（老子《道德经》）、"名生于实"（《管子·九守》）、"物故有形，形固有名"（《管子·心术上》），而且这种名与实的理据性关系还深入到政治生活,具体的代表性言论就是孔子的"名正言顺"的正名论。鸦片战争后,西学东渐,中国语言学家大多接受索绪尔的语言符号的任意性理论,反对理据说,而且还从荀子的《正名论》中找出这么一段话:

> 名无固宜,约之以命,约定俗成谓之宜,异于约谓之不宜。
> 名无固实,约之以命实,约定俗成谓之实名。

人们以此证明我们早在两千多年前就有音义关系的任意性的学说,比西方人早 20 个世纪。这种观点恐怕有毛病。主要表现在两方面。第一,有断章取义之嫌,因为荀子在同一篇文章中就有"知者为之分别制名以指实""王者之制名,名定而实辨""后王之成名"等等说法,而不是强调无理据的约定俗成。第二,涉及如何理解约定说与理据说的关系。学界现在一般的理解,都认为这两种理论是对立的,将"约定说"等同于"无理据说"。我们不大同意这种看法。说语言符号的音义关系是约定的,没有什么大问题,可以成立,但把理据性和约定性对立起来,这就把复杂的问题简单化了,使原本统一的东西割裂成两个对立的方面。这涉及对语言符号的性质的认识,我们不能不在这里多说几句。

### 音义结合中的理据性和约定性的辩证联系

谁都知道,每一种现实现象都是立体的,具有多种多样的特征,其中的每一种特征都可能成为命名的理据;即使是同一种特征,也可以从不同的角度去观察,使之突出不同的状态。对于同一类现象,选取哪一种特征、哪一个角度去观察,使之成为命名的理据,不同的语言社团由于社会条件、生活环境、观察角度等的不同,相互间必然会呈现出差异;即使是同一语言社团,在观察同类事物中的不同现象时,也会用不同的标准摄取不同的特征。比方说,同一类现象的得名,有的据声,如鸡、鸭、鸦、蟋蟀等;有的据形,如蛔(体迂回而长)、牤、蟒(形体大)、蜘蛛(状其短);有的据其色,如燕(鸟之白颈者)、鳡(白鱼)等。有人统计过,哺乳、鸟、鱼、昆虫这四类动物的得名理据,形体、纹色、性态、动作、绘声的特征占 86.4%。[①] 只要比较一下事物得名的理据,人们就不难发现:同一类现实现象究竟要从哪一个视角、哪一种标准去摄取符号得名的理据,并没有一个统一的标准,有的据声,有的取形,有的凭色……而某一种现象究竟选取哪一种特征作为命名的理据,则完全由社会约定。这就形成理据性和约定性的辩证统一:现实现象的多种多样的特征为语言社团的理据选择提供了客观的根据,而选择哪一种特征作为命名编码的理据则由语言社团约定俗成;这就是说,约定性是符号理据性得以实现的条件和表现形式,因而承认语言编码的理据性,并不否定符号的音义关系的约定性。将理据性和约定性对立起来,用约定性否定理据性,这就自觉或不自觉地降低了语言学家的责任,放弃了理据性的研究;而对于像汉语这样的语言的研究来说,无异是放弃了语源

---

① 请参看李海霞:《汉语动物命名研究》,成都:巴蜀书社 2002 年版。

研究的基础。

现在再回过头来讨论荀子的约定俗成说。荀子写《正名》篇的目的是反对"公孙龙、惠施之徒乱名改作,以是为非"(见《荀子集解》的《正名》篇的题解),强调"王者制名""知者分别为之制名"等的"名"已是社会广泛采用的约定俗成的名称,不能、也不必"乱名改作",因为"名无固宜,约之以命,约定俗成谓之宜,异于约谓之不宜"。回顾汉语的研究历史,大致都是以理据说为基础研究汉语的结构,例如《释名》研究音义的理据,《说文解字》主要研究形义的理据,而清儒的"因声求义"理论和实践则以"声"为基础探索字的理据,从而使汉语编码的理据说上升了一个新台阶。在接受西方语言理论的时候不能忽视我们自己的传统。

这样,摆在我们面前的语言符号音义关系就有两种不同的情况,一种以印欧系语言为代表,强调音义关系的约定性和无理据性,而汉语正相反,强调音义结合的理据性。孰是孰非?我们的回答都是"是",因为语言符号的音义关系都是约定的,但约定的情况有两种,一种是有理据的约定,一种是无理据的约定。

为什么语言符号音义关系的约定性有有理据和无理据的对立?这和音节与意义有无强制性的联系有关。情况大致是:音节如与意义有强制性的联系,能独立表义,语言的编码以理据性的约定为基础,相反,如果音节与意义没有强制性的联系,不能独立表义,那么语言的编码肯定是以无理据的约定为基础。这可以成为观察语言结构的一个重要的视角。

汉语是一个音节表达一个概念，生成一个字，就是说，音节是一种能独立表义的语音结构单位，因而人们将其称为单音节语，突出编码的理据性。区别单音节语和多音节语的标准不是看语词是单音节的还是多音节的，而是看音节是不是一种与意义相关联的语音单位。汉语和东南亚的许多语言都属于这种单音节语的类型。印欧系语言的音节与意义没有强制性的联系，不是独立表义的语音结构单位，一个词有几个音节是不定的，可以是一个音节，也可以是两个、三个……因而人们将它称为多音节语。正由于音节与意义（或概念）没有强制性的联系，因而语言的编码以无理据性的约定为基础。音节与意义有无强制性的联系对语言结构的走向产生了重大的影响，汉语和印欧系语言在结构上的重大差异，归根结底，都导源于此。

## 2　语音

### 语音的最小结构单位：音素和音位

语言基本结构单位的语音至少得有一个音节。汉语是一个字一个音节，表达一个概念。从古汉语到现代汉语，虽然经历了很大的变化，出现了大量表达一个概念的字组，但基本格局未变，仍然是一个音节一个字。音节在汉语结构中占有重要的地位。

音节由若干个语音结构成分的组合构成。这种构成成分称为音素。什么是音素？一个音发出来，有高低、长短、轻重的差异，形成音高、音长和音重。汉语的声调是音高的差异，英语的重音是音重的差异，英语 beet[bi:t] 和 bit[bit]（方括号是用来表示国际音标的专用符号）中间的元音是音长的差异。但是，两个音的音高、音重、音长即使都一样，例如汉语的"啊"（a）和"衣"（i），人们也能清楚地感到它们是两个完全不同的音，为什么？因为它们的音质不同，"啊"的发音，开口度大，舌位低，而"衣"的发音开口度小，舌位高，因而发出来的音的音质不同；"比"（bi）和"底"（di）的音质也不同，区别在于第一个音的发音部位不一样，"比"是双唇音，"底"是舌尖音；"帮"（bang）和"方"（fang）的第一个音的差异是发音方法的不同，前者闭塞，后者摩擦，也是音质的差异。所以，发音部位、发音方法的差异会形成不同的音质。音质、音高、音重和音长俗称语音四要素，而音素就是从音质的角度划分出来、用以构成音节的最小语音结构单位。一个语言的基本结构单位的语音可以由一个音素构成，如汉语的"阿"（a），也可以由两个或两个以上的音素构成，如"他"（ta）、"三"（san）、"端"（duan）等。

音素是基于人类的发音生理而确定的。同一个音素，比方说[p]，它是一个双唇闭塞音，对所有的语言来说，都是一样的，但是，它在不同语言中的作用却可以很不一样。例如，汉语的[p]和[pʰ]（"ʰ"表示送气，拼音方案分别写作 b 和 p）能区别意义，因为"包"和

"抛"就是因[p]和[pʰ]的差异而形成两个不同的字音,而英语的[p]和[pʰ]就没有这种区别作用。这种在具体语言中有区别意义作用的音素,我们称为音位,就是说,**音位**是具体语言中具有区别意义功能的最小语音单位。那么,一个音素在什么样的条件下才能成为一个音位呢? 我们是用什么样的方法去发现一种语言的音位呢? 依据替换的原则:某一语音组合环境中的一个音素,如果替换以另一个音素就能生成另一个字音,那它就是该语言的一个音位。比方说,汉语同一阴平声调的音节 duan,d 的位置如替换以 t,就生成 tuan(湍);如替换以 g,就生成 guan(关、官……);如替换以 k,就生成 kuan(宽)。鉴别音位的替换的方法很重要,替换后生成另一字音的,就称为"对立",语言中相互有对立关系的音素构成不同的音位,如上述的|d||t||g||k|就是汉语中四个不同的音位。音位由音素充任,它们的区别在于音素只关注音质的纯自然的性质,同一个音素,例如国际音标的[k],不管它在哪一个语言,其性质都是一样的,都是舌根不送气闭塞音,而音位所关注的是一个音素在具体语言中是不是和其他音素具有对立关系、是不是具有区别意义的功能。音位的研究以音素为基础,但需要将音素纳入区别性功能的体系中去考察,因而相互间也会出现一些不一致,就是同一个音素在不同的语言中可能具有不同的功能。如这个[k],它在汉语中是一个独立的音位(汉语拼音写作 g),而在英语中就没有区别意义的功能,因为它只能出现在 s 的后面,如 sky 的[k]的读音与 key 的[kʰ]不一样,前者发音的时候不送气,后者送气,是两个不同的音素,但

可以归并为一个音位,因为它们出现的语音环境不同,相互呈互补的状态。鉴别音位的对立的原则是从两个音素的相互关系中去把握每一个音素的性质和特点,犹如数学符号"＋"和"－",每一个符号只有在相互关系中才能显出它的价值,孤立的一个符号就没有什么意义。这是分析语言结构的一条重要原则,它的发现和运用使语言学的发展向前迈进了一大步。

### 音节

音素的线性组合所构成的语音结构单位就是一般所说的音节。**音节**是人们自然而然地感觉到自己语言里的最小语音单位,就是说,音节是最小的听觉单位。音素如何组合为音节?有什么规律?汉语的音节结构可以为此提供很好的说明。请看:

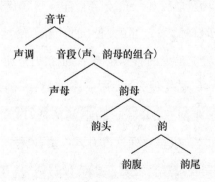

音节结构呈现出层层二分的状态。如以"光"的语音 guāng 为例,它是表达概念的一个音节,其中 a 上的"－"代表高平的阴平调。guang

是由声、韵母组合而成的音段,其中 g-是**声母**,-uɑng 是**韵母**;-uɑng 中的-u 是**韵头**,或叫介音,-ɑng 是韵,也叫**韵脚**,作诗押韵只要押这个"韵"就行,不必管韵头;ɑng 中的-ɑ 是**韵腹**,-ng 是**韵尾**(两个字母的组合表示一个音素[ŋ])。这里的每一个位置只能填入一个音素,这是汉语音节结构的一个重要特点,不过其中的韵头(介音)和韵尾可以不出现,例如"巴"(bā)就只有声母、韵腹和声调,没有韵头和韵尾。

韵头和韵尾是汉语音节结构的两个很有特点的位置,因为能在这两个位置上出现的音素有限,而且很有规则。能在韵头位置上出现的只有-i、-u、-ü 三个音素,因而形成现代汉语音节结构的四呼:以-i 为韵母或韵头的叫齐齿呼(如"鸡、家、叫……"的读音),以 -u 为韵母或韵头的叫合口呼(如"古、土、短、光……"的读音),以-ü 为韵母或韵头的叫撮口呼(如"与、女、娟、群……"的读音),没有这三个韵头的就叫开口呼,如上述的"巴"的读音。韵尾也有类似的特点,能在这一位置上出现的音素也有限,也很有规则,只有-i、-u、-ü、-m、-n、-ng 和-p、-t、-k 三类音素,形成阴声韵(无韵尾和以-i、-u、-ü 收尾的韵母)、阳声韵(以-m、-n、-ng 收尾的韵母)和入声韵(以-p、-t、-k 收尾的韵母)。汉语普通话没有入声韵,也没有以-ü 收尾的阴声韵,粤方言还完整地保留着这三类韵母的结构;有些方言的入声韵的韵尾-p、-t、-k 已合流为一个喉塞音。四呼和三类韵母的结构是汉语音节结构的重要特点。

声、韵、调是汉语语音的结构单位,是音韵学的术语,元音、辅音是普通语音学的术语，两套术语的性质不同，不要将它们混为一谈；声母、韵母或声、韵虽然都由音素或音素的组合构成，但汉语社团只讲声、韵、调，不大关注音素；即使声、韵只由一个辅音或一个元音充任，也要按它们在音节中的位置，称为声母、韵头、韵腹、韵尾之类。人们在学习的时候需要注意这两套术语的关系和区别。

英语音节结构的特点不同于汉语，像英语的 strict（严厉的，精确的），元音前有三个辅音，元音后有两个辅音，这样的音节在汉语里是找不到的。不同语言的音节尽管有不同的特点，但隐含有共同的结构原理。这可以从生理和物理两个不同的角度去考察。从生理上说，每发一个音节，发音器官就有一次紧张，先增强，后减弱；紧张的最高点叫作音峰，通常都落在元音上，紧张逐渐减弱的最低点叫作音谷，那就是和下一个音节的分界处。如果从物理特征上去考察音节结构的原理，它的音理与生理的紧张说相平行，就是音节以元音为核心，核心前的音素的响度渐次增强，核心后的音素，其响度渐次减弱。这两种理论总结出来的音节结构原理完全相通，那就是：音节以元音为核心，元音前的音素的紧张（生理）或响度（物理）渐次增强，元音后的音素的紧张或响度则相反，是渐次减弱；处于同一紧张或响度阶段的诸音素称为复辅音或复元音，如上述英语的 strict，str- 处于紧张或响度增强的阶段，-ct 处于紧张或响度减弱的阶段，因而都是复辅音。现代汉语的音节没有复辅音，但有很多复元音，例如"怪"guɑi 的 -uɑi。汉语音节的核心都落在韵腹的元音上。

音节在语言系统中的地位，汉语与印欧语的最大差异就是音义关联的强制性,使每一个音节都能独立地表达意义。这一关联使汉语的音节具有强烈的封闭性特点。一个音节,不管是单念,还是和其他音节相组合的连念,它的前后界限都是非常清楚的,不允许因连音而发生混淆。比方说,汉语拼音方案拼写出来的 fangan,这是两个音节,但可以是 fang an,也可以是 fan gan,意思完全不同,前者是"方案",后者是"反感"。为区别计,汉语拼音方案专门为此制订了一个隔音符号"'",把音节隔开,使每一个音节都能呈现出清楚的封闭性特点。这样,"方案"的读音需要拼写成 fang'an,而"反感"拼写成 fangan 就可以了,不需要隔音符号,因为元音是音节的核心,其前后的辅音都需要依附于这个核心,因而 g 自然就近依附于第二个音节的元音 a。比较英语的音节,它就没有这方面的特点,一个词的音素可以因语素组合的差异而归属于不同的音节,例如"apt~ap ti tude(聪明的,敏捷的~天生的才能或技巧。空格代表音节界限)",下划横线的音素在"~"号前后的音节归属不一样。即使是由不同的词组成的语流,元音的核心作用也可以打破原来的音节界限,进行新的组配,例如英语的 a pear and an apple(一个梨和一个苹果),在连读时听起来就如 a pea(r)-ran-da-na-pple;a name 和 an aim 的读音也一样,听起来都是[əneim]。英语的音节为什么缺乏像汉语那样的封闭性特点?原因就是语义对它没有强制性的制约作用。

音节在汉语和印欧系语言中的地位是有差别的,因为它在汉语中是语言基本结构单位(字)的语音形式,而在印欧系语言中它与任何一级结构单位(语素、词、词组、句子)都没有强制性的联系;只有把若干个音节组合起来,直到能表达一个概念,组合才到了头,并以重音为标志,表示这若干个音节的组合是词的语音形式。可能正是由于这种差别,中国传统语言学才早就对音节有透彻的研究,为现代语言学的音节研究提供了一个很好的理论参照点。

## 音系

一种语言的语音是一种严密的系统,简称**音系**,由语音的最小结构单位和它们的相互关系的规则构成,例如汉语的音系就由声、韵、调和它们的相互关系的规则构成,具体表现为音节中声、韵、调的组配规则。

音系是一种层级系统,犹如套盒,一层套一层。赵元任先生编著的《汉语方言调查字表》,头三页是音系基础字,就是让大家通过这三页基础字的调查,弄清楚一种方言的声、韵、调系统。《现代汉语词典》后附的《汉语拼音方案》的声母表、韵母表和声调符号就是汉语普通话的声、韵、调系统。这些都是汉语音系的子系统。现以韵母表为例,看看这一子系统的大致情况:

| 开 | 齐 | 合 | 撮 |
|---|---|---|---|
|  | i 衣 | u 乌 | ü 于 |
| a 阿 | ia 亚 | ua 娃 |  |

| 开 | 齐 | 合 | 撮 |
|---|---|---|---|
| o 喔 | | uo 窝 | |
| e 额 | ie 耶 | | üe 月 |
| ai 矮 | | uai 歪 | |
| ei 诶 | | uei 微 | |
| ao 奥 | iao 腰 | | |
| ou 欧 | iou 幼 | | |
| an 安 | ian 烟 | uan 弯 | üan 渊 |
| en 恩 | in 因 | uen 温 | ün 晕 |
| ang 昂 | iang 央 | uang 汪 | |
| eng 亨的韵母 | ing 英 | ueng 翁 | |
| ong 轰的韵母 | iong 雍 | | |

这是根据开、齐、合、撮四呼的结构而排列的韵母系统的矩阵。同横行的韵母同韵腹,同竖列的韵母同一呼。要描写汉语音系的结构,列出这样的矩阵表是一项基础性的工作,一点不能马虎。进一步的描写就是声、韵、调的配合,我们可以以 ɑ, iɑ, uɑ 韵为例,以见一斑。

每一个韵母都可以画出这种声、韵、调的配合表。这是对汉语音系的一种最形式化的描写。传统的等韵图就是用汉字对音系的

**a ia ua 韵的声、韵、调配合表**

| 声\调\韵 | a 阴平 | a 阳平 | a 上声 | a 去声 | ia 阴平 | ia 阳平 | ia 上声 | ia 去声 | ua 阴平 | ua 阳平 | ua 上声 | ua 去声 |
|---|---|---|---|---|---|---|---|---|---|---|---|---|
| b | 巴 | 拔 | 把 | 霸 | | | | | | | | |
| p | 趴 | 爬 | 耙 | 怕 | | | | | | | | |
| m | 妈 | 麻 | 马 | 骂 | | | | | | | | |
| f | 发发出去 | 罚 | 法法法宝 | 发发头发 | | | | | | | | |
| d | 搭 | 达 | 打 | 大 | | | 嗲 | | | | | |
| t | 他 | 塌 | 塔 | 踏踏跶蹋 | | | | | | | | |
| n | 那姓 | 拿 | 哪 | 那 | | | | | | | | |
| l | 拉 | 旯旮旮旯 | 喇 | 腊 | | | | | | | | |
| g | 旮旮旮旯 | 轧 | 尕 | 尬 | | | | | 瓜 | | 寡 | 卦 |
| k | 咖 | | 卡卡车 | | | | | | 夸 | | 垮 | 跨 |
| h | 哈 | 蛤蛤蛤蟆 | 哈哈哈达 | 哈哈士蟆 | | | | | 花 | 华 | | 化 |

（续表）

| 韵<br>声　　调 | a 阴平 | a 阳平 | a 上声 | a 去声 | ia 阴平 | ia 阳平 | ia 上声 | ia 去声 | ua 阴平 | ua 阳平 | ua 上声 | ua 去声 |
|---|---|---|---|---|---|---|---|---|---|---|---|---|
| z | 匝 | 杂 | 咋 |  |  |  |  |  |  |  |  |  |
| c | 擦 |  | 礤 |  |  |  |  |  |  |  |  |  |
| s | 仨 |  | 洒 | 飒 |  |  |  |  |  |  |  |  |
| zh | 渣 | 炸（油炸） | 眨 | 炸（爆炸） |  |  |  |  | 抓 |  | 爪 |  |
| ch | 插 | 查 | 衩 | 岔 |  |  |  |  | 欻 |  |  |  |
| sh | 沙 | 啥 | 傻 | 夏 |  |  |  |  | 刷 |  | 耍 | 刷（刷白） |
| r |  |  |  |  |  |  |  |  |  |  |  |  |
| j |  |  |  |  | 家 | 夹 | 甲 | 价 |  |  |  |  |
| q |  |  |  |  | 掐 | 拤 | 卡（发卡） | 恰 |  |  |  |  |
| x |  |  |  |  | 虾 | 匣 |  | 下 |  |  |  |  |
| ø | 阿 | 嘎 | 啊 | 啊 | 丫 | 牙 | 雅 | 亚 | 挖 | 娃 | 佤 | 袜 |

一种描写,说明我们的祖先早就有了音系的观念。这里需要强调的是:表中有的格有字,有的格无字;有字的格说明这种声、韵、调的配合是现实的字音结构,表中的字仅仅是其中的一个代表,而无字的格说明现实的语言中没有这样的音节结构。不要轻视无字的空格。从音系结构来说,不管有字的格,还是无字的格,他们都符合汉语音系的声、韵、调的组配规则,区别只在于有字的格是现实的字音结构,而无字的格是潜在的字音结构,只要交际有需要,人们会毫不犹豫地用来造字。象声字和借字往往是填补空格的"先锋",表中 gɑ,kɑ,hɑ 几个音节的字和阴平的 chuɑ(欻)、上声的 diɑ(嗲)就是这方面的很好例子。语言是要发展的。表中的空格,有些是因语言的演变而留下来的,例如 ziɑ[tsia]、ciɑ[tsʰia]、siɑ[sia]这些空格,原来都是有字的,如中古的时候"姐"读[tsia]、"且"读[tsʰia]、"写"读[sia];有些虽然现在还没有字,不是现实的字音,但一旦有需要,人们也会用这些空格的音来表达新的概念的。这些事实都告诉我们,音系的结构隐含着很大的弹性,可以适应日益增长的交际的需要而做出相应的调整。

# 3　语义

## 音、义、物的相互关系

语义大致分两种类型:一类是对现实现象的抽象和概括,称为

**语汇意义**；一类是对语言事实中所隐含的某种共性要素的抽象和概括，称为**语法意义**。我们这里所讨论的语义只限于语汇意义。

语言的基本结构单位是音义结合体，音和义犹如一张纸的正反面，没有正面，也就没有反面。前面讨论的字音或词音都是联系着它们所表达的意义来说的，只是为了分析的方便没有涉及意义。现在集中讨论这方面的问题。什么是基本结构单位的意义？就是和语音相联系的现实现象在人们意识中的概括反映。这涉及音、义、物（现实现象）三者的关系。例如"人"，它的语音在汉语普通话中读 ren，意义是"用两条腿走路、会说话、会制造和运用生产工具进行劳动的动物"，"物"就是现实中的人，不管大人、小孩儿，男人、女人，中国人、外国人，都是人。意义就是对现实现象的临摹、摹写或反映，但它必须由一定的语音形式表达出来，这样它才能将现实现象转化为语言的"码"，人们才可以自如地运用它来进行交际。弄清楚音、义、物三者的关系，是语义研究中的一个重要问题。它们的关系可以简化为下图：

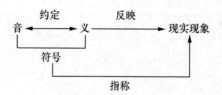

意思是说，音和义之间的关系是由社会约定的，不是理据性的约定，就是无理据性的约定，双向的箭头表示它们的相互依存性。"义"是对现实现象的概括反映，它是联系现实现象和音之间的桥梁；没有

意义,即没有对现实的反映,那么声音归声音,现实现象归现实现象,相互间无从建立联系。音义结合的符号,也就是语言基本结构单位,用来指称现实现象,人们可以用这种符号进行交际。这个图大致可以表示语言基本结构单位的性质和特点,下面就以此为基础讨论它的几个重要方面的问题。

## 字义的特点

语汇意义是对现实现象的临摹、摹写或反映,字义或词义就是和语音相联系的现实现象在人们意识中的概括反映。"摹写""反映"或"临摹"与照相不同,它虽然要以被摹写的东西的客观实在性为前提,但可以摹写得"像"或"不像",甚至可以走样。为什么？因为摹写可以包含参与摹写的人很多主观的东西,在字义或词义中寄托人们的立场、态度、希望和感情。如"革命",它指的是：代表新生产力的社会力量用暴力摧毁旧的腐朽的社会制度,解放生产力,建立新的生产关系和新的社会制度。中国人民反对蒋介石政权的斗争并取得胜利,这是一场革命,但蒋介石不承认,反而认为它是一种"叛乱"。不同的社会人群对相同的字语而做出的不同解释,反映"摹写"与"照相"的区别。如果说"革命"这个字组的意义与人们的切身利益有关,因而不同的社会人群可以有不同的解释,而一些日常的用语就不一定有这样的对立了。这不一定。如对老年人的称呼,普通话可以说"老头儿",也可以说"老头子",但其褒贬的感情色彩有差异,因"老头儿"含亲昵的感情色彩,而"老头子"则带有厌弃的感情。这种感情色彩的问题这里暂且不提,现在集中讨论跟现实现象的摹写、反映相联系的一些问题,以便从中考察字义或词义的特点。

第一,字义对现实现象的摹写、反映是一种抽象的、概括的认识,只管某一类现实现象的某些共同的特点,不管该类现象的各种具体的、形形色色的表现形式。为什么?因为现实现象的个体是无数的,人们没有必要、也没有可能给每支笔、每棵树、每个苹果……设立一个符号,只能把有共同特点的现象归在一起,给以一个名称,使它与其他现象区别开来。所以有了名称,人们就能够把现实现象中特殊的东西当作普遍的、一般的东西,把复杂的东西当作简单的东西来掌握。名称为什么具有如此神奇的效用?就是由于字义的概括性。比方说"人",现实世界里有男人、女人的区别,大人、小孩儿的区别,古人、今人的区别,中国人、外国人的区别,工人、资本家的区别……但"人"这个名称舍弃了这些区别,只剩下能和其他动物区别开来的"会说话、会劳动、用两条腿走路"这些特点。谁见过"人"?只能见到张三、李四。所以,现实现象是具体的、特殊的,语言里的字义是概括的、一般的,体现语言社团对现实现象的理解与认识。这里需要补充说明的是,"名称"这一概念的含义不仅指人、山、水、树之类的事物,也指跑、跳、说、笑、红、绿之类的现象。总之,每一个字的字义都是概括的,体现语言社团对现实现象的一种分类认识。所以,概括性是字义或词义的第一个重要的特点。

第二,一种语言对现实现象进行概括反映的时候不是零零散散地就事论事,而是很有条理,自成一个严密的系统,所以系统性是字义的第二个重要的特点。这个问题很复杂,这里只能作一些简单的举例说明。比方说,现实现象有的有生命,有的没有生命,如何对这些有生命的现象进行编码?不同的语言就呈现出不同的特点。汉语是先把握整体,而后再用组字的办法表达它的下属类。例如"人",它指称所有的人,而后用"男人""女人"等指称它的下属类。英语的编码方式与汉语不同,它没有和汉语的"人"相对应的词,只有 man(男人)和 woman(女人),它们加起来才相当于汉语的"人"。这种差别说明汉语社团和英语社团在观察、概括"会说话、会劳动、用两条腿走路"这类动物时的角度有区别,英语社团突出性别的差异,而汉语的"人"则忽视性别差异,只突出"人"与其他动物的区别。观察角度的这种差异会给语言的编码系统带来深刻影响,使语言的结构呈现出系统性、平行性的特点。比方说小孩儿,英语也需要分男孩儿(boy)和女孩儿(girl),以便与 man、woman 的区分相呼应;代词,man、boy 需要用 he(主格)和 him(宾格)指代,woman、girl 需要用 she(主格)和 her(宾格)指代,相互不能混用;即使是猪、马、牛、羊、鹿之类的动物也因性别的差异而使用不同的词,如公猪叫 boar,母猪叫 sow;公马叫 stallion,母马叫 mare;公牛叫 bull,母牛叫 cow;公羊叫 ram,母羊叫 ewe……汉语就没有这种区别,马、牛、羊、鸡、鸭等也与人一样,不做性别的区别。这种区别还对词与词的组配产生影响,如形容一个人长得漂亮,man 要用 handsome,woman 要用 pretty,等等。这些现象都说明,英语和汉语的语义是两个不同的系统。人们可能会说，汉语的"男人、女人"不就与英语man、woman 一样吗？怎能说它们的编码方式有差异？这只要对语言事实稍加分析，就不难发现它们之间的原则区别，因为汉语是用结构单位组合的办法来表达某一种现实现象，而不是用一个单一的"码"。总之，字义的系统性特点是通过字义之间的关系表现出来的，两个意义相当的单位，如汉语的"水"和英语的 water，或"高"和high，它们的多个义项以及与相关的同义单位之间的关系，不同的语言都会表现出不同的特点，呈现出不同的系统。这种区别实际上是不同民族认识现实的角度、途径和思维方式的差异的反映，在语言与思维的研究中占有重要的地位。这个问题我们在第五章还会进行具体的讨论。

第三，全民性，语言平等地为社会上所有的人服务。一个社会可以分为对立的阶级，如奴隶社会有奴隶和奴隶主的对立，封建社会有农民和地主的对立，资本主义社会有无产阶级和资产阶级的对立，等等，但语言能一视同仁地为不同的阶级服务；对立的阶级都得使用同样的语言进行思想交流和斗争。所以，任何人，不管他是天王老子、学术泰斗，还是平头百姓、小偷瘪三，都有平等地使用语言表达思想的权利；在语言面前，他们是平等的，谁都没有特权。这应该是用不着论证的常识，但在社会主义国家的语言研究中却曾是一个严重的问题。20 世纪三四十年代，苏联语言学的主流学派马尔学派，认为语言是上层建筑，有阶级性，不是全民的交际工具。50年代初，斯大林发表了《论语言学中的马克思主义》和另外两篇文章,后来结集出版,名为《马克思主义和语言学问题》,领导苏联语言学界对此进行了批判,确认了语言的全民性、没有阶级性的性质。过了十五六年,我国爆发了所谓"文化大革命",强调无产阶级专政条件下的"继续革命",各个领域都突出阶级性。语言学唯一还有点用处的是编字典、词典。如何突出字典、词典的阶级性? 字义、词义的注释自然就成为实现这一目标的一块重要阵地。这样,"总理"这一词条就得立两个义项,因为无产阶级总理和资产阶级总理是对立的,不能共处于同一个义项内;其他如"军队、警察、监狱、法庭、法官"等等也是如此,都得根据阶级性的原则凸显义项的阶级性内容。当时参与编著词典的人员实现"三结合",有工人、学生、中小学教员和语言学家,面对词典编撰中的阶级性原则,当时的语言学家真有点儿"秀才遇着兵,有理说不清"。现在看起来这是人们茶余饭后的笑谈资料,但仍旧需要在理论上给以必要的说明。这与字义、词义的概括性有关。前面说过,现实现象是个别的、特殊的,字义是一般的,而这"一般"的字义又是用来认识现实中的"个别"的工具。不经过这种由繁到简的概括过程,字义或词义便无从形成,字或词也无法成为交际的筹码,用来指称同类事物中的各个具体的、特殊的东西。著名的哲学家黑格尔说过这么一句话:"语言实质上只表达普遍的东西;但人们所想的却是特殊的东西、个别的东西。"列宁在摘引黑格尔的这句话时加了一个旁注:"注意,在语言中只有一般的东西。"(见《哲学笔记》第 303 页,人民出版社 1957 年版)这些话揭示了语言的一般性与人们所想的特殊性之间的辩证关系。强调"总理"这一类词条的阶级内容，就和人们用它所指的"特殊的东西、个别的东西"去代替语言中的"一般的东西"一样，背离了语言的性质。不仅"总理"这一类条目的意义是全民的，一般的，即使像前述的"革命"这样的条目，不同的阶级对特定时期的斗争尽管可以有不同的解释，似乎够"阶级"的了，但它的意义仍是全民的，没有阶级性，因"革命"总是指新的生产力用暴力摧毁旧的生产关系和社会制度的斗争，如"辛亥革命"的"革命"就是这种方式的斗争；至于对共产党领导的反对国民党统治的革命，不同阶级的不同解释是因阶级利益的差异而产生的用"特殊的东西、个别的东西"去代替语言中的"一般的东西"，是语言运用的问题，不影响语言全民的性质。所以，全民性是字义、词义的一个重要特点。

概括性、系统性和全民性是从不同的角度抽象出来的语义特点：概括性着眼于语义与现实的关系，系统性着眼于语义的内部结构，而全民性则着眼于语言的服务领域。人们自然还可以总结出其他的特点，但概括性、系统性和全民性应该是语义的三个最重要的特点。

### 编码的经济原则和字的多义性

一个字在其产生之初一般只有一个意义，人们称为**本义**；随着其运用范围的扩大，往往可以在它的基础上产生若干个新的意义，人们称它们为**引申义**或**派生义**。引申义的产生和人类思维能力的发展有关。语言是现实的编码体系，不同的现实现象之间存在着广泛的联系，只要语言社团能借助于字义所表达的现实现象的某一特征而与其他的现象建立起联想关系，发现其间的某种共同的特征，那么就有可能用这个字去指称这种现象，产生新的意义，使一个字具有若干个不同的意义。例如"兵"，它的本义是"兵器"，后来转指"以拿兵器为职业、维护社会治安、保卫国家安全的人"，即士兵，因为士兵是拿武器的战士。一个字同时具有若干个意义，这是语言编码的一种重要机理，其实质就是力求以最少的语音形式去表达尽可能多的意义，使语言这种交际工具既经济，又有效。例如"打"字，《现代汉语词典》列出 25 个义项，说明它兼具 25 个字的表义功能。这是语言编码的经济原则的体现，使一字具有若干个字的交际功能。

　　本义就是一个字最初所具有的那个意义，以此为基础而产生的意义，例如上述"兵"的"士兵"的意义，就是引申意义或派生意义。在语言的发展中，某一个引申意义由于常用，可以喧宾夺主，成为该字的主要意义，如"兵"的"士兵"的意义，人们将其称为中心意义。本义和中心意义在多数字中是一致的，只有在少数像"兵"这样的字中相互间有矛盾。在字义系统中，本义或中心义是字的多义现象的生成基础，使一个字具有若干个不同的意义，形成多义字或词。引申意义的产生有现实的基础，就是不同现象的某一方面特征有联系；这种联系如何被用来作为派生新义的线索，与语言社团的生活环境、劳动条件、风俗习惯以及思维方式、语言成分之间的相互关系等有关，因而表达同一类现实现象的字义在不同的语言中各有自己的派生和引申历程,呈现出不同的民族特点。俄语的 окно 是"窗户"的意思,后来由它派生出冰窟窿、云层中透出的青天、两堂课之间的空当(即课表上的空格)之类的意思,因为它们在某些方面的形象像窗户。汉语和 окно 相当的"窗"字就没有这些派生意义,因为汉语言社团并没有在这些事物的有关特征之间建立起联想。引申意义和它所从出的意义之间存在着内在的联系,而由语言社团的联想建立起来的事物之间的共同特征则是这种联系的桥梁。派生意义就是顺着这样的桥梁,以本义或中心意义为基础一步一步地引申开去。引申的途径大体上可以分为**隐喻**和**换喻**两种方式。隐喻建立在两个意义所反映的现实现象的某种相似的基础上。例如,汉语的"习"的本义是"数飞"(《说文》),也就是鸟反复地飞的意思,"鹰乃学习"(《礼记·月令》)就是小鹰学着反复地飞。这个意义后来派生出"反复练习、复习、温习"的意义:"学而时习之"(《论语·学而》),就是学了要反复温习,因为"复习""温习"都是反复多次的行为,和反复地飞有相类似的地方。针的小窟窿与人眼有相似之处,因而"眼"这个字可以通过隐喻指针的小窟窿(英语的 eye 也有同样的引申)。隐喻是字义引申的一种重要方式。

换喻的基础不是现实现象的相似,而是两类现象之间存在着某种联系,这种联系在人们的心目中经常出现而固定化,因而可以用指称甲类现象的字去指称乙类现象。英语的 pen 本来是"羽毛"的意思,由于古代用羽毛蘸墨水写字,羽毛和书写工具经常联系,于是 pen 增加了"笔"的意思。瓷器出在 China(中国),因而 china 也就用来指瓷器。法语 bureau 的意义是"毛布"，后来指铺毛布的"办公桌"，进一步指有"办公桌"的"办公室"，最后又指办公的机构"厅""局"。人们对不同现象之间联系的认识是换喻的基础。工具和活动、材料和产品、地名和产品等都可以在人们心目中建立起联想关系，从而可以使字逐步增加新的意义。例如英语的 glass（玻璃）可指"玻璃杯"，这是用制造的材料来指称它所制成的产品；汉语的"茅台（酒）"因产地而得名。这些都属于换喻的类型。

　　一个字通过隐喻和换喻的途径可以增加很多新的意义，使语言能够用尽量少的字去表达尽可能多的意义。这样，在语言中就出现了大量的多义字。

## 同义和反义

　　同一个字固然可以表示若干个不同的意义，形成多义字，但不同的字也可以有相同或相近的意义，形成同义字。这是从两个不同的角度去观察字义的结构，前者着眼于一个字内各个意义之间的关系，后者着眼于字与字之间的意义关系。两者相互交织在一起，使字义呈现出一种成系统的网络。

　　**同义**就是指语言单位的语音不同而意义相同或相近。例如汉语的"丰富、丰盛、丰厚"是一组同义词（汉语的"词"与英语的"词"性质很不相同，详见下一章。这里姑且先称为"词"），意义相同，表示数量多，但彼此有细微的区别。"丰富"既可强调物质财富的数量多而富庶，也可用于经验、阅历的富足和感情的充沛，运用范围很广；

"丰盛"指称数量多而显得非常充裕，运用范围比较狭窄，多用于酒席、水果等物质现象；"丰厚"强调数量多而厚实。不同的语言都有众多的同义字或词，而历史越是悠久的语言，其同义字词的资源也就越为丰富。

不同语言的同义系列各有自己的特点，这是语义系统性的一种重要表现形式。以上述"丰富、丰盛、丰厚"为例，我们发现这组同义系列有两个重要的特点：第一，都有一个"丰"字，成为该同义系列的共同结构成分；第二，字组内的两个字的意义之间也具有某种同义的关系，即"丰、富、盛、厚"都含有"多"的意义，只是指称的范围有别。比较英语等印欧系语言的同义词系列，我们就很难发现两个词之间相同的结构成分。例如，many 和 much 是一对表示"多"义的同义词，前者表示可数的"多"，后者表不可数的"多"；与此相呼应，表示"少"义的 few 与 many 相对，表可数的"少"，little 和 much 相对，表不可数的"少"和"小"。两个同义词在语义上相互补充，共同表示"多"或"少""小"的概念，但两个词之间在结构上并没有什么共同点。汉语有丰富的同义字资源，除了类似英语的那种同义系列之外（如：朋友——同师曰朋，同志曰友；城郭——内城曰城，外城曰郭……），还有另一种成系统的同义系列，这就是"丰富、丰盛、丰厚"那种类型的结构。为什么汉语的同义系列的结构会不同于英语等印欧系语言？一言以蔽之，就是基本结构单位不同。汉语以字为基本结构单位，现代汉语的同义系列是古汉语演变的结果，因而要了解汉语同义系列的结构特点，还得了解一点它的演化历程。

汉语早期同义的两个字之间往往受双声、叠韵的制约,用语音规律将它们"捆绑"成一对。请比较:

奔 *pən ： 波 *par
坎 *khəm ： 坷 *khar

估 *kag ： 计 *kid
呼 *xag ： 喊 *xəm

堆 *tʷəd ： 垛 *tʷar
货 *xʷar ： 贿 *xʷəd

琐 *sʷar ： 碎 *sʷəd
合 *ɣəp ： 夥 *ɣʷar

切 *tshjet ： 磋 *tshar
祖 *tsag ： 宗 *tsuŋ

茶 *dag ： 毒 *duk
咀 *dzjag ： 嚼 *dzjok

拘 *kjug ： 谨 *kjən
引 *djin ： 诱 *djəg

信 *sjin ： 息 *sjək
奠 *dən ： 定 *deŋ

真 *tjin ： 挚 *tjəd
淫 *djəm ： 泆 *dit

轮 *lʷjən ： 流 *ljəgw
祈 *gjəd ： 求 *gjəgw

流 *ljəgw ： 利 *ljid
纯 *dzʷjən ： 熟 *dzjəkw

倔 *gʷjət ： 强 *gjaŋ
风 *pjəm ： 发 *pjăt

生 *sěŋ ： 产 *săn
委 *gʷjeg ： 婉 *ʔʷjan

耿 *kěŋ ： 介 *kăd
政 *tjeŋ ： 制 *tjad

声 *sjeŋ ： 势 *sjad
偏 *phʷjan ： 僻 *phek

凶 *xjuŋ ： 险 *xjam
松 *sjuŋ ： 散 *san

零 *ljeŋ ： 落 *lok
浩 *ɣog ： 汗 *ɣan

喧 *xʷjan ： 嚣 *xjog
嘲 *tjog ： 斯 *tjat

哮 *xəgw ： 呷 *xăp
闪 *sjam ： 烁 *sjok

学 $^*$ɣəgw：效 $^*$ɣŏg　　蒙 $^*$muŋ：昧 $^*$məd

蓬 $^*$buŋ：勃 $^*$bət　　供 $^*$kjuŋ：给 $^*$kjəp

习 $^*$zjəp：俗 $^*$zjuk

这些例字引自严学宭[1]，所注的音是作者用国际音标对古音的构拟，读者对此不必深究，这里所以照录，只是为了让大家了解双声、叠韵与字的同义系列的关系。这些例字说明，双声、叠韵体现同义字之间的结构规律，是同义字中的共同结构成分。这些同义系列，由于两个字同义，表达同一个概念，而语音上又有双声、叠韵的制约，因而随着语言的发展而凝固在一起，成为现在表达一个概念的字组。双声、叠韵对同义字的制约可能是史前时期汉语结构原理的留存，体现编码机制的理据性。随着社会的发展和语言的演变，产生了文字，双声、叠韵对同义字的制约的结构原理日渐淡化和淡出，而让位于声符，也就是说，同声符的字往往形成同义的系列。例如，齿曲谓之齵，角曲谓之觠，膝曲谓之卷，手曲谓之拳（朱骏声："张之为掌，卷之为拳"），顾视谓之眷，行曲脊谓之趦，弓曲谓之彏，屈木为厄匜之属谓之圈，枉道而合义谓之權，革中辟曲谓之鞪，炗蓻之萌句曲谓之蕣。杨树达的"关声、蓳声字多含曲义"条对此有详尽的考析。[2] 汉语中凡同"声"的字具有相同的语义。所以，这种同义系列很特别，体现古汉语造字编码的基本原理，"声"成为同义系列的共

　　[1]　严学宭：《论汉语同族词内部屈折的变换模式》，载《中国语文》1979 年第 2 期。
　　[2]　杨树达：《形声字声中有义略证》，见《积微居小学金石论丛》，北京：中华书局1983 年版。

同结构成分。随着单字编码格局的解体，字组成为汉语的一种基本结构单位，因此"声"的功能由此淡出，同义字组中的共同结构成分由某一个字承当，形成如"丰富、丰盛、丰厚""愤慨、愤怒、愤恨、气愤"这样的同义系列。所以，不了解汉语以字为基础的结构，也就很难了解汉语同义系列的特点。

和同义的情况相似的还有一种反义。**反义**就是意义相反。如"大—小""左—右""胜利—失败"等。每种语言都有一定数量的反义字词，汉语的反义字特别丰富、成系统，而且在往后的发展中也像同义字一样，凝固结合在一起而成为表达一个概念的字组。例如：

| | | | | | | |
|---|---|---|---|---|---|---|
| 乾坤 | 阴阳 | 东西 | 宇宙 | 世界 | 胜负 | 大小 |
| 左右 | 高低 | 上下 | 厚薄 | 刚柔 | 远近 | 宽窄 |
| 公私 | 动静 | 轻重 | 内外 | 前后 | 来去 | 生死 |
| 粗细 | 冷暖 | 黑白 | 强弱 | 真伪 | 冷热 | 得失 |
| 彼此 | 善恶 | 偏正 | 利弊 | 早晚 | 收支 | 出纳 |
| 褒贬 | 亲疏 | 死活 | 宾主 | …… | | |

由反义字组合而成的字组的语义模式与同义字组合一样，属于现在一般语法书所说的联合式复合词。同义和反义，一"同"一"反"，为什么在字组的结构中会有相同的语义模式？这是由于这里的"同"与"反"都属于同一语义领域，是共同意义范畴的两种语言现象，是对立的统一，是"同"中有"反"，"反"中有"同"。例如"宇宙"，"宇"指无限的空间，"宙"指无限的时间，它们在空间和时间这一点上是"反"的，但是在"物质存在的形式"（任何物质都存在于一定的时间

和空间之中）这一点上又是"同"的；"得失"泛指成功和失败，两个字意义是"反"的，但在利弊关系上又是"同"的，仅仅是"同"中的两个对立的点；如此等等，不一一列举。反观同义，情况与此相似，是"同"中有"反"，所谓同义字之间有细微的意义差别，往往就是这种"反"的具体表现。例如"追"与"逐"的语义区别是所追的对象人、兽有别；"城"与"郭"是内外（城）有异；"皮"与"革"是毛的有无（去毛的曰"革"）；等等。同义字词之间含有感情色彩的差异，或褒或贬（请比较"老头儿"和"老头子"的语义差异），这种"褒"与"贬"就是"同"中有"反"的一种表现形式。所以，同义和反义的表现形式尽管有别，但语义关系的实质相似，是同一语义领域的两种表现形式，因而在汉语的发展中它们遵循着同样的语义模式构成并列式字组。这与汉语的字的单音节性有关，西方的多音节语不会有这种类型的构词模式。

# 语言的结构(下)：语汇和语法

一切语言都有语法，那不过是普遍地表达一种感觉：类似的概念和类似的关系最宜于用类似的形式做符号。

——萨丕尔

　　萨丕尔(1884—1939)，美国人类学家、语言学家，是形态音位概念最早提出者之一。他的语言人类学研究包括以下三个方面：美洲印第安民族及其语言、人类一般概念、文化和个性的关系。著有《语言论》和《萨丕尔选集》等。

# 1　词和语法的研究

## 什么是语法？

语言横向的线性结构网络主要表现为基本结构单位的组合规则，也就是日常所说的组字造句或组词造句的规则。这里涉及的是字、词和句的关系。"字"与"词"尽管只是一字之差，但却涉及语法结构的重大差异，因为词凸显的是语法特征，需要问它是名词、动词或形容词，而字突出的是语义特征，人们一般都只问它是什么意义，而不问它属于哪一个词类。字、词和句的关系在语言研究中的体现就是语汇和语法的关系。

表示概念的语言结构单位，有些是备用的，有些是临时组织的；备用的单位大多能在字典、词典中查到，例如汉语的字、印欧语的词就都是各自语言里的备用单位。什么是语汇？就是这种表示概念的备用结构单位的总汇，在一般的语言学著作中也称词汇，不过现在大家都倾向于用"语汇"这个概念。

语汇和语法是紧密地联系在一起的，这种联系，按照一般的说法，就是：**语汇**是语言的建筑材料，**语法**是运用建筑材料进行造句的规则。我的已故的同事、学长叶蜚声先生曾对两者的关系发表过更为精辟的见解：语法是从语汇中抽象出来的结构规则；一种语言从语汇中抽象出来的规则越多，这个语言的语法就越厚，而语汇则越薄；反之，从语汇中抽象出来的规则越少，这个语言的语汇就越厚，而语法则越薄，因而我们在第一章第二节的语言结构框架示意图中用虚线分界。印欧语是语法厚、语汇薄的语言，而汉语则是语汇厚、语法薄的语言，甚至"薄"到人们认为汉语没有语法，至少是认为《马氏文通》以前汉语没有语法。这种观点是不正确的，因为它是用印欧语的语法标准来衡量汉语语法的有无，而没有完全理解"语法"二字的真谛。

什么是语法？现在通行的定义是"语法是词的构造规则和组词造句的规则"，甚至简化为"组词造句的规则"。这是根据印欧语的研究总结出来的。其实，"语法"这一概念在不同的时期、不同作者的著作中的含义并不一样。"语法"是英语 grammar 的翻译，源自希腊语，本意为"与书写的文字有关的艺术"或"写作的艺术"，是哲学的一个分支。到中世纪，"语法"才被视为一套规则，写入教科书，教人们如何"正确地"说话。这是根据希腊语、拉丁语等印欧系语言的特点而对"语法"的内涵做出的修正,并据此把它从哲学的范畴中分离出来,突出它的语言的特点。今天的语法研究已远远不同于中世纪,有种种不同的理解,大致有狭义和广义之分。狭义的理解是指组词造句的规则,独立于音系学和语义学,这与我们现在对语法的理解一致;广义的理解是指一种语言结构关系的整个系统,如层次语法、系统语法、生成语法的"语法",除句法外还包括音系学和语义学的研究内容,其实际含义相当于一般所说的"语言"。根据对"语法"这一概念的狭义的理解,印欧语的语法自然可以定义为"组词造句的规则"或"词的构造规则和组词造句的规则",因为词(word)和句(sentence)是印欧语的基本结构单位,这个定义说的是印欧语基本结构单位的构造规则,抓住了这种类型的"语法"的核心。我们接受了这个定义,但只满足于表面的理解,而没有从这一定义的表述中悟察它所隐含的结构原理和真谛,因而得出汉语没有语法的结论。那么,真谛是什么?就是语言基本结构单位的构造规则。每一语言都有自己的基本结构单位,它的构造规则就是这一语言的语法。"组词造句的规则"或"词的构造规则和组词造句的规则"研究的是印欧语的基本结构单位的规则,自然是印欧语的"语法",但它不一定适合其他语言的研究,因为不同语言的基本结构单位不一样,例如汉语就是字,而不是词,因而决不能以它为标准来衡量其他语言的语法的有无和短长。美国语言学家乔治·雷科夫在回答叶蜚声①有关语言研究的提问时说："现有的理论大多来自西方语言"，"爪哇语里最重要的是敬语系统。这是语法的主要部分，当地语言学家研究的，主要就是这个。可是从西方的观点看来，爪哇语没有语法"。说汉语的传统研究没有语法，也导源于这种观点，不同的只是说这种话的人是中国人自己。这种"依样画葫芦"的说法是要不得的。所以，我们根据对"语法"这一概念真谛的理解，重新定义语法："语法是语言基本结构单位的构造规则"，通行的"组词造句的规则"或"词的构造规则和组词造句的规则"只是这种基本结构单位的构造规则的一种表现形态，而不是"放之四海而皆准"的结构原理。

为什么要将语法重新定义为"语言基本结构单位的构造规则"？这涉及语言研究中如何处理语言特性和语言共性的关系问题。从哲学原理上说，共性寄生于特性之中，人们都是通过特性的分析才能弄清楚其中所隐含的共性结构原理的。语言学家首先面对的语言现象都是特殊的，决不能把某一种语言研究的成果视为语言共性的标志。由于我们以往将印欧语的理论、方法当作语言共性的标志，并以此为标准来衡量、评述汉语语法结构的有无和短长，因而使汉语的语法研究老是在名、动、形的词类划分和它们与句子结构成分之间的关系上兜圈子，难以取得有成效的进展。实践的经验教训

---

① 参看叶蜚声：《雷科夫、菲尔摩教授谈美国语言学问题》，载《国外语言学》1982 年第 2 期。

使我们对现行的语法定义产生怀疑，最后发现"词的构造规则和组词造句的规则"这一语法定义仅仅是印欧语研究的理论总结，是对该系语言特点的描述，不一定适合其他语言的研究，因为其他语言有它自己不同于印欧语的特点。但是，这一定义准确地概括了印欧语语法结构的特点，其中隐含有语言共性的结构原理，因为它研究的是印欧语基本结构单位的构造规则。我们正是从这里得到启示，才将语法重新定义为"语言基本结构单位的构造规则"。这一定义所反映的语言共性结构原理更丰富、更准确，不仅适用于印欧语的语法研究，而且也适用于其他语言的语法研究；它既可以纠正我们以前对"语法"的错觉，促使我们对汉语语法做出新的定性，也可以据此重新评述汉语传统的研究，使"现代"和"传统"接轨。

## 词法和句法

印欧系语言的基本结构单位有词和句两个，因而词的构造规则和句的构造规则就成为印欧语语法的基本内容，分别由**词法**和**句法**去研究。它们都是从语汇中抽象出来的规则。词法的主要内容大致可分两部分，一是语素组合为词的规则和词的变化规则，二是词的语法分类。

**语素**是词中音义结合的最小组成成分。像英语的 principles（原则、原理）这个词由若干个语素构成，其中最后那个-s 表示复数，不参与词的构成，只起语法的作用，因而人们称它为变词语素，也称词尾，属于词的变化规则的范畴；principle 由三个语素构成，即

prin-、-cip-和-le,它们都参与词的构成,因而人们称它们为构词语素,其中-cip-是词根,词义的核心由它表达,prin-处于词根前的位置,故称前缀或前加成分,-le 处于词根的后面,故称后缀或后加成分,是名词的标志。principle 的结构可以分解为:

$$\begin{array}{ccccc} \text{prin} & + & \text{cip} & + & \text{le} \\ | & & | & & | \\ \text{first} & + & \text{take} & + & \text{n. suf.} \end{array}$$

这种以词根为基础加上前后缀而构成词的方法称为派生构词法,而像"hair(头发,名词)+cut(剪,动词)"构成 haircut(理发,名词)的方法称为词根复合法。印欧系语言的词多用派生构词法生成。由于词大多由若干个语素的组合构成,因而它的构造方法研究得比较透彻,成为语法的一个组成部分。

词的语法分类就是将词分成名词、动词和形容词等的词类。为什么要分词类? 这是由于在组词造句的时候,词类与句子结构成分之间存在着有规律的对应关系,要分析组词造句的规则,必须将词分类,使之在词和句之间架起一座联系的桥梁。先请看下面的这个英语句子:

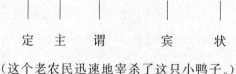

The old farmer killed the duckling quickly.

定　主　谓　　宾　状

(这个老农民迅速地宰杀了这只小鸭子。)

主语、谓语、宾语、定语、状语这些句子成分实际上都是语法的一种职务，需要由具体的词去承担这种职务。比方说，主语或宾语的职务，farmer, worker, man, John……这些词都可以承担，而 killed 就不行；相反，谓语的职务就只能由 kill, go, come……这些词去承担，farmer 等就不行。根据词在句法结构中的职务的差异可以把它们分为不同的类别，这就是词类。能充当句子结构成分的词类一般可以分为名词、动词、形容词和副词，它们与句子结构成分之间存在着对应关系，因而人们称它为**双轨制的语法结构**：

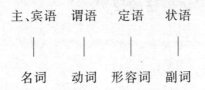

这就是双轨制语法结构的大致情况，即：一轨是以"主语—谓语"结构为框架的句法，其中核心的规则就是主、谓语之间的一致关系；一轨是和句子结构成分有对应关系的名词、动词、形容词的词类划分，二轨相互依存，因为名词是做主、宾语用的，动词是做谓语用的，形容词是做定语用的，副词是做状语用的。这种状况如用演戏做比喻，大致情况是："主语—谓语"框架好像是舞台，名词、动词、形容词、副词好像是演员，而主语、谓语、宾语、定语、状语犹如演员所演出的角色，而一个个具体的句子就犹如一出出戏剧；舞台、演员、角色和演出的戏剧在演出中相互依存，形成一个整体，缺一就演不成戏。所以，由两个基本结构单位(词和句子)构成的双轨是相互依存的，在造句的时候二轨合而为一，彼此拧成一股绳，造出一个个合格的句子。

词法和句法的构造规则虽然很多，但核心的规则只有一条，这就是由一致关系所维持的"主语—谓语"的结构框架，因为其他的规则都需要接受它的控制。人们如果掌握了这条总原则的精神，也就容易把握印欧语语法的基本脉络了。

## 2 字和汉语语法的研究

### 汉字和汉语的语法

汉语的基本结构单位是字，因而字的构造规则就成为汉语语法的基本内容。这里有两点需要提出来讨论，一是和现在流行的"语法"定义的关系，二是"语法"的实际内涵。

首先，我们对汉语语法的理解与现在流行的看法大相径庭，但根据"语法是语言基本结构单位的构造规则"的定义，应该毫不犹豫地承认字的构造规则的研究应属于汉语语法的范畴。根据这一理解，《说文解字》以"形"为纲的造字方法和清儒以"声"为纲的"因声求义"理论都是对汉语语法的研究。持这种看法的学者，我知道的只有一个林语堂。

林语堂是一位精通英、汉语结构的学者，既是著名的语言学家，也是著名的文学家和翻译学家，能从"神"上抓住语言结构的实质。他在《英文学习法》一文中比较了英、汉语结构的异同，就"语汇语法语音之分"的问题说了这么一段颇能引起人们深思的话：

> 语汇英文就是 vocabulary，就是语言的内容实质。语法（文法）英文叫作 grammar，是讲某种语言中表示意念关系的种种方法。语音就是读音（phonetics）。这三个区别略与中国小学家分形、音、义三学相仿佛。说文等于文法；音韵等于发音学；训诂等于语汇。所不同者中国小学是以文字为主，学英语者却须以语言为主。故如在中国小学，说文及金石之学只讲文字的变化与构造，而在文法，却须讲语言字句的变化与构造。然其同属于一类的研究，注重构造化合的原则，则两者实处于相等的地位。（旧式文法一部分专讲字形的演变，名为"形态学"〔morphology〕，则与字形之义尤近。）

在讲到具体的语法学习的时候又说，"文法的研究只是对于词字形体用法之变换作精密有系统的观察"，"文法中最重要的界说及专门名辞不过一二十个，其余的都是文法学家装做门面的东西，白白浪费学生的光阴，而结果使学生视文法为畏途"。我同意林语堂的论断，原因是他抓住了两种语言结构的"神"。这"神"是什么？就是语言基本结构单位的构造规则。grammar 是讲印欧语基本结构单位词和句"表示意念关系的种种方法"，而汉语的基本结构单位是字，因而林语堂才将研究"文字的变化和构造"的《说文》和金石之学视为和印欧语 grammar 相当的学科，都"注重构造化合的原则"和"对于词字形体用法之变换作精密有系统的观察"。基本结构单位是驾驭语言系统的枢纽，印欧语和汉语这两种不同语言的研究传统都抓住了各自语言的枢纽，研究语言基本结构单位的构造规则。林语堂抓住了这一枢纽进行对比，才摆脱两种语言表现形式的差异的束缚，直接把握住它们结构的共性本质。

其次，语法是从语汇中抽象出来的结构规则，《说文》的造字方法和清儒的"因声求义"理论讲的都是如何从字中抽象出造字的规则。和印欧语的语法规则不同的是，一不是凸显结构单位的形态变化，而是突出语义，因而可以将它称为语义语法；二不是显示词的语音变化，而是凸显字的形体构造的差异；三不是结构成分的线性组合，而是非线性的包孕，语音上包容于一个音节，仍旧是一个音节关联一个概念，形体上则是以字造字，字中有字，造出来的新字仍包孕于一个方块中，例如"日"和"木"组合为"東"或"杲"；"東"和"木"组合为"棟"……由于没有从结构单位中抽象出线性的组合规则，因而不符合从印欧语研究中总结出来的语法定义，这就使人们误以为汉语没有语法。两种语言结构规则的这种差异可能与语言编码的理据性有关，形成汉语是语汇厚、语法薄的语言，与印欧语的结构特点正好相反。

影响人们去认识汉字与语法的联系的障碍，主要是认为汉字是书写的"形"，不是口说的"音"。其实，这不是原则问题，因为"音"与"形"都只是不同的物质表现形式。原则的问题是什么？规则。只要是有成系统的规则,那么,不管是"音"的规则,还是"形"的规则,都应列入语法研究的范畴。详细的讨论可参看第四章第三节和第四章第四节。

### 字组的构造规则和汉语的构辞法

随着语言的演变,古汉语一个字表达一个概念的格局逐渐解体,而字组,特别是其中的二字组,成为汉语表达一个概念的语汇单位。这种字组的作用大致相当于字,但结构上已突破一个音节、一个方块的限制,由非线性的包孕转化为线性的组合,为行文方便,我们将它称为**辞**。"词"与"辞"这两个字原是相通的,但"词"现在已与印欧语凸显语法特征的 word 纠缠在一起①,为避免混淆,我们将字组称为"辞",而不是"词"。这就是说,字是一个音节关联一个概念结构的单位,而辞是指字组,是由若干个音节(主要是二音节)关联一个概念的结构单位。

**字组**是为适应交际的需要而将字义相关的几个字组合起来、借以表达新事物、新概念的结构单位。字组的长短不定,但至少得有两个字。如何分析字组的结构,从中抽象出语法规则? 现在有两种不同的思路。一种是仿效印欧语语法结构的规则,用主谓、述宾、述补、偏正、联合这些句法规则来分析字组的构造规则,如"火烧(一种

---

① 赵元任:《汉语词的概念及其结构和节奏》,见《赵元任语言学论文集》,北京:商务印书馆 2002 年版。

用火烤炙的食品）、耳鸣、心跳、地震"等是主谓结构，"浇水、练兵、打油、作案、座舱"等是动宾结构，"红花、黑板、白布、大豆"等是偏正结构，等等，这以陆志韦等的《汉语的构词法》为代表；一种是以核心字为参照点，看它如何借助于另一个字的组合生成表达一个概念的字组，而后再以此为基础进行语义、语法结构的分析。这第二种方法有丰富的实践经验，其代表性的著作就是中国社科院语言研究所编撰的《现代汉语词典》和《倒序现代汉语词典》，但缺乏相应的理论研究。徐通锵的《语言论》和此后发表的一些论文曾对此进行过一些理论探索，现择其要，以"兵"字为例，作一些简单的介绍，借以考察从语汇中抽象语法规则的过程。

以"兵"为参照点，可以生成两个系列的字组：

1. 标兵　步兵　裁兵　撤兵　出兵　大兵　刀兵　伏兵　号兵　护兵　尖兵　……

2. 兵变　兵车　兵船　兵法　兵符　兵火　兵家　兵舰　兵谏　兵力　兵权　……

这是以"兵"为参照点而生成的一个字组系族。这种字组，既是语汇单位，也是语法需要研究的对象，是从语汇中抽象语法规则的理想素材。从语汇的角度来说，这里的每一个字组都表达一个概念，意指某一类现实现象，它的语义特点是"控制两点，涵盖一片"。这"两点"是由两个字显示出来的，而"一片"是暗示，需要说、听双方根据已有的知识去补充。比方说"火烧"，它的含义是把面食放在饼铛上用火力烤炙的、表面不撒芝麻的一种面饼，"标兵"是"1. 阅兵

场上用来标志界线的兵士。泛指群众集会中用来标志某种界线的人。2. 比喻可以作为榜样的人或单位:树立～|服务～"(《现代汉语词典》)。每一个字组所涉及的现象都很多,相当复杂,但它们都只抓住"火"与"烧"、"标"与"兵"两个"点",其他的意思隐含于这两个"点"所能控制的范围内,由人们自己去补充,所以"语言的表达意义,一部分是显示,一部分是暗示,有点儿像打仗,占据一点,控制一片"①。这种由交谈双方自己去补充的"暗示"的意义,是不见于言词的已知信息,相互都能意会;外国人学习汉语,由字面"显示"的意义是比较容易学的,而这种靠"暗示"的"不见于言的已知信息",不经长期的知识积累,是难以掌握的。所以,字组的意义不是两个字的意义的简单加合,而是"1+1>2"。所以,要了解字组的意义,既要知道每一个"点"(字)的意思,还要了解字与字之间的语义关系,不然难以准确了解字组的含义。王力先生说:"汉语基本上是以字为单位的,不是以词为单位的。要了解一个合成词的意义,单就这个词的整体去理解它还不够,还必须把这个词的构成部分(一般是两个字)拆开来分别解释,然后合起来解释其整体,才算是真正彻底理解这个词的意义了。"②这是人们需要牢记的一条原理。

　　字组固然是一种语汇单位,但它隐含有汉语语法结构的真谛,

---

　　① 吕叔湘:《语文常谈》,原连载于 1964 年的《文字改革》(月刊),北京:生活·读书·新知三联书店于 1980 年结集出版。
　　② 王力:为周士琦《实用释义组词词典》(北京:华文出版社 2000 年版。此书原名为《实用解字组词词典》,上海:上海辞书出版社 1986 年版)写的《序》。

可以从中抽象出一些重要的语法、语义的规则。张志公先生曾写过一篇文章，题目叫《语汇重要，语汇难》，发表在《中国语文》1988 年的第 1 期。"难"在哪里？可以有不同的理解，但如何从语汇中抽象语法规则？应该是"难"的一个重要方面。字组结构的研究可以为这个"难"的解决提供一些有价值的思路。我们可以从下面几个方面去考察。

第一，参照点和核心字。前述两个系列的字组都是以"兵"为参照点而生成的结构单位。这种作为字组生成参照点的字，我们称为**核心字**。核心字有生成字组的巨大潜能，只要交际有需要，它就能借助于另一个意义相关的字的组合，生成一个新的字组。它与现在流行的汉语构词法的思路有一个重大的区别，这就是流行的构词法着眼于描写，对收集到的资料进行述宾、偏正、主谓之类的结构描写，与汉语传统的研究无关，而以核心字为参照点的字组的研究着眼于生成，具体考察一个字如何借助于另一个字的组合而生成一个表达新概念的字组，以少数生成多数。这是传统"以字造字"的生成机制的延续（参看第四章第四节）。描写与生成，这是两个完全不同的研究视角。牵一发动全身，选择哪一个视角必然会涉及语汇、语法理论研究的走向，目前语言学界多采用前一种分析方法，但它对语言学习、教学、语言信息处理等似乎都没有多大的帮助，已引起众多的疑虑和责难，甚至发出"淡化语法"[1]的呼声；后一种方法的提出

---

① 张志公：《汉语辞章学引论》，连载始自《语文学习》1993 年第 1 期。

还为时不久，需要在实践中改进和完善，但它的方向应该是对头的，因为它是根据汉语本身的特点提炼出来的理论。

字组系列中的核心字，其最明显的特点是它的位置，如"兵"的第一组位于后，而第二组位于前。这"前"与"后"是结构形式的特点，而形式总是以这样那样的方式与意义相联系；同一个字在字组中既可处于"前"，也可处于"后"，暗示它具有不同的语义功能。仍可以"兵"为例讨论位置与字的语义功能之间的关系。"兵"处于后字的位置，它体现一种概念功能，意指兵器或军人，其性质是对现实现象的抽象和概括，和它相组合的前字表示"兵"所可能具有的诸如形貌、颜色、质料、类别、性质、状态、程度、原因、方式、时间、空间、工具之类的意义。比方说，"标兵""步兵"的"标""步"表示"兵"的一种性质和类别，"撤兵""伏兵"的"撤""伏"是"兵"所处的一种状态，等等。这些意义寄生于不同的概念意义，就是说，它们不但存在于和"兵"的组合，而且也存在于和其他概念意义的组合，如"汗水、泪水、奶水、露水、卤水、钢水、胶水、泔水、墨水……"前字位置上的这些字表示水的质料；"流水、死水、冷水、凉水、温水、热水、开水、滚水、冰水……"前字位置上的各个字的意义表示水的状态，等等。这一类意义的性质与概念意义不完全一致，是更高程度的一种概括，因而可以称其为语汇—语法意义，简称为语义特征。字组中处于前字位置的核心字所体现的语义功能就是这样的语义特征，如"兵车""兵船""兵法""兵家"的"兵"表性质，"兵变""兵谏"的"兵"表方式，等等。前后字的语义功能的差异表明：处于后字的位置的核心字表示概念意义，是对现实现象的抽象和概括；处于前字的位置的核心字表示语义特征，是对隐含于不同概念意义中的某种共性要素的抽象和概括。同一个字的这种语义功能的差异可以称之为字的语义功能的二重性。汉语中的每一个字差不多都具有功能的这种二重性，区别只在于强弱有异。

核心字从结构形式和语义功能两个方面为字组结构的研究提供了重要的参照点。

第二，从结构形式说，字组的生成有严格的规律，这就是核心字的位置与字组生成的关系，人们可以它为基础考察字组生成的规则。核心字在后，与它相组合的前字大多是对它的意义进行限制，指称某一种现实现象，使它的语义具体化。例如"兵"的意义很概括，凡军人、军队都可以叫作"兵"，但如在它的前面加上"步""标"而生成字组"步兵""标兵"之后，它就只能指称某一种类型的"兵"。这样，字组与核心字的语义关系大致呈上下位概念的关系，即字组所表达的意义大致是核心字意义的一个下位概念，如"步兵""标兵"都是"兵"的一个下位概念。由于此，我们称"步兵""标兵""号兵""尖兵"之类的字组为向心字组，其组字的方法称为**向心组字法**，因为前字的语义作用大都是向着这个核心、限制这个核心的语义的，表达的意义都是"兵"。人们可能就此提出问题：那么"出兵""撤兵"是不是也与"兵"呈上下位概念的关系呢？既是，又不是。由于这涉及字的语义性质的类别，下面再讨论。

和向心组字法相对的是**离心组字法**，即核心字处于字组前面的位置,如"兵"的字组系列的第二组,它以一种统一的语义特征去限制后字的语义范围,其表达的意义重点不是"兵",而是与"兵"有关的其他现象,如"兵车"指"车","兵船"指"船","兵符"指"符","兵"在这里仅仅说明"车""船""符"的某种特定的功能。这就是说,"兵车"等的意义不是"兵"的下位概念,与向心字组所表示的上下位概念的等级体系完全不同。正由于此,我们将这种组字的方法称为离心组字法。如果核心字和所组配的字相同,即一般所说的重叠(如:家家,偏偏,人人,说说,看看……),那就生成**同心字组**。向心、离心和同心的组字方法就是汉语的构辞法。

向心、离心这两个概念原来是由美国语言学家布龙菲尔德根据分布的标准提出来的,意思是指:直接组成成分的分布如果与其中的某一个结构成分相同,那么它就是一种向心结构,否则就都是离心结构。如英语 poor John(可怜的约翰)的分布与 John 相同,是向心结构,而 on the table 的分布与其中的任何一个构成成分都不一样,因而是一种离心结构。我们这里使用的向心、离心是语义概念,是根据核心字在字组构造中的地位和作用提出来的,与分布的标准关系不大。当然,我们也可以说,核心字的前、后位置本身就是一种分布,但我们的着眼点是语义的组配关系,不是动、宾之类的语法功能。所以,有些术语看起来好像相同,但在不同的体系里的含义可能很不一样。这是我们学习的时候需要注意的一个重要问题。

向心、离心和同心是从字组生成的形式中提炼出来的方法,人们只要抓住核心字这个"心",就能把握汉语字组生成的基本形式规律,简单而明确。人们可能会就此提出一个问题:"标兵"这个字组,哪一个是核心字? 这确实无法回答,因为以核心字为基础的组字法以字组系族的研究为基础,着眼于形式规则的系统,光孤零零地拿出一个二字组,自然难以给予确切的回答。那么,是不是没有办法分析呢? 否! 不过这需要深入语义结构的研究。

第三,核心字的不同位置体现字的语义功能的二重性。核心字"以少数生成多数"的功能在字组的生成中处于主导的地位,不同的位置显示它不同的主导地位,前述向心、离心、同心的字组结构是核心字因位置的差异而表现出来的生成形式的规律,和此相对应,核心字因其具有语义功能的二重性,在生成字组的时候这"二重性"的语义功能自然也会有哪一个意义起主干作用的问题,也就是说,字组的语义关系中也有一个"心",它与字组语义结构的关系大体是:如以概念意义为"心"和主干作用,结构上处于后字的位置,那前字就是对它的限制和修饰,生成限定结构,如"步兵、标兵、号兵"之类;如以语义特征为"心"和主干作用,结构上处于前字的位置,由它引出不同的概念意义,那么就生成引导结构,"裁兵、撤兵、练兵"之类;如两个字的语义功能相同,那就生成并列结构,如"看看、写写、说说……朋友、城郭、语言、追逐……"之类。这三种语义关系隐含于向心、离心、同心的生成机制中,因而结构形式的"心"和语义结构关系的"心"既相互对应,但又呈现出相互矛盾的状态。并列关系与同心相对应,这没什么问题,而向心和离心的结构形式中既可以生成限定结构,也可以生成引导结构,例如"标兵、号兵、尖兵、步兵、水兵、伞兵"和"搬兵、裁兵、撤兵、练兵、收兵、养兵"的结构形式相同，都是向心结构，但语义关系却属于两个不同的系列。表层的结构形式和深层的语义关系为什么会呈现出一些矛盾？这与字性的类别有关，语言研究需要对这种矛盾做出理论的解释。要实现这样的目标，第一，需要根据字的语义功能的差异将字分成不同的类别，使人们摆脱具体字义的干扰而从字类关系中去探索字组的语义结构的规律；第二，需要考察"心"的功能的差异与字组扩展的关系，从形式上把握字组的语义结构。

如何对字进行语义分类？我们建议用鉴别字，先用"不"字进行鉴别，就是能用"不"否定的叫动字或动辞，不能用"不"否定的叫名字或名辞。这样，"山、水、人、马、牛、车、兵、手、脚……桌子、朋友、先生……"都是名辞，因为汉语中没有"不山""不水"之类的说法，而"说、写、看、搬、收、养、跑、跳……大、小、好、坏、黄、黑、白……"都是动辞，因为它们都可以用"不"否定，人们可以说"不说""不写""不大""不黑"……动辞中的字的功能仍有重大的差异，因为有些字可以用"很"限制、修饰，如"大、小、黑、白……"，有些字不能，如"说、听、写、读、看、写、跑……"，语言中没有"﹡很写""﹡很听"之类的说法（"﹡"表示该说法不成立）。为了分析的简便，不能用"很"限制、修饰的字和字组仍称为动辞，而能用"很"限制、修饰的字和字组称为形容辞。虽然有些字跨类，如表示心理状态的"想、怕、懂、恨……"既可用"不"否定，又能用"很"限制、修饰，说明它们连接"形"与"动"，不过这一类字的数量不多，语义类别比较清楚，难以从根本上动摇我们的分类标准。应该说,这是一种比较好的分类标准,因为它比较简明、解释力强、概括性大、操作也比较方便。这种分类方法与现在通行的方法的主要区别,在于着眼点在语义。

有了字、辞的语义分类标准,这就可以将表示概念意义的字、辞分别归入名、动、形的类。这样,我们就有可能将字组中的字贴上辞类的标签,使字义之间呈现出特定的结构关系。据此,我们可以清楚地发现相同的结构形式为什么能够表达不同语义关系的原因了。如仍以前述的例字为例,"标兵、号兵、尖兵、步兵、水兵、伞兵"的字类组配,除了"尖兵"外,都是"名+名",而"搬兵、裁兵、撤兵、练兵、收兵、养兵"都是"动+名"。这就是说,同类组配,表达一个概念,生成限定结构;异类组配,既可以表达一个概念,也可以表示两个概念之间的结构关系。例如"练兵",如指"训练军队"这样一件事情,它表达的是一个概念;如是指训练军队的行为,那就是表示两个概念之间的关系,生成引导结构。异类组配的字组,究竟属于哪一种情况,需要根据其所表达的意义进行具体的分析。说到这里,人们自然会问:"尖兵"是异类组配,属于哪一种类型的结构?是限定结构还是引导结构?我们的回答是"限定结构"。为什么?这就涉及形容辞和名、动两类辞的关系了。这种关系,由于**二字组**太短,不容易看出内中的真谛,不妨扩大字组的长度,从不同辞类扩展方式的差异中考察形容辞与名、动两类辞的关系。

比二字组大一点的是**三字组**,是字组扩展中的最小结构形式,因而最容易在这里看到每一类字、辞的扩展方式的特点以及它们之间的相互关系。请比较"兵""打""小"三字的扩展方式：

兵：空降兵　　勤务兵　　上等兵　　坦克兵　　特种兵　　铁道兵

　　通信兵　　侦察兵　　志愿兵　　子弟兵

打：打把势　　打白条　　打摆子　　打边鼓　　打冲锋　　打秋风

　　打出手　　打点滴　　打官腔　　打官司　　打光棍　　打饥荒

　　打交道　　打擂台　　打冷枪　　打冷战　　打连厢　　打埋伏

　　打屁股　　……　打印机　　打油诗　　打字机

小：小把戏　　小白菜　　小白脸　　小百货　　小报告　　小辫子

　　小冰期　　小聪明　　小动作　　小分队　　小钢炮　　小广播

　　小花脸　　小黄鱼　　小伙子　　小家伙　　小家庭　　小金库

　　小老婆　　小礼拜　　小两口　　小萝卜　　小熊猫　　……

上述三个字，"兵"属"名"，"打"属"动"，"小"属"形"，这是人们公认的。"兵"的扩展方式是"2＋1"，如对"空降兵"等作层次分析，它的结构只能是"空降/兵"，以"2"（空降）限定和修饰"1"（兵）；"1"（兵）在这里起核心的主干作用，是核心字功能在多字组中的表现形式，在字组的语义组配中充任核心，其生成机制是"后管前"，就是说它的扩展方向只能向前，在核心成分的前面加限定性、修饰性的结构成分。这种"2＋1"字组的整体意义与"兵"呈上下位概念的关系；能接受"2"的限定、修饰的概率越大，表明它生成三字组的潜能越强，像"人"就比"兵"大得多，而"睛""钞"等就不能进入"2＋1"的"1"的位置，说明它们只能寄生于二字组的结构。这是"名"类字在三字组中表现出来的扩展规律，可以说是向心的语义结构。"打"和"小"

在三字组里的结构方式都是"1＋2"，其中的"1"起主干的作用，是字组结构的核心，"前管后"，由此导出后面的各种名性字组，生成三字组的结构，可以说是离心的语义结构。"打"和"小"不能像"人"那样，处于后字的位置，"苦迭打"是法语 coup d'état（政变）的音译，根本不是汉语结构的字组；"小"字只有一个"无穷小"，而这个"小"也因其位置而事物化，类似"兵"在三字组中的作用。所以，这里"2＋1"和"1＋2"的"1"，无论就其结构形式还是语义组配，都是核心。比较特殊的是"小"的扩展方式与语义关系的矛盾：扩展方式与"打"同，都是"1＋2"，能以"1"导出"2"的"名"，但由此生成的字组的整体意义却与"打"的状况不同，而与"兵"（名）一样，呈上下位概念的关系，如"小白菜"只是"白菜"的一个下位概念。这就是说，三字组中的"小"类形容辞已被它后面的"名"的意义喧宾夺主，转化为一种"名"的限定性、修饰性的结构成分，由离心的结构方式转化为向心的语义结构，久而久之，人们也就习以为常，将这种"1＋2"的结构视为二字组的"名"的一种扩展模式，上述的"尖兵"所以归属于限定结构，其原因就在于此。这或许也是形式服从于意义的一种表现方式。

二字组的生成模式，核心字的向心、离心固然能提示"心"的向前、向后的扩展方向，但只存在于字组的生成体系中，孤立的一个字组难以说明以哪一个字的语义为核心，自然也就难以显示它的"后管前"或"前管后"的具体扩展方向。字类的划分和三字组的生成方式为我们提供了一个明确的形式依据,这就是以"1"为参照点,看"2"是加在"1"的前面还是后面。据此,名性字组取前加的方式,形成"2＋1"的结构,"后管前",生成限定关系的字组;相反,动性字组取后加的方式,形成"1＋2"的结构,"前管后",生成引导关系的字组;形容辞在三字组结构中的扩展形式同动辞,语义关系同名辞。三字组以上的扩展规律可据此类推。根据这一线索,字组大致有四种扩展方式,从而生成四种句法语义结构:

1. 前后都不能扩展,生成并列关系字组,如"家家、写写、朋友、语言、追逐、雕刻⋯⋯"。

2. 只能向前扩展,生成限定关系字组,如"空降兵、勤务兵、上等兵、坦克兵⋯⋯"。

3. 只能向后扩展,生成引导关系字组,如"打官腔、打白条、打边鼓、打冲锋⋯⋯"。

4. 向前、向后都能扩展,生成表述关系字组,如"鸟飞、狗吠、虫鸣、猫跳⋯⋯"。

4 基本上是 2、3 两种结构的组合,已从结构进入表达。语句的结构实际上都只是这几种结构格式的扩展和组合。

向心、离心是汉语字组生成的重要特点。这虽然是后来从汉语研究中总结出来的,但它隐含有语言共性的结构原理,因为共性是通过特性表现出来的;只要一种语言的形态变化趋于弱化和消失,就会采用汉语那种向心、离心构辞法去扩充语汇单位。英语为此提供了一个很好的例子。请看以 house 为例而构成的词:

|            A            |             B             |
| ----------------------- | ------------------------- |
| White House             | houseclean                |
| hothouse                | housemate                 |
| clubhouse               | housewife                 |
| smokehouse              | houseboat                 |
| ⋯⋯⋯⋯                    | ⋯⋯⋯⋯                      |

这里的 house 相当于我们所说的核心字。英语通过这种方法构成的词的数量现在日益增多,已成为一种主要的构词方法。如果分析一下它们的结构,就不难发现:A 组构词相当于汉语的向心构辞法,处于构词核心地位的 house 居后,B 组构词相当于汉语的离心构辞法,house 居前。这种构词法的生成机制与汉语的"以字造字"一样,是"以词造词"。所以,《现代汉语词典》和《倒序现代汉语词典》所透视出来的汉语离心和向心构辞法的结构原理是有普遍理论意义的,是构辞共性的一种表现形式。

### 句子和句法

印欧语的基本结构单位有词和句两个,它们的结构规则构成印欧语语法的研究对象。汉语有没有句? 回答是肯定的,汉语当然有句,刘勰的《文心雕龙》对它已有解释:"夫设情有宅,置言有位;宅情曰章,位言曰句。故章者,明也;句者,局也。局言者,联字以分疆……夫人之立言,因字而生句,积句而成章,积章而成篇。"周振甫的《〈文心雕龙〉注释》对"句"的意义的解释是:"句有两义:一就语气言,语意未完语意可停的是句;一就语意言,语意完足的是句。古人的句就语气说,如《诗经·周南·关雎》:'关关雎鸠,在河之洲。窈窕淑女,君子好逑。'就语意说是两句,就语气说是四句。古人分为一章四句,说明以语气为句,所以说'位言曰句'。位言正指按语气的停顿来分句。"白话代替文言,现代汉语代替古代汉语,语句的结构虽然发生了很多重要的变化,但"句"的"神"没有变,仍有语气句和语意句之分,只是说法有所差别而已,将语气句称为"小句",而语意句则模糊地统称为"句子"。这种"句子"大多由若干个小句连缀构成,因而它的实质相当于现在一般所说的语篇,属于语用的范畴。正由于此,汉语虽有句的概念,但不是汉语的一种基本结构单位,因而也没有基本结构单位所必须具备的现成性、离散性和存在于语言社团中的心理现实性的特点。汉语传统的研究为什么没有句的构造规则的研究?原因就是它不是汉语的基本结构单位,不属于语法的研究范围。

　　汉语传统的研究既然没有印欧语那样的句法,那有没有"因字而生句"的研究?有! 这就是一般所说的句读和修辞。"句读"原是训诂学中的一个术语。"句"指句子,相当于上面所说的"语意句",能表达一个完整的意思,而"读"则是语意未完而在语音上可以作短暂停顿的结构单位,相当于上述的"语气句"。就书面语来说,句读就是如何给文章断句,从语篇中找出句子来;或者反过来说,看字的有规则的排列"排"到什么地方才能成为一个句子。由于语意句由若干个语气句连缀构成,因而应该在哪儿断句,主要决定于说话人或标点人对意义的理解。唐天台沙门湛然《法华文句记》卷一载："凡经文语绝处谓之'句'，语未绝而点之以便诵咏，谓之'读'。"这一论述把握住了句读的基本精神。所谓"语绝处"，用我们的话来说，就是对事件的话题的叙述已告一段落，语义上呈现出相对的完整性；找到了"语绝处"，也就找到了句子。至于修辞，在语句研究中它比句读更重要。古汉语里的修辞实际上就是讲组字成句的艺术，诸如比喻、映衬、双关、夸张……直至"死字活用"、虚字的使用与否等等，讲的都是如何"因字而生句"，使语句更有成效地表达说话人想要表达的语意。如果说，句读是从宏观上把握汉语语句的结构格局，那么修辞就是从微观上"雕琢"、修饰语句结构的艺术，使语意的表达更精练、更完善。这样的修辞有没有规律？当然有规律，不过这种规律不同于我们所熟知的语法规律。语法规律是"死"的，"是"就是"是"，"非"就是"非"，衡量的标准是"硬"的、唯一的，没有弹性；同时，它涉及的语言结构只局限于语法，比较单纯。修辞的规律与此不同，它是"活"的，涉及语音、语义、语法等语言结构的各个层面的因素，因而如何进行比喻、映衬……"因字而生句"，有多种选择的可能，富有弹性，没有唯一性的非此即彼的答案。总之，句读和修辞是汉语"因字而生句"的研究内容，它们的结构规则最集中地体现于对联，公园、寺院、道观等地廊柱上的楹联凝聚着汉语语句结构规则的精华，遗憾的是我们对此没有总结。字的组合构成语气句，语气句的连缀构成语意句，因而汉语语句结构的格局近于语篇的布局，不同于印欧语类型的那种语法结构规则，因而难以用这类语法规则来研究汉语语句的结构。

## 3　语法的结构类型

### 屈折语、黏着语和孤立语

不同语言基本结构单位的构造虽然千差万别，各有其自己的特点，但内中也隐含有相同或相似的结构方式，因而可以根据某种标准将它们分为若干种结构类型。对语言结构类型的研究是语言类型学的任务。

常见的分类标准是根据基本结构单位的形态变化的有无和差异而分为屈折语、黏着语、孤立语、复综语四种类型。这是以印欧语（主要是拉丁语）的结构特点为基准而分出来的，其中的核心就是在句法结构中由词的形态变化表现出来的一致关系和支配关系。因此，一种语言的语法结构如果有这些关系、词在造句时需要发生形态变化的语言，就是屈折语。古代的拉丁语和现代的俄语都是典型的屈折语；英语的形态变化已经简化，难以成为屈折语的典型代表。**屈折语**的"屈折"就是指一个词通过语音形式的交替（形态变化）去表达不同的语法功能，所以又叫作内部屈折。屈折语的主要特点是：有丰富的词形变化，词与词之间的关系主要靠这种词形变化来表示，因而词序比较自由。像俄语的 Я читаю книгу（我读书），这个句子中的三个词,由于不同的词形变化都已具体地指明了每个词的身份和功能,即 Я 表主格,читаю 的-ю 表第一人称、单数、现在时,книгу 的-y 表宾格,因而改变一下词的次序,比方说成 Я книгу читаю,或者去掉 Я,说成 читаю книгу 或者 книгу читаю,都不会影响句子的意思。当然,一般的情形仍多采用 Я читаю книгу 这样的语序。屈折语的"屈折"的另一个特点就是一个变词语素(词尾)可以同时表示好几种语法意义,例如俄语 книга 的 a 就同时表示阴性、单数、主格。此外,屈折语的词根和词尾结合得很紧,脱离词尾这种变词语素,词根一般就不能独立,例如 книга 如把词尾 a 去掉,它就不能独立存在。"屈折"的这些特点都是受一致关系和支配关系控制的。

**黏着语**也是一种重要的结构类型,它也有形态变化,不过与印欧语受一致关系和支配关系控制的形态变化不同。它的特点是没有词的内部屈折,每一个变词语素只表示一种语法意义,而每种语法意义也只由一个变词语素表示。因此,一个词如果要表示三种语法意义就需要加三个变词语素。此外,黏着语的词根和变词语素之间的结合不紧密,两者都有很大的独立性。变词语素好像是黏附在词根上似的,粘上取下,似乎都很容易。土耳其语是一种典型的黏着语。它的动词词根 sev-的意思是"爱",变词语素-dir 表示第三人称,-ler 表示复数,-miš-表示过去时,-erek-表示将来时,那么,sev-miš-dir-ler 就是"他们从前爱",sev-erek-dir-ler 就是"他们将要爱"。一个词要表示多少种语法意义,就可以在它后面加多少个变词语素,理论上没有任何限制。这种可能是无限长的语素组合,怎么知道它是一个结构单位呢?靠元音和谐的规律,简称元音和谐律。屈折语的名词和形容词有阴、阳、中性的变化,黏着语没有;但黏着语的元音有阴、阳、中性的差异,屈折语没有。黏着语的同一个词根,不管后面加上多少个变词语素,各语素间的元音必须具有共同的特征,或都为阳性元音,或都为阴性元音,阴、阳二性的元音不能出现在同一个词中,因为它们相互间不和谐;只有中性元音既可以与阳性元音共现,也可以与阴性元音共现。所以,只要掌握了元音和谐律,就可以知道结构单位的分界。元音和谐律从不超出词的范围。现在世界上的一些著名语言中,日语、维吾尔语、蒙古语、芬兰语、朝鲜语等都是黏着语。黏着语的元音和谐律如果受到了破坏,它的结构类型就会发生变化。朝鲜语、满语等的元音和谐律已经消失,因而黏着语的黏着性特点已大为削弱,而满语还进一步在汉语的影响下走向消亡,现在能讲满语的人已经不多。复综语可能是一种特殊类型的黏着语。这种语言的一个词往往由好几个语素编插黏合而成,有的语素的语音还不到一个音节。由于词里插入了表示多种意思的各种语素,一个词就往往可以构成一个句子。这种类型的语言多见于美洲的印第安语。例如美诺米尼语的 akuapiinam 是一个词,意思是"他从水里拿出来",包含以下语素:词根 akua(挪开),后缀 -epii-(液体),后缀-en-(用手),后缀-am(第三人称施事)。

**孤立语**的主要特点是基本结构单位缺乏形态变化,汉语就是这种类型的语言最著名的代表。由于没有形态变化,结构单位的语法关系主要靠语序和虚字来表示。像俄语 Я читаю книгу 这样的句子，俄语的语序可以随便编排，而汉语就不行，只能是"我读书"，字序不能随便更动；即使是把"书"挪至句首，变成"书，我读"，看起来勉强也可以，但意思已与原意不大一样，语音上也有变化，即"书"后有停顿，书面语中就表现为逗号。虚字的运用在语法关系的表达中非常重要，汉语中使用频率最高的字就是"的"和"了"，像"父亲的书"，如果没有"的"，"父亲"和"书"就难以直接组合。我们传统的研究没有印欧语那种类型的语法学，但有大量研究虚字的著作，例如刘淇的《助字辨略》、王引之的《经传释词》、杨树达的《词诠》等。如果说，印欧语的语法特点是突出以一致关系为纲的形态变化的话，那么像汉语那样的孤立语突出的就是结构单位的语义，借语序和虚字来调节结构单位的语义关系。这些现象都说明，不同语言的语法都各有自己的特点，因而也各有自己特殊的语法研究途径。

屈折、黏着和孤立是从印欧语结构标准的视角划分出来的语言结构类型的分类，对认识语言的结构自然有帮助。这三种类型也可以根据形态变化的有无而分为综合语和分析语两类，这样，屈折语和黏着语就归入综合语，孤立语归入分析语；还可以用别的标准来认识语言的结构类型，比方说，根据宾语相对于动词的位置，如在动词前，就归入"宾动型语言"，如在动词后，就归入"动宾型语言"，一般语言学著作将它们称为"OV"型和"VO"型。总之，采用的标准不同，即使是同一种语言，也有可能归入不同的类型。

一种语言的结构类型也有可能随着语言的演变而发生变化。

例如法语，它是从拉丁语演化而来的。拉丁语是有复杂形态变化的语言，法语相对于它的拉丁祖语来说，形态已大为简化，向分析语的方向发展。

## 语法结构可以分类型，但不能分优劣

语言可以根据某一标准分为不同的结构类型，但不能分优劣。过去有人根据语言结构类型的差异论述语言的优劣，为种族优越论张目。这是完全错误的。曾经比较流行的一种说法是：屈折语比黏着语进步，黏着语比孤立语进步。这么说来，汉语就属于最落后的语言之列。有人看到好多种屈折语，特别是英语，在演变过程中逐渐减少屈折变化，扩大词序和虚词的作用，就宣称孤立语是最进步、最合理的语言。这么说来，汉语又被列入最先进的语言之列。现在人们已经认识到，这都是一种偏见。不同语言的语法本身没有高低优劣之分，它们都能有效地为人们的交际服务。

语言的语法都是简易性和明晰性、区别性的某种结合，不能根据某种标准说这个好，那个不好。拿汉语的语法来说，结构单位没有形态变化，这自然比有形态变化的语言简易，但是不是富有明晰性和区别性，这就很难简单地下结论。汉语难学的地方不在明处，而在暗处。从小学会汉语的人，自然觉得汉语既简易又明晰，可是外国朋友学汉语却觉得越学越难。学过俄语和英语的人也会有类似的感觉：学俄语开头难，后头容易，而学英语则正相反，开头觉得容易，后来越学越难。我们和外国留学生接触，常常感到他们的日常会话说得不错，可是听他们论述比较复杂的事情，或者看他们写的汉语习作，往往会发现不通、别扭的地方很多。我们在帮助他们改正的时候，有的说得出道理，有的却说不出道理来。可见我们在许多问题上对自己的语言还只是知其然而不知其所以然，说明还有好些规则没有找出来。这似乎又不如那些以形态变化为主的语法，把麻烦摆在头里，尽管"门禁森严"，但进门之后行动就比较自由了。总之，对语言的研究可以讲特点、讲类型，但不能讲优劣。

# 语言与文字

通过一种难以察觉的必然性，文字概念正在开始超越语言的范围……

——德里达

　　德里达(1930—2004),20世纪下半叶最重要的法国思想家之一,法国哲学家,结构主义的代表。终其一生研究的中心问题是文字与语言结构的关系问题,主要著作有《论文字学》《声音与现象》《写作与差异》《散播》《哲学的边缘》《立场》《人的目的》《马克思的幽灵》等。

# 1　印第安奥基布娃部落一个女子的情书

## 语言、文字和人类认知现实的途径

语言与文字的关系，人们经常看到的定义是："文字是记录语言的书写符号系统。"这个定义不能说"错"，但应该说，不是很全面，而且把一个复杂的问题简单化了。为什么？因为它只把文字视为一种被动地记录语言的符号系统，没有看到它在人类认知现实的途径中所具有的相对独立的地位、作用以及文字与语言相结合的复杂过程。我们需要联系人类认知现实的途径重新考察语言与文字的关系。

语言与文字是两种不同性质的符号系统。**语言**是一种凭语音、凭听觉获取和传递信息的符号系统，话一出口，声音就消失，无影无踪,没有留下任何痕迹;而**文字**是一种凭图像、凭视觉获取和传递信息的符号系统,可以留于异时异地,供人们察看、解读,甚至可以让人们凭图像进行重新分析。这两种不同性质的符号系统,如将它们归入哲学的范畴,那么语言对应于时间,一发即逝;文字对应于空间,可以凭书画的形体在不同的时空中运动。它们体现人类认知现实、获取信息的两条重要途径。

语言由于只在时间中运转,一发即逝,因而我们现在无法知道起源时期的语言状态。现在世界上的语言,约有六千种左右,其中的任何一种语言,不管说这一语言的民族在经济上多么不发达、文化上多么落后,它都是很"现代"的,是一种成熟的语言系统,不是初民的语言;初民的语言是什么样子的,我们现在根本不知道,因为通过声音传递信息的语言没有给我们留下任何痕迹。文字的情况不同,它的产生、发展由于受到众多条件的限制,与语言的关系会呈现出很多复杂的状态。根据现在知道的线索,有几点是值得注意的:第一,很多民族只有语言,没有文字(至少是没有现代意义的文字),而且世界上现在没有文字的语言比有文字的语言多得多;第二,语言很"现代",是成熟的符号系统,但它的文字很"原始",如我国云南纳西语和东巴文(本章第二节);第三,我们现在不断发现的远古时期留下来的种种图像(如岩画、族徽之类)是一种独立于语言的获取和传递信息的符号,其认知现实的途径应与语言相平行,它的功能类似后世的"文字"。这些情况给我们提供了两点重要的启示:第一,文字远远"落后"于语言;第二,文字有可能是与语言相平行而独立产生的一种获取和传递信息的工具,体现一种认知现实的途径。根据这两点启示,我们可以提出一个假设:文字和语言都是为认知现实而平行地、独立地发展起来的两种获取和传递信息的途径,相互虽有"先进"与"落后"的差异,但目的的同一性迫使"落后"赶"先进",相互谐合,逐步实现并轨,最终使文字成为记录语言的书写体系。我们下面以这一假设为基础,将语言与文字放在对称、平行的位置上进行对比分析,考察它们的发展历程,揭示它们之间的相互关系的实质。

### 前语言与前文字

语言是一种结构复杂的系统。根据事物发展的一般规律,如此复杂的语言系统的形成肯定会有一个从无到有、从简单到复杂的过程,虽然在时轴中运转的语言一发即逝,我们现在根本不知道它的"简单"的结构是什么样子的,但肯定有一个"简单"的时期,反映一种语言的长期自发磨合的形成过程。儿童学话的过程或许可以为此提供一点线索。

儿童学话是在现成的语言社会中实现的,初民创造语言的状态无法与之比拟。既然如此,那为什么还要将它们联系起来进行类比? 第一,除此以外没有可以与之类比的线索,黑猩猩之类非我族类的动物已被证明无法学会人类语言,无助于语言起源和初民语言状态的研究;第二,这样的类比在方法论上有一定的根据。生物学上有一种重演律,它是 1811 年德国生物学家迈克尔提出来的,后来又经过冯·贝克和海克尔等人的补充和完善而得到进一步的发展。它说的是高等动物的胚胎在生长过程中重演了它的物种进化发展的过程。例如，十月怀胎，一朝分娩，人的胚胎在娘肚子里的发展过程仅仅用了十个月的时间就重演了人类由单细胞生物，经过鱼类、两栖类、爬行类到哺乳类的几十万年的进化史。在胚胎发育的不同阶段上，这些类动物的生理特征都曾相继出现，直到九个月时才完全消失。这一思想不仅对生物学的发展产生了重要的影响，而且在科学研究的方法论上也有重要的意义，黑格尔、马克思、恩格斯等都曾从这种重演律中得到过重要的启示。语言学家也想吸收重演律的精神，希望从儿童掌握语言的过程中能发现一些重演语言起源、发展和人类认知方式的线索。儿童学话的过程是在现实的语言网中完成的，自然得心应手，很快就能学会，而原始人创造语言自然没有那么简单，只能在长期的磨合中逐步形成一种认知现实的交际工具。尽管如此，我们仍可以从儿童学话的过程中得到一点启示，了解一点语言的习得如何从简单到复杂的缩影。比方说，儿童的学话开始于独字句或独辞句，一声"妈妈"，它的含义就很含混、模糊，可以包含多种意思：可能是要吃奶，也可能是要某一种玩具，也可能是要妈妈抱……同一字辞表达的意义可以随语境的差异而变化。初民的语言状态必然也会经历诸如此类的阶段。为区别于后来成熟的语言系统，我们可以将这种结构单位的含义还没有完全明确化、离散化，尚处于自发磨合过程中的"简单"地以听觉获取信息的符号系统称为"**前语言**"。

　　和前语言大致相对的是前文字的时期。和语言获取信息的途径相平行，生活在某一地域的人群也可以通过视觉获取信息；如果人们将这种视觉的认识成果用某一种方式（如岩画之类）记载下来，那就可以将它视为一种与前文字相联系的视觉符号。

　　"**前文字**"这一概念的含义比较宽泛，凡是通过视觉传递和获取信息的符号都可以归入这种"前文字"的范畴。从前文字到文字是一个漫长的发展过程，涉及很多复杂的问题。比方说，文字是怎么产生的？它与语言的关系怎么样？不同时期的关系有无不同的特点？等等，都是必须回答的问题。关于文字的起源，一般都说是起源于记事的图画。经常引用的一个例子是印第安人奥基布娃（Ojibuwa）部落的一个女子的情书：

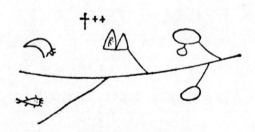

　　上面就是这个女子在赤杨树的树皮上写给情人的信。左上角的"熊"是女子的图腾，左下角的"泥鳅"是男子的图腾，曲线表示应走的道路，帐篷表示会聚的地方。帐篷里画一个人，表示她在那儿等候。旁边的三个"十"字，表示周围住的是天主教徒。帐篷后面画有大小三个湖沼,指示帐篷的位置。这种图画把事情作为一个整体来描绘,是否看得懂,取决于看画的人和画画的人在生活经历上的联系或其他条件,跟他们是不是说同一种语言没有关系。换一个人去看这种情书,只能望图兴叹,不知所云。

说文字起源于这一类记事的图画,这已成为学界以往的习惯看法,现在看来,这种看法过于狭窄,不是很可靠。现在发现了很多更接近于文字的个体化图像,应该将这些视觉符号纳入文字起源的体系去考察。根据考古,我国仰韶、半坡、大汶口、良渚等文化遗址中已发现很多类似文字那样的个体化符号,包括族徽、图绘、文饰、陶符、图案、记号等。这应该是比记事的图画更先进的视觉符号,据此重新研究文字的起源,应该是一个值得探索的领域。这种个体化的陶文符号在我国的分布区域很广,“大致从西北以至东南沿海地区到处都有发现。同一地区的同形符号,在涵义上未必一定相同;同样的道理,不同地区、不同器物上的同形符号,甚或域外的同形符号,有时亦可能做出多种解释,但是从形体去推敲,不难比较推测出史前的陶文符号跟后期文字的关系”①。下面从饶宗颐《符号、初文与字母——汉字树》一书中选录动、植物类(只录昆虫及青蛙类)和线形符号两种类型的图纹,以供读者参考:

---

① 饶宗颐:《符号、初文与字母——汉字树》,香港:(香港)商务印书馆 1998 年版,这里据上海:世纪出版集团、上海书店出版社 2000 年版。

## (四)昆虫及青蛙类

### 仰韶期陶器上之昆日纹

图版184

图版196

### 低韶期之蛙纹

图版183(与临潼姜
寨彩陶盆纹样相同,
《考古》1973.3)

图版183

图版185

图版194

图版195

丁、线形符号

**（一）半山型陶瓷上横线交切纹**

十字纹

图版82　　　　图版90　　　　图版133(辛店墓葬器)

横交切纹

图版131(辛店期墓葬器)

交切纹

图版113　　　　图版115　　　　图版115（马厂期骨灰缸）

K形纹

图版117(马厂期墓葬陶缸)

　　如果如我们前面所说的那样，将文字宽泛地定义为以视觉获取
信息和传递信息的符号系统，那么这种分布区域很广而相互又比较
类似的如族徽、图绘、文饰、陶符、图案、记号式的标志等个体化的符
号大致就是原始人群获取信息和传递信息的符号，它们虽然与语言

结构还没有什么联系，但可以表示某种特定的意义，容易发展为后来的文字符号。这种脱胎于图绘、文饰之类的符号，我们不妨将它称之为前文字。陈望道在《修辞学的中国文字观》中说过这样一段话："人们说到文字，总说文字是语言底记号，或说'言者意之声，书者言之记'（《尚书》序疏）。这就现在而论，也符事实。假若追溯源头，文字实与语言相并，别出一源，决非文字本来就是语言底记号。人们知道用声音表思想，也就知道用形象表思想。知道从口嘴到耳朵的传达法，一面就又知道从手指到眼睛的传达法。口耳和手眼两条思想交通的路径，现在固然有了并合的地段了，当初实非如此。"①1976 年重新出版的《修辞学发凡》一书又强调了这一点。从原则上说，人们很难否定这样的认知途径，因而这是值得研究的一个领域。现在学界想建立一种"史前文字学"，这不是没有根据的。这种学界称为"史前文字"的符号，我们建议叫作前文字或类文字，以此与"前语言"相对。

### 两种认知途径的并轨和书面语的产生

语言与文字，更准确地说，是前语言和前文字，是人类早期认知现实、获取信息的两条最重要的途径。它们尽管有原则的差异，但相互存在着内在联系。为什么？根据心理学的研究，人对现实的感知有 80％来自视觉通道，其他如听觉、味觉、嗅觉、触觉的"四觉"只

---

① 陈望道：《修辞学的中国文字观》，载《立达季刊》1925 年第 1 卷第 1 期。

占 20% 左右。但是,认知现实的目的是为了相互交流,以进一步认知现实,实现"现实——语言·思维——现实"的认识的全过程。信息交流的最重要、最有效的工具就不是视觉了,而是听觉。人们用嘴皮子说话,传递信息,既便捷,又迅速,使认知现实的成果成为人们共同的财富。这就是说,视觉的感知成果需要转化为听觉,由它来传递、扩散,而听觉则需要由视觉以及味觉、嗅觉、触觉提供信息的来源,彼此相互依存,形成一个完整的认知体系。在这个体系中,视觉和听觉是人类认知现实的两条最重要、最有效的途径,语言和文字就是相对于这两条认知的途径而发展起来的编码体系。正由于此,前语言与前文字的发展不是两条永不相交的平行轨道,而是逐步靠拢、相互适应对方的要求,逐步使二轨合拢、并轨,以实现认知途径的最佳结合。客观的需要迫使视觉的表现形式逐步适应听觉交流的要求,用文字准确地记录语言。这样,前文字发展为科学的文字体系,诞生了书面语。

## 2　汉字可以拼音化吗?

### 文字是怎么产生的?

语言与文字并轨的基本规律是前文字逐步适应语言的结构原理,用特定的形体将语言的基本结构单位——记录下来,使一发即逝的语言能借助于视觉感知的形体留存于后世,以克服语言交际在时间和空间上的局限,使远隔千山万水的人也可以进行思想交流,协调彼此的行动,后辈也能够在前辈已取得的经验基础上继续前进。每一个字都有形、有音、有义,其中的音与义和语言的基本结构单位相同。有了文字和语言在认知途径上的结合和并轨,人类才有了自己的历史,"从铁矿的冶炼开始,并由于文字的发明及其应用于文献记录而过渡到文明时代"(恩格斯:《家庭、私有制和国家的起源》)。

文字与语言并轨的基础是个体化的图形与语言的基本结构单位相对应,而且能重复使用而不改变其意义,如根据时间先后的顺序将它做线性的排列,依次念出来就和语言基本结构单位的顺序相同。这种个体化的形体有几个重要的特点。第一,一个图形对应语言的一个结构单位,而且是该语言的基本结构单位;第二,以形表义,还没有摆脱视觉认知途径的母斑;第三,每个图形都有它的理据,可以说出形、音、义相互结合的缘由。所以,与语言并轨初期的文字都是表义的。这样的文字,根据现在已经知道的线索,主要有我国的汉字、埃及的圣书字、两河流域的楔形字和中美洲的玛雅文。这里以汉字为例,看看这种象形的表意字的一些特点:

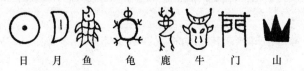

日　月　鱼　龟　鹿　牛　门　山

这些象形的表意字已经很"先进",现在还在使用的我国云南纳西族的象形表意字似乎还没有达到汉字象形的阶段,因为它更接近于物象,接近于前述陶符之类的符号痕迹。现在从喻遂生的《纳西东巴文的象形字研究》(见《纳西东巴文研究丛稿》,成都:巴蜀书社2003 年版)中选择若干例子,以见一斑:

(1) 整体象形: [2] ⊕ 日　　[77] ▱ 地　　[91] ⛰ 山

[112] ∾ 水　　[270] ✑ 鸟　　[416] ✻ 蜜蜂

[432] ✐ 鱼　　[446] 大 人

(2) 局部象形: [292] ✑ 鸡　　[299] ✑ 孔雀　　[358] ✐ 牛

[440] ✑ 蛇

从纳西文和汉字的比较中可以说明,象形字的形成也有一个逐步成熟的过程,使字形中的物象日益淡化。至于那些无法用图形来表示的抽象的意思,那就借助于两个符号的关系去表达难以象形的意义,例如"上"和"下",一竖一横,竖在横上即为"上"字(⌣),反之即为"下"(⌒)。这种方法人们称之为指事。如果指事也表达不了,那就用转弯抹角的"会意"的办法,例如画一个人靠在树上表示"休(息)",等等。这些象形、指事、会意的造字方法都属于以形表意的范畴。文字就是这样一步一步地以其特定的形体去记录语言的基本结构单位,使空间和时间的两种认知途径并轨。

### 表音方法的表意化改造和汉字表义体系的形成

**表意字**以其视觉感知的形体传递听觉符号表达的信息,虽然在文字与语言并轨的道路上迈出了关键的一步,但二"觉"之间终究是有距离的,有些距离甚至无法弥合,因为很多意义难以用具体而可感知的视觉形象来表示,(例如"早""快""慢""成""长"之类),无法造表意字;而且如果所有的意义都得造表意字,那将是造不胜造,会给记忆造成无法承受的负担。为了克服这些困难,人们想出了借字表音的办法,就是直接借用一个同音的表意字来记录语言中的另一个字。这就使文字的发展从表意的阶段走向意音并用的阶段,一般将其称为**意音文字**。上述几种独立形成的文字体系都经历了从表意走向意音的过程。在汉语中采用借字表音的办法产生了大量的**假借字**,与表意字一起使用。例如,代字"其"无法造表意字,于是就借用"簸箕"的"箕"(字形原为ᗡ,形状像簸箕)。语气字"唯"借用像鸟形的"佳"(zhuī),"早"假借为"蚤",其他如"分离"的"离"(繁体字写作"離")、"困难"的"难"(繁体字写作"難")也都是以"佳"为声符的假借字。它们原来都是鸟名,例如"離"是"黄仓庚也,鸣则蚕生","難"是"鸟也"(均见《说文》)。据吉林大学古文字教研室的统计,甲骨文中常用字的假借字占百分之八十以上。假借字的大量产生,说明人们已经逐步意识到文字不一定要画出事物的图形,也可以直接表示字的音,使文字在与语言并轨的道路上又前进了一步。有的学者将假借字的产生和广泛使用视为汉字发展的第二个时期,这不是没有道理的。

借字表音方法的产生是文字发展中的一个非常重要的时期,因为它表明视觉感知的途径有可能进一步向听觉的方向靠拢,不必顾及形体的干扰,但这种意音文字的产生也向文字与语言的关系提出了很多新的问题。比方说,表意字以形表义,是有理据的,以视觉弥补听觉的不足,但借字表音是没有理据的,完全排除视觉。意音文字的产生,从理论上说,就是在一个体系中视觉的认知途径与听觉的认知途径共存,有无理据只是这种共存的认知途径的反映,因为表意字凸显视觉,讲理据,而表音字凸显听觉,无理据。不同的认知途径共存于一个体系,虽然每一种认知途径都需要借助于对方,以弥补自己的不足,但有一个立脚点的问题,即以哪一个为基础去吸取对方的强处,使视觉与听觉相结合,以完善认知的途径。这样,在意音文字体系中视觉和听觉的两种认知途径不可避免地会产生竞争,不是表意的途径改造表音的方法,就是表音的途径改造表意的方法。一种语言的文字体系究竟向哪一个方向发展,这与语言的结构原理有紧密的联系。

如第一章所说,汉语的基础性编码机制是有理据的,具体表现为字的音义结合的理据性(第二章第一节)。以形表意的造字方法凸显造字的理据,与字的理据性结构原理相符合。理据主要是通过视觉的途径获得的,因而汉字在表意与假借并行的意音文字时期,讲理据的表意字的结构原理最终取得了主导权,对表音的假借字进行表意化的改造。改造的方法就是在一个表音字的旁边加注表示意义类别的标志,即通常所说的"形旁"或"意符";与此相对,原来的表意字也可以借助表音的方法,加注一个音同或音近的字,即一般所说的"声旁"或"声符"。这样,语言中就出现了把表音和表意两种方法结合起来的字,产生了形声字。例如"裤"字,"衣"表意,"库"表音;"情","心"表意,"青"表音。这两个字中的"衣""心"就是形旁或意符,"库""青"就是声旁或声符。上面所说的"其"原来指簸箕,后来借用为代字,由于它的使用场合远远超过簸箕的"其",于是喧宾夺主,"其"反而成为表示代字的"正字",而簸箕的"其"只能给它加一个意符(竹字头),写成"箕",以示与代字"其"的区别;"箕"是后起的形声字。形声体系的产生使汉字最终发展成为一种科学的、完善的文字体系。甲骨文里已经出现了一定比例的形声字,到秦汉时期,形声字业已成为汉字的主流,约占百分之八十以上。从那时到现在,历经二千余年,汉字一直是一个形声字占主导地位的文字体系。

汉字形声体系的产生,既有在表音字旁加注意符,也有在表意字旁加注声符,怎么能说对表音的假借字进行表意化的改造,使汉字向表意化的方向发展呢? 这就涉及形声字的结构原理,即字中"形"与"声"的相互关系。

**形声字**的构造,人们一般的看法都是:"形"表义,"声"表音。这种看法不准确。"形"固然表义,但"声"不仅表音,而且也表义。"形"义和"声"义有重要的区别,"形"义只意指某一类具体的现象,而"声"义意指的却是一种抽象、宽泛而带纲领性的意义。如以"声"为纲,将同"声"的字系联为一个字族,我们就可以清楚地看到"声"的意义就是这一族字的"根";抓住了它,就等于抓住了这一族字的

语义结构的纲,纲举目张,人们可以据此把握一批字的意义。这里不妨以"戋"(繁体写作"戔")声①为例来说明这方面的问题:

> 戋,小也。此以声函义者也。丝缕之小者为线,竹简之小者为笺,木简之小者为牋,农器及货币之小者为钱,价值之小者为贱,竹木散材之小者为栈(见《说文》),车之小者亦为栈(见《周礼》注),钟之小者亦为栈(见《尔雅·释乐》),酒器之小者为盏,为琖,为醆,水之小者为浅,水所扬之细沫为溅,小巧之言为諓(见《盐铁论》及《越语》注),物不坚密为俴(见《管子·参患》篇),小饮为饯,轻踏为践,薄削为剗,伤毁所余之小部为残。右凡戋声之字十有七,而皆含有小意,《说文》皆以此为纯形声之字,例如"线"下云,"从糸戋声"。以吾观之,则皆形声兼会意也,当云"从糸,从戋,戋亦声"。旧说谓其形有义,其声无义,实乃大误,其声所表之义,盖较其形为尤重也。

这就是以"戋"为声而形成的一个字族。字族中的字义关系,人们的认识可能有分歧,如裘锡圭认为"戋"声的意义"应该分为两个系统,一系与残损一类意义有关,一系与浅小一类意义有关"②,与梁启超的分析不完全一致。这种不同的认识一点儿都不妨碍对"声"的性质的认识。在这一以"戋"为声的字族中,"戋"声是字族的义根,其

---

① 例引梁启超的《从发音上研究中国文字之源》,见《饮冰室合集》第4册,北京:中华书局1989年版。

② 裘锡圭:《文字学概要》,北京:商务印书馆1988年版。

性质和作用相当于印欧语的词根；词根是借助于前、后缀生成不同的词，而"声"的义根是选择、组配不同的"形"生成不同的字，"凡字之以某为声者，皆起源于右旁之声义以制字，是为诸字所起之纲。其在左之偏旁部分，则即由纲之声义而分为某事某物之目。纲同而目异，目异而纲实同"①。选择不同的"形"以生成不同的字，从"声""形"的组配中突出造字的理据，使"声"向表义的方向转化，成为字族的义根。这是汉语对表音字进行表意化改造的一个简明而有效的途径，从而使汉字成为一种完善的表意文字。

汉字的发展经历了"表意——假借——形声"三个时期，它们对应于造字方法的"表意——表音——表意"，否定的否定，形声字的系统化是汉字完成表意化改造的标志。我们的这一看法与现在流行的说法不一致。一般都认为文字的发展是"表意——意音——表音"三个阶段，意音文字只是从表意走向表音的一个过渡时期。汉字有意音文字的阶段，就是表意字和假借字并存，但它的发展趋向不是向表音化过渡，而是对假借的表音字进行表意化的改造，完善表意的造字体系。为什么？因为汉语是重理据的语言，纯粹的表音与这种重理据的原理相矛盾，因而借助于"形"的组配对"声"进行表意化的改造，使之成为字族的义根，形成形声的造字体系。所以，汉字的发展不是走向表音，而是完善表意，成为一种典型的表意文字。

---

① 参看清儒黄承吉的《字义起于右旁之声说》，这里转引自沈兼士的《右文说在训诂学上之沿革及其推阐》，见《沈兼士学术论文集》，北京：中华书局 1986 年版。

"声"是字族的字义结构的"纲"，纲举目张，抓住了它，就能在研究中收到事半功倍的效果，清乾嘉学派"因声求义"的理论使汉语的研究水平迈上一个新台阶，就是这方面的一个有说服力的佐证。将汉字的形声体系视为意音文字的代表，这是没有什么根据的。

## 表义方法的表音化改造和表音文字体系的形成

埃及圣书字等表意字在发展过程中的命运与汉字呈现出明显的差异，这可能与语言结构的特点有关。汉语是单音节语，基本结构单位的构造原则大致是一个字一个音节，表达一个概念，因而音节与意义有强制性的联系，即音节是表义的语音结构单位。古埃及语等是多音节语，一个词有几个音节是不定的，因而音节不是表义的语音结构单位，与意义没有强制性的联系。这种差异不能不给表意字与语言基本结构单位的关系带来重大的影响。简单地说，这种影响就是：汉字发展到意音文字阶段，表音和表意两种造字方法并存，重理据的汉语结构原理需要对表音的方法进行表意化的改造，使之相互和谐合拍，而古埃及语的圣书字等理应反向发展，对表意的方法进行表音化的改造，使之适应语音（音节）与意义无强制性联系的特点，但圣书字等在还没有实现这种改造的时候就消亡了。现代的埃及人与古埃及人没有直接的继承关系，现代的埃及文也不是古埃及圣书字的发展，绝不要将古今埃及的文字混为一谈。有意思的是，古埃及的圣书字、两河流域的楔形字等的表意字虽然没有遵循文字与语言关系的发展规律发展，但闪米特人却在古埃及圣书字等的基础上对表意字进行了表音化的改造,创造出一种新的表音文字体系。这种文字体系随着贸易的往米而传播到世界各地。

公元前一千多年,处于两大文化中心(古埃及和美索不达米亚的两河流域)之间,大致相当于现在的叙利亚、黎巴嫩和巴勒斯坦地区,居住着一支闪米特(也译作塞姆或闪)人,包括巴比伦人、亚述人、希伯来人和腓尼基人等。他们从事海上贸易,需要有一种文字用于通讯和记账之类的事情。他们自己没有文字,于是就借用埃及的圣书字,并在使用过程中对表意的字符进行表音化的改造,用来记录语词。一个词有若干个音节,独立的一个音节与意义没有联系,用字符来表音,就需要摆脱意义的干扰,但必须对语音进行结构分析,找出语音结构单位,以便用字符记录。语言的最小听觉单位是音节,音节由若干个音素的组合构成。用字符来表音,就需要将它与语音的结构单位挂钩。语音的结构单位,大的就是音节,小的就是组成音节的音素。一个语言的音素是有限的,一般只有几十个。闪米特人很聪明,把埃及圣书字之类的早期表意文字的某些图形简化,将它们改造为数目有限的字母,使之彻底与意义脱钩,而用拼组的办法将字母联缀在一起去拼写语言中的词语,创建了一种拼音的文字体系。例如,闪米特语意为"门扇"的词的第一个音是"d",他们就从古埃及文中找出"门扇"的"凸"来表示"d"这个音,略加改造写成"▽",后来写成"◁"。又如闪米特语意为"蛇"的第一个音是"n",于是他们就把古埃及文中作"蛇"解的"〰"借用来表示"n"这个音，最初写作"ℸ"，后来写作"ℸ"。一个字母大致代表一个音素（音位）。腓尼基语是一种闪含语系的语言，词根由辅音组成，很稳定，而元音需要随着词的不同语法功能而变化，本族人根据上下文和语言环境就知道该在什么地方插入什么样的元音。所以，腓尼基人创造的拼音文字只表辅音，不表元音，人们把它称为辅音文字。这种字母随着腓尼基人海上贸易的发展而四处传播：向东，演变为阿拉玛字母系统和印度字母系统；向南，演变为撒巴字母系统；向西，演变为希腊字母系统。希腊语不同于腓尼基语，词根中兼有**辅音**和**元音**，因而在借用腓尼基文字来拼写希腊语时就不得不加以改造，再创制一些能表元音的字母。这样，字母中既有表辅音又有表元音的拼音文字就诞生了。希腊字母系统有很多后裔，其中最重要的是拉丁字母系统和斯拉夫字母系统。拉丁字母继承和发扬了希腊字母形体上的优点，并加以适当的改进，使字体简单清楚，笔势匀称美观，便于连写，因而后来广为传播，成为创制拼音文字的字体楷模。英、法、德、意、西、葡等印欧系语言的文字系统都采用拉丁字母，汉语的拼音方案也采用拉丁字母。

语音的结构单位，小的是音素，大的是音节。拼音文字的字母如对应于音素，这就是一种音素文字或音位文字，书写印欧语的文字体系都是这种音素文字；字母如对应于音节，它就是一种音节文字，如日文的假名，カ[ka]、ソ[so]、ユ[yu]、イ[i]、オ[o]，一个字母表一个音节。书写世界众多语言的拼音文字体系大多都是音素文字。

## 汉字无法拼音化,也没有必要拼音化

中国的汉字、古埃及的圣书字、两河流域的楔形字(钉头字)等都是这些民族经过长期的、艰难的摸索才创造出来的,没有借助于外来文字的启发,因而可以称为自源性文字体系。自源性文字都是表意的,现在世界上留存下来的自源性表意文字就是汉字。与自源性的文字相对,闪米特人的拼音文字是在已有表意文字的基础上创制出来的,也就是借助于别的文字系统,对表意字进行表音化的改造,进而创造出一种拼音文字体系。这可以称为**借源文字**。现在世界上流行的各种拼音文字都是借源的。

文字体系的表意与自源相对应,表音和借源相对应,为什么会形成这样的格局? 究其成因,应该与认知途径的差异有联系。一个民族的基础性的认知途径,即观察现实的视角如果立足于空间、偏重于视觉的认知途径,那么基础性的编码机制就会偏重于理据,自源的表意文字体系与之对应;反之,如果观察视角立足于时间、偏重于听觉的认知途径(请参看第五章第二节),那么基础性的编码机制就会偏重于无理据的约定,很难独立地形成和完善表意的文字体系,只能借助和运用前人的创造,对表意符进行表音化的改造,创建表音的文字体系。认知途径是偏重于空间还是时间,这应该是文字向表意化方向发展还是向表音化方向发展的深层原因,目前流行的文字发展的"表意——意音——表音"的三阶段论有失偏颇,因为它是用书写印欧语的表音文字体系的形成过程来概述人类文字的发展规律。我们的这一论断也就否定了汉字的拼音化的改革方向。

鸦片战争以后,西学东渐,我国一些爱国志士认为我国国力衰弱的一个重要原因是教育落后,而教育落后的重要原因又是汉字的难学、难认、难记和难写,因而提倡文字改革,想放弃方块汉字,改用西方式的拼音文字。不少语言文字学家为实现汉字的拼音化付出了毕生的精力,1955 年还为文字改革的实现召开过一次学术会议,讨论相关的问题。其实,汉字是无法实现拼音化的,除了上述汉字适合汉语的结构原理,因而向着表意化的方向发展外,还有其他一系列因素制约着拼音化的发展。比方说,汉语的基本结构单位是字,单音节,一个音节要记录数量不等的汉字,因而语言中的同音字特别多。例如 dān 这个音节所表达的字有 13 个,而 yì 这个音节所表达的字竟有 93 个之多(据《现代汉语词典》),一旦实现拼音化,这些原来用字形来区别的字就无法识别,势必会给语言文字的使用带来麻烦和混乱。其次,从文字本身的状况来看,汉字和拼音文字也各有短长。拼音文字虽然有易学、易用的优点,但也有它的弱点,因为它只能跟一时一地的语音挂钩,难以沟通方言,更无法贯穿古今;而且,拼音体系难以长期固定,过几百年就需要因语言的变化而进行一次拼写法的改革。所以,从文字的稳固性来看,汉字反而比拼音文字优越,它跨时间,贯穿古今;跨地域,沟通方言之间的联系。汉民族居住的地域幅员辽阔,方言分歧,相互难以通话;有悠久的文化传统,有大量用汉字记载下来的文献典籍。跨地域、跨时代的汉字既可以贯通古今,也可以维系各方言区人们的思想交流,对于维护国家的统一、民族的团结、便利各地区人民的往来都起着难以估量的重要作用。在语言没有统一的情况下,如果汉字也像其他文字那样实行拼音化,就会严重妨碍各地区人民的往来,不利于国家的统一和民族的团结。再次,我国是一个有悠久历史的国家,优秀的文化历史传统都是通过汉字记载下来的。如果废弃汉字,实现拼音化,就会中断我们的文化历史传统。这样的后果是不堪想象的。从几个独立形成的自源文字体系的兴亡史来看,古埃及的圣书字、美索不达米亚的楔形字(钉头字)和玛雅文的消亡都是和民族的消亡、文化传统的消亡联系在一起的。比较这些文字体系的兴衰史,我们可以得出明确的结论,汉字的表意化体系是不能轻易变更的,而且,实际上也没有变更的需要。

总之,表意与表音是文字发展的两个不同的方向,大致与语言的结构原理相适应。就自源性的文字体系来说,如果语言社团的认知途径偏重于视觉,它的文字体系肯定会向表意化的方向发展。汉字就是这样的一种文字。

# 3　文字和书面语

## 口语和书面语

有了文字才能将"说"的语言记下来,供人们阅读。这样,语言就有了两种表现形式：一种是"说—听"的形式，人们称为**口语**；一种是"写—看"的形式，人们称为**书面语**。一个民族有了自己的文字，就会有用这种文字写下来的书面语。汉民族古代的书面语就是文言文，梵语是古印度民族的书面语，书面拉丁语是罗曼民族的书面语。历史上还出现过向别的民族借用书面语的情况。欧洲的好多民族在文艺复兴以前曾采用拉丁文作为书面语。朝鲜、日本、越南也曾使用中文作为它们的书面语的载体。

书面语以口语为基础，是口语的加工形式，比较简练。创建书面语和阅读书面语，实际上都是实践认知途径的视觉和听觉的并轨、空间和时间的并轨。为什么？"说—听"形式的口语只在时间中运转，一发即逝，但有身势、表情、语调等一系列的辅助手段相伴随，以加强交际的效果。把这种"说—听"的语言形式写下来，这就使原来只在空气中传播的无"形"的口语转化为有"形"的书面语，用空间的"形"将时间的"音"固定下来，供异时异地的人们阅读，但是原来伴随着口语的身势、表情、语调等则永远消失了。这种消失固然是一种损失，但阅读书面语的人可以用他自己的身势、表情、语调等去填补这种缺失，可以在解读原意的基础上对文意进行重新分析和再创造。视觉和听觉、空间和时间，在书面语的创建和阅读中得到了有效的结合。

书面语是对口语的加工，是语言的一种表现形式，但它毕竟是用文字写下来的，因而不同类型的文字体系不可避免地会对书面语的形成和发展产生重大的影响。比较一下汉语语言与文字的关系和印欧语语言与文字的关系，就不难发现这种影响的痕迹。

印欧语采用的都是拼音文字。这种体系的文字（视觉）与语言（听觉）的关系的特点，简单地说，就是视觉依附于听觉，因为字母对应于音素，它的排列顺序与基本结构单位的语音的音素先后顺序相对应，人们按照字母的拼写阅读，实际上也就将语词的语音结构表现出来了，所以"写"与"说"的距离不会太大；如果语音发生了变化，拼写法最终也得跟着改变。例如古代的拉丁语发展到现代的法语、意大利语、西班牙语等语言，记录拉丁语的拉丁文的拼写法也就无法用来拼写这些语言，必须根据每一语言的特点创制新的拼写法。要学习古典拉丁语，只知道现代法语或意大利语的拼写法是没有用的，必须像学习外文一样，从头学习古典拉丁语的拼写法，并按照这种拼写法读出语词的音。这个音是古语的音，表达什么意思，不一定知道。汉字的情况与此不同，字形不限于和一种读音挂钩。从古代汉语到现代汉语，几乎每个字的读音都发生了或大或小的变化，而且各地的变化还不一样，但写出来仍旧是同一个字，大家都认识；至于一个字从甲骨文、金文、战国文字、小篆到隶书、楷书，那只是字体写法的变化，并没有改变汉字的表意文字体系的性质。所以，同一个汉字，各地的人都认识，但读音可以很不一样：广东人用广东话读，上海人用上海话读，北京人用北京话读，相互之间听不懂；而且用这些不同的方音还能去读古书，用不着像看拼音文字写的古书那样，得先学古音。把这些情况概括起来，就是念出来听得懂听不懂无关大体，只要写出来相互看得懂就可以了。几千年来，汉字和汉语的关系大体上就保持着这样一种状况,以汉字的不变应汉语的万变。这使人们形成一种错觉,好像汉字是看的,不是读的,和语音没有联系。其实不然,汉字不仅是看的,而且也是读的,只不过它可以用不同时代、不同地域的音去读罢了。这说明了什么? 就是汉语社团的认知现实的途径以空间为基础,偏重于视觉,文字具有独立的符号性作用,并不需要随着听觉(语言)的变化而变化。所以,一个字的读音虽然古今不同,各地有异,但字形和字义必须相同或基本相同,因而形成汉语高度统一的书面语。这与印欧语的语言、文字的关系形成了鲜明的对照。

汉字的这种跨越时空的特点使它对异文化也产生了深刻的影响,日本、韩国、越南等国都曾广泛借用汉字去书写它们的语言,使汉字成为一种跨语言的文字体系;要是汉字与拼音文字一样,只与特定时空的语音相联系,那就根本不可能产生这种借用。不过这里需要说明的是,书面语尽管是用文字写下来的,但书面语不等于文字,因而借用文字不等于借用语言。现在日本、韩国在文字中夹用汉字,并不是说在讲口语、韩语时要夹用汉语。

### 口语的易变性和书面语的保守性

书面语是用文字写下来的语言,不管是拼音文字还是表意文字,都会受到某些物质条件的限制,因而口语容易变化,而书面语比较保守。为什么? 人们只能听到同时代的人说话,而在录音机、录像机发明之前,根本听不到早一时期的人说话。书面语就不同了,人们不仅能看到同时代的书面语，也能看到早一时期的书面语，并且还能模仿早一时期的书面语写文章；口语中已经消失了的语汇和句式，往往在书面语里继续保留着。宗教经典、法律条文，它们的权威性叫人们不敢轻易改动其中的字句，优秀的文学作品和历史、哲学的名著也起着类似的作用。再者，掌握书面语需要经过艰苦的训练，在广大劳苦群众衣不蔽体、食不果腹的条件下，书面语的学习和使用只能是少数人的专利，多数人是文盲。这些情况都容易使书面语趋向于保守，因而在一定的条件下就会形成书面语和口语的脱节。

**文言文**是我国古代的书面语。在先秦时期，它与当时的口语基本一致，《论语》《孟子》中记录的对话大体上就是当时的口语。后来口语发生变化，而书面语还停留在原来的状态，造成书面语与口语的严重脱节。这除了上面提到的一般的原因以外，还有一些特殊的原因。第一，孔孟之道是我国几千年封建社会的统治思想，记载儒家经典的语言自然也就成了不可更改的万世楷模，是读书人必须模仿的典范。第二，汉字与汉语的关系不同于一般拼音文字的语言，它突出语义，其书写的形体兼具符号的功能，能以不变的汉字应万变的汉语，因而难以制约口语的演变去向，使之统一。汉字的这一特点加强了汉语书面语的保守性，使它与口语的距离越来越远，直至完全脱节。根据书面材料提供的线索，这种脱节大概肇始于两汉，南北朝时期已有明显的表现，例如《木兰诗》的"出门看火伴，火伴皆惊惶"的"看"，意思已不是"以手翳目而望"，而是现代意义的

"看";"雄兔脚扑朔,雌兔眼迷离"中的"脚"也不是指小腿,"眼"也不是指"眼珠",它们已代替"足"与"目",是现代意义的"脚"与"眼"了。这些都已显示出书面语与口语脱节的痕迹。到了宋朝,书面语与口语的脱节情况已经相当严重。宋吕居仁《轩渠录》有这样一段有趣的记载:

> 族婶陈氏,顷寓严州,诸子宦游未归。偶族侄大琮过严州,陈婶令代作书寄其子,因口授云:"孩儿要劣,妳子又阒阒霍霍地,且买一把小剪子来,要剪脚上骨出儿、肐胝儿也。"大琮迟疑不能下笔。婶笑云:"原来这厮儿也不识字!"闻者哂之。因说昔时京师有营妇,其夫出戍,尝以数十钱托一教学秀才写书寄夫云:"窟赖儿娘传语窟赖儿爷:窟赖儿自爷去后,直是忔憎,每日恨转转地笑,勃腾腾地跳。天色汪囊,不要吃温吞蠖托底物事。"秀才沉思久之,却以钱还云:"你且别处请人写去!"(引文据《说郛》)

可见受过书面语训练的秀才已经无法对付当时的一些口语。宋以后,作为书面语的文言文继续坚持和完善它的表达,而口语则如脱缰的"野马",根本不管书面语的约束而迅速发展,形成文言与白话的尖锐对立。

书面语应该是口语的加工形式,它完全脱离口语是违背语言发展规律的反常现象。随着社会的发展,人们会根据社会发展的需要,采取必要的措施,改革书面语,使它与口语一致。欧洲的文艺复兴,我国的"五四"运动,在语文方面来说,都是一次改革书面语的运动。19世纪末,言文一致的呼声已经相当强烈,认为"愚天下之具,莫文言若;智天下之具,莫白话若""白话为维新之本"(裘廷梁:《论白话为维新之本》),要求用白话文代替文言文。"五四"运动是一次波澜壮阔的群众性运动,它反对旧道德,提倡新道德;反对旧文学,提倡新文学,因而也就把文言文视为记载旧道德、旧文学的罪魁祸首,取消文言文成为"打倒孔家店"的一项重要内容。这样,言文一致的要求就发展为一种群众性的白话文运动。从此,白话代替文言,成了汉民族的书面语。这与欧洲的文艺复兴有类似之处。文艺复兴时期,欧洲新兴的资产阶级国家在政治、经济或文化中心地区的方言基础上相继形成了民族共同语,出现了民族共同语的加工形式——新的书面语,以代替各国共同使用的拉丁文。脱离口语的书面语,是现代人硬要说古人的话,人们当然可以采取革命的手段加以变革。至于借用他民族书面语的民族,一旦形成了自己的民族共同语,也会以此为基础建立自己的书面语,以替代借用的书面语。

### 文字体系的差异与文化传统

一个民族有了文字,就会有自己的书面语,形成自己独特的文化传统。文字体系的差异也会给文化传统带来深刻的影响。

印欧语的语言与文字的关系的特点是视觉依附于听觉,文字的拼写法需要随着语言的变化而进行相应的改革,而汉语与汉字的关系的特点与印欧语不同,文字并不需要和语言的变化挂钩。这种差异制约着文化传统的形成和传承,如用一句简单的话来概括,就是印欧语社团"重语轻文",而汉语则反之,是"重文轻语",始终坚持"书同文",基本上不管"言异语",彼此形成了鲜明的对照。这听起来似乎有点"玄",但实际情况就是如此,而且与民族、与国家的发展命运还有密切的关系。

　　秦始皇统一六国后就推行"**书同文**"的政策。中国的历代统治者都奉行这一政策,强调"书同文",使"文"在汉语社会中具有至高无上的地位,并通过书面语的规范化不断巩固和加强"文"的地位和作用,重文轻语。比方说,两汉以后,双音字大量涌现,语言的结构已发生一些重要的变化,但语言文字的政策并没有出现相应的变化,只讲"书同文",不讲书面语要适应口语的发展,从而加剧了口语和书面语"分道扬镳"的倾向,最后形成文言与白话的尖锐对立。另外还有一种"文"与"白",就是广泛存在于汉语方言中的文白异读,它的性质就是以"文"来调节方言的发展速度和演变方向①,使其不能超越与"书同文"相对应的汉语结构格局所能控制的范围。印欧语的情况与汉语有别,它重"语"轻"文",最典型的例子就是文艺复兴时期,不同地区的人们根据自己的方言特点发展出不同的拼音文字,建立法、意、西、葡、罗等国家,从而架空权威的拉丁文,使它走向消亡。梵文的命运与拉丁文一样,也因古印度不同地区为适应语言

---

　　① 参看徐通锵:《文白异读与语言史的研究》,见《现代语言学》,北京:语文出版社1994 年版。

的演变而发展、创制不同的拼音文字,从而使它走向消亡。汉语社团自始至终重视视觉系统的统一,坚持"书同文",使它成为维护国家统一、民族团结的一种重要武器;正由于此,社会的发展才不同于印欧语社团的那种分化。欧洲小国林立,现在才开始采取联合的政策,不能不说和"重语轻文"的文化传统有关。两相比较,就不难发现汉语社团"书同文"的重要性和影响力。

"书同文"的基础是字,由于它形、音、义三位一体,听觉单位、书写单位和结构单位三位一体,是汉文化的结构基础,因而不同领域的研究都无法摆脱字的影响。对这一点有深刻认识的人现在已越来越多,哲学家叶秀山认为"西方文化重语言,重说,中国文化重文字,重写","中国文化在其深层结构上是以字学(science of word)为核心的。之所以说是'深层'的,是因为'字学'似乎是中国一切传统学问的基础,中国传统式的学者,无论治经、治史、治诗,总要在'字学'上下一番工夫,才能真正站得住脚"①。这是一个值得人们重视的论断,而且持此论断或相似看法的学者已越来越多,如画家的"字思维"②。文学家谢冕等的"汉字结构和诗性本原论"③,文学评论家郜元宝的"音本位和字本位——在汉语中理解汉语"④,等等。另据

---

① 叶秀山:《美的哲学》,见《叶秀山文集·美学卷》,重庆:重庆出版社 2000 年版。
② 石虎:《论字思维》,见《字思维与中国现代诗学》,天津:天津社会科学出版社 2002 年版。
③ 谢冕:《字思维与中国现代诗学·序》,同上书。
④ 郜元宝:《音本位和字本位——在汉语中理解汉语》,载《当代作家评论》2002 年第 2 期。

2004 年 2 月 9 日《报刊文摘》转载,前文化部部长王蒙在苏州大学的
"汉语与文化"的讲演中认为,中国文化的三大支柱不是儒、释、道,
而是中国文字、中华饮食、中国人思考问题的方法,"汉字特别神妙,
对中国文化的影响太大了",应该是中国文化的第一大支柱。这些
现象都说明,"字学"已成为人们关注的一个重大课题,我们前述的
思路与此一脉相通。

## 4 不同类型的文字体系和语言研究

### "文字是语言的符号"的理论为什么是片面的?

表意和表音这两种不同类型的文字体系与语言的关系呈现出
不同的特点,对书面语和文化传统的形成、发展也产生了不同的影
响,这说明它们在语言研究中的地位和作用也有差异,需要根据不
同语言与文字关系的特点进行具体的分析,千万不能用一种统一的
模子到处乱套。

现在流行的文字定义就是本章一开始就说的"文字是记录语言
的书写符号体系"。这是根据印欧语的语言与文字的关系总结出来
的一种理论,有其一定的局限性。为什么? 因为这一理论的基本思
路是:语言是现实的符号,文字是语言的符号,也就是说,文字是符
号的符号,"文字是记录语言的书写符号体系"这一经典的定义就是

这种思路的反映,把表音化视为文字发展的唯一方向。就表音文字来说,这一定义是成立的,因为字母对应于语音的音素或音节,字母的组合顺序反映音素或音节组合为语词的规则,因而说它是符号的符号是有一定的根据的。但是对表意文字与语言的关系来说,这一理论就不适用,因为表意文字的结构单位以语义为中心,突出视觉,同一个字的字形所表述的意义相同,但读音古今不同,各地有异,也就是说,形义一体,"形"已成为"义"的标志,不与特定的语音相联系,因而很难将它视为符号的符号。两大文字体系的这种差别必然会对语言研究产生不同的影响。

将文字视符号的符号,在印欧语的研究中始自古希腊的亚里士多德,他认为"言语是心境的符号,文字是言语的符号"①。这成为此后哲学家、语言学家考察语言与文字的关系的指导思想,在语言研究中竭力摆脱文字的干扰,最后形成语音中心主义或逻各斯中心主义,其代表人物就是现代语言学的奠基者索绪尔(1857—1913)。

**索绪尔**,瑞士语言学家,他的经典性论著就是在他去世后由他的两个学生整理并于 1916 年出版的《普通语言学教程》。这本论著的汉译本在 1980 年由商务印书馆出版。这是现代语言学的奠基性论著,对语言学的发展产生了重大的影响,其中关于语言与文字的关系的论述就将语言学引向排斥文字、排斥语义的纯形式的研究。索绪尔认为"语言和文字是两种不同的符号系统,后者唯一的存在

---

① 转引自德里达:《论文字学》,汪堂家译,上海:上海译文出版社 1999 年版。

理由是在于表现前者。语言学的对象不是书写的词和口说的词的结合，而是由后者单独构成的"①。大致由此开始，人们将语言学的研究对象限制于口语，出现了所谓"语音中心主义"，绝对排斥文字在语言研究中的地位，其代表性的学派就是结构语言学和转换—生成语言学。它们的理论我们将在后面讲语言学的那一章进行一些必要的讨论。

我国的语言理论研究是跟着西方语言学走的，索绪尔的语音中心主义自然也就成为我们遵奉的信条。一个多世纪来，我们遵循口语至上的途径研究语言，将汉字和它所提供的信息完全排除出语言研究的范围，强使以视觉的文字为中心的研究传统转入"视觉依附于听觉"的轨道。我们比索绪尔走得更远，因为索绪尔在上引著作中还强调他的理论"只限于表音体系，特别是只限于今天使用的以希腊字母为原始型的体系"，而对汉人来说，表意体系的汉字，"文字就是第二语言。在谈话中，如果有两个口说的词发音相同，他们有时就求助于书写的词来说明他们的思想"。这就是说，汉语研究的"语音中心主义"比索绪尔以来的西方语言学的"语音中心主义"还要"中心主义"。这给汉语的研究带来了严重的消极影响，具体的标志就是中国的现代语言学中断了汉语研究的悠久传统。《马氏文通》以后，我们的语言研究就遵循西方语言学的轨迹前进，"……所

---

① 索绪尔：《普通语言学教程》，高名凯译，岑麒祥、叶蜚声校注，北京：商务印书馆 1980 年版。

有理论都是外来的。外国的理论在那儿翻新，咱们也就跟着转"①。为什么我国的语言学会如此轻易地中断自己的传统？就是因为中国语言学家接受了语音中心主义的理论，把字视为文字的结构单位和文字学的研究对象，绝对否定它在汉语研究中的地位。现在这似乎已成为人们的共识和常识，可是我们认为这一"共识"和"常识"中隐含着谬误，有重新认识的必要。仔细检验"文字是语言符号的符号"的理论，它诞生于西方，基于与重听觉拼音文字的认知途径相适应的，以这种文字形式为载体形成"重语轻文"的文化传统。汉字与拼音文字不完全相同，它是自源性的表意文字，以语义为核心，重视觉，其本身就能意指某一类现象或意义；也就是说，表意的汉字本身就能构成一种符号，而不是"符号的符号"，因而以它为载体的文化传统"重文轻语"。正由于此，汉字与语言研究的关系不同于拼音文字，人们可以利用文字提示的线索描述汉语"第二语言"的结构原理，揭示相关的规律。

### 汉字在汉语研究中的重要地位

字是汉语的基本结构单位，汉语的悠久研究传统始终以字为中心，着眼于语义，从文字、音韵、训诂三个方面研究它的结构。汉字与汉语的关系具有二重性，就是它既是"看"的，也是"说"的，因而与只是"说"的拼音文字的性质有原则的区别。以拼音文字为书写形

———————

① 见吕叔湘 1986 年为龚千炎《中国语法学史稿》写的序。

式的语言，对它的研究可以不管"看"的文字，但对汉语的研究来说，字的特点是形、音、义三位一体，听觉单位、书写单位、结构单位三位一体，因而它既是"说"的单位，也是"看"的单位，而且"看"具有很强的独立性，能以不变的汉字应对万变的汉语，因而汉语的研究传统始终重视不变汉字的研究。这种独特的言、文关系使我们的语言研究有可能利用文字所提供的线索去研究汉语的结构，从"第二语言"逼近"第一语言"。

汉语的研究为什么可以遵循这样的途径？基本的原因就是汉字本身兼具符号的功能，意指某一种意义，因为字的生成基础是"据义构形造字"。如前一章说过的那样，字是有理据的，"据义构形造字"的原则就是想用"形"表示字的理据，以生成形、音、义三位一体的结构。汉字的造字方法，传统名之为"六书"，即象形、指事、会意、转注、假借和形声。象形、指事、会意三种造字方法造出来的字突出语义，富有理据性，道理很清楚，用不着在这里多说；转注的解释历来众说纷纭，我们同意朱骏声在《说文通训定声》中的解释，相当于多义字中字义间的引申关系。这四种造字方法都是"据义构形造字"原则的具体体现。假借的方法是表音的，把汉字作为一种纯粹的表音工具来使用，无理据，不符合汉字"据义构形造字"的原则，因而汉语社团给以表意化的改造，最后形成形声结构的造字体系，使每一个字都符合"据义构形造字"的原则，用视觉的形义理据提示听觉的音义理据。这种造字原则使汉字的"字"与汉语的"字"呈现出很强的一致性，可以通过汉字的研究透视汉语的结构原理；就是说，汉语的研究不能遵循西方语言学的语音中心主义原则，而需要充分利用汉字提供的线索，因为汉语的言、文关系与印欧语不大一样。悠久的汉语研究传统，不管是文字、音韵还是训诂，都是从字的分析中揭示汉语的结构规律，用语音中心主义的理论来否定汉语传统的语言研究，不免有历史虚无主义之嫌。

把汉字纳入语言研究的视野，或者说，通过汉字提供的线索探索汉语的结构原理，不采用语音中心主义的理论和方法，这不是我们的个人癖好，也不是想人为地把汉字生拉硬拽地"拖"入语言研究的范围，而是由语言的结构原理和汉字与汉语的关系的性质决定的。法国语言学家马尔蒂内（A. Martinet）曾提出**语节**（articulation）的概念，认为任何语言都无例外地在两个不同层面上分节：第一层面是在语义单位上分节，称为**意素**（moneimes）；第二层面是在音素单位上分节，称为**音位**（phoneines）。法国学者汪德迈（L. Vandermeersch）根据这一论断，认为一种文字"表达话语链的方式，只能通过所用符号和摄取话语构成元素之间的完全契合来顺利实现。但是双重语节使得有两种摄取元素来表达话语的方式：一是在第一层面即语义单位上摄取元素，一是在第二层面即音素单位上摄取元素。表意文字可以被定义为按照第一种方式组成的文字，拼音文字则是按照第二种方式组成的"。由于汉语基本结构单位的单音节性和音节的音义关联的性质，使汉字的发展有别于其他的表意文字。汪德迈认为"汉字系统与苏美尔和埃及文字的重大区别是，苏、埃文字仅仅是一种书写系统，而汉字则兼有书写系统和真正的独立的语言系统双重功能"，"必须反复强调指出，中国汉字并非书写符号，其本身就是词，同其他书写语言中的表意符相比，每一个汉字都直接意指某件事物而决不需要重新借用口语"①。这里的某些说法有点儿绝对，矫枉过正，因为每一个汉字不是"决不需要重新借用口语"，而是不跟特定的口语相联系，同一个字既可以用古音或今音来念，也可以用各地的方音来念。除了这一点矫枉过正的论述外，它的基本精神是正确的。马尔蒂内的语节理论和汪德迈的汉字双重功能论，与我们所说的认知途径的视觉和听觉的差异是相对应的。所以，文字的"形"在语言研究中有无地位，不在于它的"形"，而在于它的理据是否与语言的理据性结构原理相适应、是否在语义单位上分节；如果从字形的理据能透视出语言的结构原理，我们就没有理由将它从语言研究中排除出去。

### 由汉字的结构透视汉语的结构原理

如何从汉字字形的分析中透视汉语的结构原理，弄清汉字在汉语研究中的地位和作用？这可以以形声字为纲去考察。形声字是汉字的主体，约占字数总和的80％左右，其余20％的字大体都属于象形、指事、会意、转注的范畴。它们的造字方法虽有差异，但有一条总原则贯穿始终，这就是突出造字的理据。形声体系的造字方法

---

① 汪德迈：《新汉文化圈》，陈彦译，南昌：江西人民出版社1993年版。

是在象形、指事、会意等表意字的基础上发展起来的,通过形声组配的框架层层包孕,辗转造字。这种辗转造字的方法可以简称为字法。请看以"甫"声为基础的字的生成体系①:

[甫]　莆哺尃浦俌補圃酺匍黼輔鋪脯……

[尃]　博敷傅榑膊溥搏縛鎛髆賻……

[浦]　蒲……

[溥]　薄

[博]　簙

[傅]　蒪

[薄]　鎛欂

这里隐含着汉语基本结构单位的生成机制,就是以字造字,字中有字,人们可以从中透视汉语的结构原理。这有三方面的线索。第一,形、声组配的结构为"声"与"形"各向其对立的方向转化提供了一种结构框架,如"甫",它原是一个有意义的字,但可以作为一个"声"生成一系列形声字"莆哺尃浦俌……";同理,"尃"可以继续作为"声"生成"博敷傅榑膊溥……","浦""溥"等字又可以进一步作为"声"生成更复杂的形声字,如此层层包孕,形成以字生字、字中有字、形声组配、凸显理据的结构格局。声、形(义)在一定条件下的相互转化是汉语基本结构单位的生成机制,即使是古代汉语向现代汉语发展,单字编码格局解体,双音字成为汉语语汇单位的主流,这种

---

① 例引张儒、刘毓庆的《汉字通用声素研究》,太原:山西古籍出版社 2002 年版。

机制也没有发生变化,只是改变了它的表现方式,从"以字造字,字中有字"转化为"以字造辞(字组),辞中有字"。这清楚地说明,形声造字体系的生成机制完全适合汉语的编码需要,因而从它形成以后,汉字就没有再进行体系性的改造,说明此一框架的生成机制适合汉语的结构原理,彼此和谐合拍。

第二,以形、声为标志的结构框架是汉语字义结构公式的具体体现,因为相互依持、彼此制约的"声"和"形"各为字义的构成提供了一个参照点,大致是"声"表义类,充任义根,统率同"声"的字的语义范围,而"形"从某一个侧面对"声"义进行补充、限制,使每一个字只表达一个具体的意义,这只要比较一下本章第二节"戈"声和以它为基础而构成的各个字的字义关系,就不难明白这一原理。声与形为观察汉语字义关系的结构提供了一个最佳的视角,人们可以以此为基础总结字法的规则:以"声"为基础而生成字族的方法是向心造字法,因为借助于"形"而生成的字的意义都是向着"声"义这个"心"的,而以"形"为基础而将形声字整理成系列,则可以总结出离心造字法,《说文解字》就是这种离心造字法的范本[①]。向心和离心,这是汉语字法结构的两种最重要的规则,字组结构规则的"向心"和"离心"实际上就是这种造字法的生成机制的延续。两种造字方法,哪一种重要? 这取决于研究的目的。如要研究字的语源,要研究字义的生成过程,那就需要以声为纲,清儒的"因声求义"理论为什么能

---

① 参看徐通锵:《语言论》,长春:东北师范大学出版社 1997 年版。

使汉语的研究水平上升一个台阶，就是由于它抓住了汉语字义结构的关键。离心造字法实际上是对语言中已有的字，从一个新的角度，即以形为纲进行系统化的整理，在"名之于实，各有义类"（《释名·序》）的构造原则日渐淡化的情况下，这是掌握字义结构的一种有效的方法，《说文》在汉语史中的地位就清楚地说明了这方面的问题，但要真正解决字义结构的问题，还离不开"因声求义"的途径。

第三，以声为纲的形声造字体系是语义生成规则的递归性的具体表现。递归（recursive）原是一个数学概念，由转换—生成学派引入语言研究，指同一规则的反复使用，以生成层层包孕的长而复杂的句子。生活在社会中的人必须具备这种语言能力，这样他才能根据交际的需要造出人们从来没有说过的新句子，也会听懂从来没有听过的句子的意思。还没有人用这一概念分析汉语语义的生成，前面以"甫"声为基础而层层展开的汉字生成体系实际上就是以字造字，是声、形（义）的相互转化和层层包孕，是向心造字法的反复使用的递归。我们用"递归"这个概念来解释汉字生成的层次结构，人们可能会提出反对意见，认为是"生搬硬套，驴唇不对马嘴"。否！对待一种理论和方法，不能简单地根据其表现形式生搬硬套，而需要吸取其精神和内核。转换—生成学派的递归着眼于语法结构，弗罗姆金等的《语言导论》①列举了这样一个例子："You mean that you knew that I knew（你的意思是你知道我知道）"，主谓结构套主谓结

---

① 沈家煊等译，北京：北京语言学院出版社 1994 年版。

构，层层包孕，其生成的机制是"以句（主谓结构）造句，句中有句"。这自然是递归。汉语字的结构层次都统率于形声框架，是以"声"为基础的声、形组配的层层包孕，反映向心造字法的逐层扩展，形成"以字造字，字中有字"的状态，其生成的原理与"以句造句，句中有句"相同，符合递归性的原理。字的构造出于有这种递归性，才能用有限的"声""形"（义）组配规则和转化规则生成数量庞杂的字，使人们可以从字符的组配中去了解一个字的意义。

这三个方面都是寄生在字的形体构造中的汉语结构的信息，是字法的基本结构原则。林语堂为什么将《说文》比之为印欧语的grammar？基本的原因也在于此，因为它们研究的都是基本结构单位的"构造化合的原则"和"对于词字形体用法之变换作精密有系统的观察"（第三章第二节）。字的特点就是形、音、义三位一体，听觉单位、书写单位和结构单位三位一体，人们可以从文字构造的研究中悟察语言的结构原理。印欧语的听觉单位（音节）、书写单位（字母）、结构单位（词）三者是分离的，只能进行个别的研究。我们如果一定要根据三者分离的语言理论来研究三位一体的语言结构，那结果只能是南辕北辙，难以揭示汉语的规律。

### 文字的转向和新世纪的语言研究

根据汉字和汉语的关系，在语言研究中完全排除文字提供的信息的语音中心主义理论，显然是有它的明显局限性的。表意文字体系的语言研究固然已显示出这种局限性，即使对表音文字体系的语言研究来说，人们也逐渐认识到这种语音中心主义理论的片面性，"从科学的观点看，我们对书面语的了解远不如对口语的了解，这主要是由于 20 世纪以来语言学研究过程中过于注重口语的偏见，这一偏见直到最近才开始得到纠正"①。对这种"语音中心主义"或"逻各斯中心主义"的最猛烈的抨击来自当代著名的法国哲学家德里达（J. Derrida），他认为 20 世纪初西方的哲学实现了"语言"的转向，而现在应该是实现"文字"转向的时代②：

> 经过几乎难以察觉其必然性的缓慢运动，至少延续了大约 20 世纪之久并且最终会聚到语言名义之下的一切，又开始转向文字的名下、或者至少统括在文字的名下。通过一种难以察觉的必然性，文字概念正在开始超越语言的范围，它不再表示一般语言的特殊形式、派生形式、附属形式（不管人们把它理解为交往、关系、表达、涵义、观念，还是理解为思维的构造等等），它不再表示表层，不再表示一种主要能指的不一致的复制品，不再表示能指的能指，文字概念开始超出语言的范围。从任何意义上说，"文字"一词都包含语言。这不是因为"文字"一词不再表示能指的能指，而是因为"能指的能指"似乎奇怪地不再表示偶然的重复和日渐衰微的派生品。

---

① 克里斯特尔（D. Crystal）：《剑桥语言百科全书》，任明等译，北京：中国社会科学出版社 1995 年版。

② 德里达：《论文字学》，汪堂家译，上海：上海译文出版社 1999 年版。

这种观点成为他的解构主义的理论基础,对哲学研究产生了深刻的影响。"'文字'一词都包含语言"这样的论断是不是有点言过其实、矫枉过正?这可以讨论,但其中透视出来的对"语音中心主义"理论的否定则是我们需要吸取的合理内核,因为我国的语言学家基本上仍局限于"语音中心主义"的研究。汉字是自源性的表意文字,它的"据义构形造字"的文字体系与汉语的结构原理相适应,因而从文字的构造看语言的结构原理,应该是语言研究需要遵循的重要途径。汉语研究的传统就是这一途径的实践,我们可以根据语言科学的发展对这种传统进行丰富、充实和改进,但绝不能中断和否定。中断自己的传统是没有出路的。

# 语言与思维

每一语言里都包含着一种独特的世界观。

——洪堡特

　　洪堡特(1767—1835)，德国语言学家、哲学家、政治家，比较语言学创始人之一，提出把世界语言(除汉语外)分为屈折语、黏着语和综合语三种，著有《论爪哇岛的卡维语》(3卷)等。

# 1　语言是观察思维的窗口

## 通过语言观察思维

在"现实——语言·思维——现实"这一公式中，语言与思维在人类认知现实的过程中处于相同的地位，彼此依赖，形影相随，各自执行认知现实的功能。情况大致是：**思维**实现对现实现象的分类、抽象和概括，而**语言**则将这种认识活动的成果转化为"码"，使人们能运用这种"码"去交流思想。思维和语言，少了其中的任何一个方面，就无法实现对现实的认识，也无法将人与其他动物区别开来。由于它们在认知过程中相互依赖、协同配合的作用，才能使纯客观的现实转化为人类所认知的现实；如果其中某一个环节发生故障，哪怕是轻微的故障，那么就会严重影响人们认知现实的能力。

　　什么是思维? 与思想不同,它是人类大脑的一种机能。思想是人们运用大脑机能认识现实世界的成果,而**思维**则是认识现实世界时的一种动脑筋的过程,也指动脑筋时进行比较、分析、综合以认识现实的能动过程。人类面对的自然界的现实是相同的,大脑的生理构造也一样,因而具有相同的思维能力。任何复杂的现象不同民族的人都有能力认识它。这一点不应该有任何怀疑,宣扬民族有高低优劣之分的言论是没有任何根据的。但是,不同民族有共同的思维能力不等于他们有共同的思维方式。思维能力和思维方式是两个不同的概念。思维能力指能不能认识现实,这一点不同的民族没有什么差异,即思维能力是全人类相同的,而思维方式是指如何实现这种能力,这一点不同的民族是不一样的,即思维方式具有民族的特点。

　　人们可能会就此提出疑问:先生,动脑筋思考问题的过程,人们既看不见,也摸不着,您怎么知道不同民族的思维方式是不一样的? 科学的回答是:靠语言。因为“现实——思维·语言——现实”这一公式显示,语言与思维在实现编码的时候形影相随,互为表里,不同语言结构的差异必然会给思维的方式带来不同的影响,因而可以说,语言是观察思维方式的窗口,甚至可以说是一个唯一的窗口。这可以拿汉语与英语相比。汉语的基本结构单位是字,而英语等印欧系语言是词与句,由此形成两种不同类型的语言结构。说汉语的人与说英语的人在思维方式上是有差异的。赵元任在谈到汉语的字对思维的影响时说了这样一段话①：

> 音节词（即我们所说的"字"——笔者）的单音节性好像会妨碍表达的伸缩性，但实际上在某些方面倒提供了更多的伸缩余地……我还斗胆设想，如果汉语的词像英语的词那样节奏不一，如 male 跟 female（阳/阴），heaven 跟 earth（天/地），rational 跟 surd（有理数/无理数），汉语就不会有"阴阳""乾坤"之类影响深远的概念。两个以上的音节虽然不像表对立两端的两个音节那样扮演无所不包的角色，但它们也形成一种易于抓住在一个思维跨度中的方便的单位。我确确实实相信，"金木水火土"这些概念在汉人思维中所起的作用之所以要比西方相应的"火、气、水、土"（"fire，air，water，earth"或"pur，aer，hydro，ge"）大得多，主要就是 jīn—mù—shuǐ—huǒ—tǔ 构成了一个更好用的节奏单位，因此也就更容易掌握。

这里说到的现象就是从语言去观察思维而得出来的一个重要结论。总之，思维离不开语言，必须在语言材料的基础上进行。

### 语言与思维的联系的实验根据

语言与思维的紧密联系，随着科学的发展，现在已得到了神经生理学的证明。人的大脑分左、右两半球，中间有脑桥（神经纤维）

---

①　赵元任：《汉语词的概念及其结构和节奏》，见《赵元任语言学论文集》，北京：商务印书馆 2002 年版。

连接,使两个半球相互沟通。左半球管右半身的动作,右半球管左半身的动作。比方右手拿香蕉,左手拿苹果,信息传入大脑如下图①:

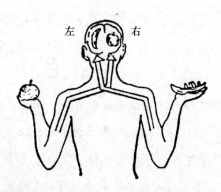

人类的语言活动与大脑左半球的某些部位相联系。控制语言活动的大脑左半球掌管抽象的、概括的思维,右半球掌管不需要语言的感性直观思维。通过对大脑的解剖,人们可以直观地看到,控制语言活动的大脑左半球的有关部位比另一半球的相同部位要大,连婴儿也不例外。一个病人,如果他的大脑左半球受到损伤,他尽管说不出所住医院的名称、病房和病床的号码,却认得医院、病房和自己的病床。相反,大脑右半球受到损伤,病人尽管说得出他所住医院的名称,却找不到所在的病房和病床,也认不出熟人;能说出他家的住址,却找不到自己的家门。为了解除重症癫痫患者(俗称"角风"或"羊痫风")的痛苦和控制病情的发展,可以通过外科手术切断

---

① 引自 Victoria Fromkin & Robert Rodman：*An Introduction to Language*，1988。

联系两半球的"脑桥"。动过这种手术的人，如果蒙住他的眼睛，把他平常用的铅笔、纸烟放在他的左手上，信息传入右脑，他可以正确地使用它们，但说不出它们的名称；如果把它们放在右手上，信息直达控制语言活动的左脑，就能立即用语言正确地说出它们的名称。有的科学家还做了这样一种实验：把一种叫作阿米妥钠的药物注入病人的一侧颈内动脉，使同侧大脑半球的功能暂时发生故障，如果注入控制语言活动的左侧，那病人就不会说话；如果注入另一侧，则说话能力正常。这一切都说明大脑的两半球有相当明确的分工，其中左半球掌管着人类的语言活动。

　　大脑两半球的分工是人类特有的。有人给猴子做过实验，发现它的大脑左右两半球能够完成同样的任务。前面已经说过，人类以外的动物掌握不了语言，也正由于此，它们也就没有逻辑思维的能力。这与它们的大脑两半球缺乏分工有密切的关系。初生婴儿的大脑的两半球没有专业的分工；它们分工的过程与学话的过程一致，大概到五六岁的时候可以实现分工的专业化。至于是语言的"输入"支配大脑分工的专业化，还是大脑分工的专业化先于语言而获得，现在还缺乏实验的根据。

　　总之，无论是从语言运用的特点来看，还是现代科学的实验根据，都可以证明语言与思维的紧密联系。这种联系可以简要地表述为：思维是语言通向现实的桥梁，而语言则是人类进行思维的最有效的工具，人们可以通过语言的结构和语言的运用情况去观察某一个语言社团的思维方式。

语言是观察思维方式的窗口,甚至可以说是一个唯一的窗口。

## 2 "每一语言里都包含着一种独特的世界观"

### 洪堡特和语言世界观理论

语言是现实的编码体系,不同民族面对的现实是相同的,都是同一个地球和同一个天体,认知现实的大脑的生理构造和运作机能也是相同的,但为什么对相同现实的编码会形成千差万别的民族语言?这个矛盾是怎么产生的?这确是一个值得推敲的重要问题。

"语言是现实的编码体系"这个定义中的核心是一个"编"字。为什么?因为"编"隐含着主观对客观现实的一种能动的过程,既能将模糊的、连续的现实现象进行抽象、概括和分类,使之成为离散的单位,用以指称某一种现实现象,又能灵活地将这些单位"编"成一种组织有序的体系,用以表达隐含于现实中的规律。人类所以能实现"编"的功能,基本的原因就在于语言与思维的相互作用,使各种零散的感知能力整合为一个体系;其他的动物虽然也有一定的认知现实的能力,但它们的各种认知能力是分散的,"各自为政",无法整合为一种组织有序的体系,因而在发展中越来越落后于人类的认知能力。语言在整合人类的各种认知能力、使之成为一种体系的过程中起着关键的作用。

　　现实虽然对各民族来说是相同的,但如何认知现实? 从哪一个视角去认知现实? 不同的民族却可以千差万别。比方说,同样一栋房子,从正面看和从侧面看就会呈现出不同的状态,从屋里看和从空中看又会呈现出不同于正、侧面看的状态。对相同现实的认知情况与此类似,不同的民族由于受地理环境、生活条件、风俗习惯等等的差异的影响,都会从一个特定视角去观察现实、认识现实,使相同的现实在不同民族的主观认识中呈现出不同的状态,其外在的表现就是不同语言的结构差异。著名的理论语言学家洪堡特曾说过这么一句话:"每一语言里都包含着一种独特的世界观。"这一论断准确地抓住了语言与人类认知现实的关系的实质。

　　**洪堡特**(1767—1835),德国人,初为外交官,懂的语言很多,后因与当权派的政见不合,就退出政坛,投身学术,主要研究语言学。由于他懂的语言多,因而就进行不同语言结构的异同的比较研究,从理论上解释语言的特性和共性的关系,成为语言学史上第一位普通语言学家,"每一语言里都包含着一种独特的世界观"就是他的一个至关重要的语言理论观点,对后世的语言研究产生了广泛的影响。世界观属于思维的范畴,**"语言世界观"**说明语言与思维的相互依存性和一致性,成为"现实——语言·思维——现实"这一公式中联系两个"现实"的中介和桥梁。我们每一个人一生下来就坠入一个现成的语言网络,不知不觉地学会一个独特的语言世界观,形成从一个特定视角去观察现实的方法。这种世界观的形成是如此自然,以至人们根本感觉不到它与世界观有什么关系。美国语言学家沃尔夫(B. L. Whorf, 1897—1941)在《语言、心理与现实》一文中有这么一段话:"无论是普通老百姓还是科学家,人们对于施加于自己身上的语言之力的了解,并不多于野蛮人对万有引力的了解。"①这是对实际状况的忠实描述。这种施加于人身上的"语言之力"和特殊的认知现实的方法,平常是习焉不察,不知道它的力量,但是,一旦学习一种外语,人们就会发现两种语言世界观的碰撞,感觉外语难学。所以洪堡特说,要摆脱一种语言世界观的束缚,唯一的办法就是熟练地学会另一种语言,能自然地用这种语言思维和说话。我们学习外语的时候都会有这种体会,思考或说话的时候如果要把这种语言翻译为另一种语言才能张口说话,那么他的外语一定还没有学好,因为两种语言世界观还在碰撞,没有达到自由转换思维方式的水平。

语言世界观实际上就是语言与思维的一种统一体,因而对哲学家、语言学家的研究都有重要的意义。后来追随洪堡特的一些学者对"每一语言里都包含着一种独特的世界观"的理论继续进行阐发和研究,做出了一些新的、富有启示性的解释,人们俗称"新洪堡特学派"。德国语言学家**魏斯格贝尔**(L. Weisgerber)根据洪堡特的这一论断,认为语言与语言之间的差别具有巨大的哲学意义、语言学意义、文化史的意义甚至美学意义和法学意义:

---

① 沃尔夫:《语言、心理与现实》,见《论语言、思维和现实——沃尔夫文集》,高一虹等译,长沙:湖南教育出版社 2001 年版。有关沃尔夫的引文均引自该文集,下面不一一列注。

假如人类只有一种语言，那么，语言的主观性就会一成不变地固定认识客观现实的途径。语言一多就防止了这种危险：语言多，就等于实现人类言语能力的途径多，它们为人类提供了必要的、多种多样的观察世界的方法。这样一来，为数众多的语言就以其世界观的丰富多样同唯一的一种语言不可避免的片面性对立起来，这也就可以防止把某一种认识方法过高地评价为唯一可能的方法。洪堡特的经典定义最好不过地表述了这一思想："思维与词的相互依从关系清楚地表明，语言与其说是确立已知真理的工具，毋宁说在更大的程度上是揭示未知真理的工具。语言的差异不在于语音外壳和符号的差异，而在于世界观本身的差异。任何一个人，只有在同自己认识和感觉的方法相适应的情况下，即只有用主观的方法才能接近客观世界。"每一种具体语言也就是进行这种个人评价的主观途径。①

这种论述的基本精神是完全正确的，因此，在考察不同的语言结构以及和其相适应的思维方式时，绝不能厚此薄彼，把某一种思维方式、某一种理论体系"过高地评价为唯一可能的方法"，因为每一种语言世界观都有它的"主观性"和"片面性"。在魏斯格贝尔之后，美国的人类语言学家萨丕尔（E. Sapir）、沃尔夫进一步对语言世界观的问题进行研究，提出著名的"萨丕尔—沃尔夫假设"，其核心

---

① 转引自兹维金采夫的《普通语言学纲要》，北京：商务印书馆 1981 年版。

的思想就是语言决定思维,语言不同,人们的思维方式也就不同。
沃尔夫的语言相对主义原则(linguistic relativity principle)就是对
这一"假设"的具体阐释:

> 用通俗的语言来讲,就是使用明显不同的语法的人,会因
> 其使用的语法不同而有不同的观察行为,对相似的外在观察行
> 为也会有不同的评价;因此,作为观察者他们是不对等的,也势
> 必会产生在某种程度上不同的世界观。这种世界观是朴素的、
> 未经概括的。人们可以对孕育了这种世界观的基本语法模式
> 进行更高层面的特征概括,从而由每一种朴素的世界观发展出
> 一种清晰的科学世界观。由此看来,现代科学的世界观是根据
> 西方印欧语言的基本语法特征概括而成的。当然,这并不是说
> 这种语法导致了(caused)科学的产生,它只是影响了(colored)
> 科学。科学产生于该语系之中,是因为一连串的历史事件刺激
> 了世界上某个地区的商业、度量制度、制造业以及技术革新,而
> 在那个地区,该语系的语言占了主导地位。

这段话见之于他的《作为精确科学的语言学》。需要说明的是,根据
沃尔夫自己的解释,"语法"这一术语的意义"远远超过我们在学校
课本上所学语法的内容",大致相当于我们所说的"语言"。印欧语
的语法"导致了科学的产生",由"朴素的世界观发展出一种清晰的
科学世界观",因而"我们称为'科学思想'的东西,是西方印欧语的
产物。它不仅发展出了一系列理论(dialectics),而且还发展出一系

列方言(指同一概念的不同理解——笔者)"(见《语言、心理与现实》)。这或许就是我们现在把印欧语世界观"过高地评价为唯一可能的方法"的原因。新、老洪堡特学派的这一告诫对汉语的研究来说是非常重要的,因为我们的理论、方法已经把印欧语的世界观"过高地评价为唯一可能的方法"。这一点我们将在第八章中进行具体的评述。

### 语言世界观的"主观性"和"片面性"

语言世界观的"主观性"和"片面性"决定于语言社团对现实进行编码时的观察视角。比较一下汉语和印欧语的差异,就不难发现语言世界观的这种"主观性"和"片面性"的特点。

现实现象呈现在人们面前的最明显的特点是"形",有"形"的现象看得见、摸得着,其特点是静态的,呈现出大小、多少、厚薄、高低、离合、聚散等等的特征,如人、树、山、水、书、桌、棋(子)、房子、梨、苹果……;和有形相对的自然是无形,但无形的现象不是绝对没有"形",而是说这种"形"是运动的,大都通过事物的生、老、病、死的变化表现出来,处于一种不停顿的运动状态,不经长期的观察,人们就察觉不到这种运动着的"形",因而这种无"形"的现象的特点是运动变化的,呈现出动态的特点。这种静态的"有形"和动态的"无形"对应于自然的范畴就是空间和时间,因为空间是通过事物的大小、厚薄、高低等表现出来的,而时间看不见、摸不着,只能通过"有形"事物的变化才能看到它的存在。语言世界观观察现实的视角偏重于空间,还是偏重于时间,就会呈现出巨大的差异。汉语世界观的"主观性"和"片面性"偏重于空间,抓住有形事物的特点对现实进行编码,突出编码的理据,而印欧语世界观正相反,它的"主观性"和"片面性"偏重于时间,因而它观察现实的着眼点不同于汉语,使两种语言的结构呈现出巨大的差异。

《尔雅》是我国最早的一部字典性的语汇著作,它所反映的汉语世界观的"主观性"和"片面性",就其基本的趋向来说,就是着眼于空间、着眼于名物,对现实的事物进行细致的分类和确切的解释;即使是时间性的行为、动作、变化也往往要借助于名物而限制它的范围。行走的意义自然是属于"动"的时间性意义,但初时也因空间的差异而有不同的区分:"室中谓之时(通'跱'chi),堂上谓之行,堂下谓之步,门外谓之趋,中庭谓之走,大路谓之奔","草行曰跋,水行曰涉",等等。至于现在一般所说的性状性的意义,汉语早期的编码体系,除了一些联绵字以外,接近于"无",也就是它基本上没有从名物中抽象出来,而直接表现为具体的名物。比方说,红、黄、蓝、白、黑之类的颜色,自然属于性状,但当时没有表示这些颜色的字。张清常对此进行了具体的考察,认为《尔雅》的时代,"在颜色方面提供最有价值的材料乃是若干早已死亡的专词,它们是带颜色的物件,却没有把颜色的概念分析出来而成为一个专词,意义是某色某物。例如'释草'赤苗叫什么,白苗叫什么;'释木'赤棠叫什么,白棠叫什么;'释兽'白虎叫什么,黑虎叫什么。最突出的是那里面的马,因毛色的差异及所在位置的不同,致使马有 35 种专名"①。这里不妨以郭璞所注《尔雅》的"马"名为例,说明性状等非空间的特征如何寄生于名物进行编码的状态:

> ……膝上皆白,惟騱;四骹皆白,驓;四蹢皆白,首;前足皆白,騱;后足皆白,翑;前右足白,启;左白,踦;后右足白,騱;左白,驒,騂(指赤色黑鬣)马白腹,騵;骊马(深黑色的马)白跨(胯),駥;白州(白臀),騧;尾本白,騝;尾白,騴;馰颡,白颠(指顶额白。郭注:戴星马也);白达素,县(郭注:素,鼻茎也,俗所谓漫髗彻齿。县音玄);面颡皆白,惟駹;回毛在膺,宜乘;在肘后,减阳;在干,茀方;在背,阕广(郭注:皆别旋毛所在之名);逆毛,居駹;騋牝,骊牡,玄驹,褭骖(郭注:玄驹,小马别名;褭骖耳,或曰,此即騕褭,古之良马名);牡曰骘,牝曰騇,騂白驳,黄白騜(诗:騜驳其马);騂马黄脊,騜;骊马黄脊,騟(郭注:皆背脊毛黄);青骊,駽;青骊驎,驒(郭注:色有深浅,斑驳隐粼,今之连钱骢);青骊繁鬣,騥;骊白杂毛,騅;黄白杂毛,駓;阴白杂毛,騯;苍白杂毛,騅;彤白杂毛,騢;白马黑鬣,骆;白马黑唇,駩;黑喙,騧;一目白,瞷;二目白,鱼(郭注:似鱼目也。诗曰:有驒有鱼)。

张清常的观察很准确,表性状的颜色当时还没有被抽象出来,

---

① 张清常:《汉语的颜色词(大纲)》,载《语言教学与研究》1991 年第 3 期。

都寄生于事物，致使有不同颜色的同一类事物，甚至是同一颜色而其位置、深浅有差异的同一类事物也需要单独造字编码，说明当时人们关注的是不同形色的物，而不是隐含于不同的物中的共同的行为和性状。正由于此，每一个表示"物"的字的含义都很具体、明确、细致，使动作和性状（相当于印欧语用动词和形容词所表示的意义）寄生于"名"，以"名"去限制动作的特定内涵。除了上述表示"走"的意义的各个字以外，其他如雕刻金的行为曰"雕"，雕玉曰"琢"；追人曰"追"，追兽曰"逐"；无牲而祭曰"荐"，荐而加牲曰"祭"（《穀梁传·桓公八年注》）；土硬曰"坚"，刀硬曰"刚"，弓有力曰"强"，四面闭塞、难攻易守曰"固"，等等。这都是借用空间的名物来限制行为动作的存在方式的一种表现。这清楚地说明名物在汉语的编码系统中占有特殊的地位，从中衬托出汉语世界观重空间的"主观性"和"片面性"特点，重"静"不重"动"。

印欧语的语言世界观与汉语迥异，呈现出另一种"主观性"和"片面性"，它的观察视角偏重于时间，重"动"不重"静"。印欧语分布于欧、亚广大地区，在欧洲主要有英语、德语等日耳曼语和法语、意大利语等罗曼系语言，在亚洲主要有印度的梵语和伊朗的波斯语等，一般都公认，梵语的结构最能反映印欧语早期的特点。我们可以通过它的研究去观察印欧语世界观的"主观性"和"片面性"。

梵语研究的最早文献就是一般所说的**"巴你尼语法"**。巴你尼（Paṇini）是人名，根据《大唐西域记》，他大概在公元前 4 世纪左右出生于娑罗睹罗（Salātula），在现在巴基斯坦的白沙瓦附近。根据这一著述的记载，大约在公元前 4 世纪左右，梵语的研究曾发生过一次大辩论。主要内容是：巴你尼语法和前于它一个世纪左右的《尼录多》都认为梵语只有名词和述词（动词），而两类词的关系，"《尼录多》举出了两派意见：一派是尼录多派即词源学家，他们认为一切名词都出于述词，即名出于动。另一派是语法学家，他们认为并非一切名词都出于述词，只有一部分名词出于述词"，"从双方论据看来，反对派以推理驳难而尼录多派就事实立论。可能是为了语法体系的完整和解说的方便，也可能有思想界斗争的一般趋势的影响，名出于动的理论终于胜利。语法学家便以'名生于述'为根本原则，而《波你尼经》就是以 1943 个表示动词意义的词根作为梵语的构词基础，而以三千多条经文说明其变化。结果是这部语法形成一个庞大的构词系统。这就是波你尼的语法体系。不论它同时或以后有多少不同派别和结构的语法，直到近代，都还是没有背离这条根本原则，都承认词根，而词根都是表示动词意义的。从哲学观点说，这种思想就是认为宇宙间万事万物根本都是行为、动作，动是根本而静是表现"①。行为动作不是抽象的，它一定是具体名物的行为、动作或变化，因而语言的编码体系自发地形成一种和动词相配的名词，构成印欧系语言中的名和动两大词类，承担"主语—谓语"结构中的"主语"和"谓语"的功能。所以，印欧语世界观着眼于时间对现实进行编码，因而呈现出重"动"不重"静"的"主观性"和"片面性"，在语

---

① 金克木：《梵语语法〈波你尼经〉概述》，载《语言学论丛》第 7 辑。

言结构中的反映就是以谓语动词为中心。

汉语和印欧语,这是两种有原则差异的语言世界观,各有自己的"主观性"和"片面性",这就是:汉语着眼于空间,重静不重动,而印欧语着眼于时间,重动不重静。语言世界观的这种差异使汉语和印欧语走向不同的结构类型,汉语重语义,印欧语重形态变化。汉语的基本结构单位为什么重理据?为什么能自发地形成表意文字的体系?汉语的研究传统为什么重语汇和语义的研究?其基本的原因就在于汉语世界观重空间的"主观性"和"片面性"。前面的讨论虽然偏重于语言的早期状态,但现在的汉语和印欧语都是从它们的早期状态发展出来的,尽管各自的语言世界观的"主观性"和"片面性"有所淡化,但没有动摇语言的结构基础,例如印欧语的结构以定式的谓语动词为基础,基于此形成各种语言理论,而这种理论用于汉语,像后面在"西学东渐和中国的现代语法学"中将要讨论的那样,就显得格格不入,难以有效地揭示汉语的结构规律和演变规律。为什么会发生这样的情况?我们应该从两种语言世界观的差异中去寻找它的原因。

## 3　语言结构的差异和思维方式

### 概念的形成途径和思维方式

一种语言社团的思维方式,如果是有文字的语言,都会通过它的逻辑理论表现出来；如果是没有文字的语言，那就只能通过比较不同语言结构的差异去悟察与之联系的思维方式，因为语言是观察思维的最佳窗口。这里仍以汉语和印欧语为例，从宏观上比较它们的逻辑理论的差异，进而考察思维方式的差异以及与此相关的语言结构的差异。

思维的最基础的形式就是概念。**概念**是对现实现象的分类概括，揭示某一类现实现象足以和其他现象区别开来的特征，使之成为字或词的含义，例如汉语"人"的"会说话、能制造和运用生产工具进行劳动的动物"的字义就足以和"马、牛、羊、火、水……"区别开来。表达概念的语言结构单位就是该语言的基本结构单位，这在汉语中就是字，在印欧语中是词，人们需要据此去把握语言系统的结构脉络。不管不同民族的语言世界观有多大的差异，它们的思维都得以概念为基础逐步展开。就这一点来说，它们相互间没有什么差异。既然如此，那么不同的语言社团为什么会有不同的思维方式？这决定于概念形成的途径。

诺思罗普（F. Northrop）认为概念形成的途径主要有两种：一种是用直觉得到的，一种是用假设得到的。"用直觉得到的概念……表示某种直接领悟的东西，它的全部意义是某种直接领悟的东西给予的。'蓝'，作为感觉到的颜色，就是一个用直觉得到的概念。"用假设得到的概念与此不同，"它出现在某个演绎理论中，它的全部意义是由这个演绎理论的各个假设所指定的……'蓝'，在电磁理论中波长数目的意义上，就是一个用假设得到的概念"。冯友兰在《中国哲学简史》中引述了这一段话之后说,诺思罗普对概念进行这样的区分"已经抓住了中国哲学和西方哲学之间的根本区别",因为西方的哲学以"假设的概念"为出发点,从而发展出数学和数理推理,用演绎推理的方法来论证,使用的语言严密而明确;而中国的哲学以"直觉的概念"为出发点,不表示任何演绎推理的概念,因而使用的语言富于暗示,言简意丰。[①] 概念形成的这两种不同的途径使汉语社团的思维方式不同于印欧语社团,相互的差异,用一句简单的话来说,就是:印欧语社团通过假设的途径形成概念,并由此形成推理式思维,而汉语社团的思维方式是直觉性思维。

### 推理性思维

推理式思维方式就是以概念为基础的判断和推理,其逻辑理论就是亚里士多德的三段论。这是亚里士多德献给人类的一块瑰宝,至今仍是普通逻辑学的主要内容。推理由大前提、小前提和结论三部分组成,是由前提为真而推出结论为真的过程。比方说,"凡金属都能导电"(大前提),"铜是金属"(小前提),"所以铜能导电"(结论)。它的基本特点是着眼于概念的外延,从外延上有属、种关系的概念入手进行演绎推理,例如"铜"就是金属这个"属"下的一个"种",从金属能导电演绎出铜能导电的结论。这种推理式论证方法的一个重要特点就是采用定性的分析方法,每一个概念都给以一个

---

① 冯友兰:《中国哲学简史》,北京:北京大学出版社 1985 年版。

明确的定义,使人们能通过"言传"而达到"意会"。这是在印欧系语言的结构基础上产生的思维方式。前面说,语言结构是观察思维方式的最佳窗口,两者是不是有内在的联系?不妨看看古印度说梵语的人的思维理论,比较它和古希腊逻辑理论的异同,人们就不难对此得出明确的结论。

印度人的推理式思维理论是独立发展出来的,与希腊—罗马传统的逻辑理论无关。但由于它们所说的语言都同属印欧语,因而以此为基础而形成的逻辑理论也是一脉相通,只是说法有所区别而已,即印度人不说逻辑学,而说因明学;不说三段论,而说三支论。这两种理论之间的关系,我们可以参看虞愚在《因明学》中的比较表:

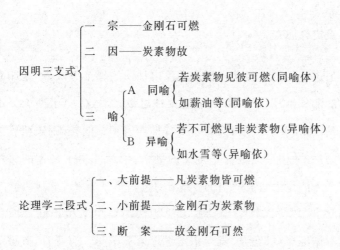

因明三支式
　一　宗——金刚石可燃
　二　因——炭素物故
　三　喻
　　A　同喻
　　　若炭素物见彼可燃(同喻体)
　　　如薪油等(同喻依)
　　B　异喻
　　　若不可燃见非炭素物(异喻体)
　　　如水雪等(异喻依)

论理学三段式
　一、大前提——凡炭素物皆可燃
　二、小前提——金刚石为炭素物
　三、断　案——故金刚石可燃

"因明三支式与三段论法,同为三部所组成。惟其次序略有不同,形式论理之三段论法,先示大前提,次示小前提,后示断案;而因明三支式,先示立论宗旨,Thesis(Siddhanta)相当断案,次示立论所依之因由,Reason or Middle term(Hetu)相当小前提,后举譬喻 Example(Vdaharana)以证宗,相当大前提也。"①所以三段论与三支论的基本精神一致,只是排列的次序有别。各自独立发展起来的思维理论如此一致,其间的基本原因就是相互间有共同的语言基础,都是在印欧语基础上诞生的推理式思维和逻辑理论。

总之,印欧语社团的思维方式是首先从外延上有上下位关系的属、种概念入手进行演绎推理,论证现象的性质和特点,认知现实。这是以"假设的概念"为基础而形成的思维方式。汉语的结构与印欧语有原则的区别,因而和它相联系的思维方式、思维理论也就不能不是另外一种形态了。

### 直觉性思维

通过直觉的途径获得概念的汉语社团的思维方式,不是印欧语社团的那种推理性思维,而是**直觉性思维**。对这一点,理论上讲得最明确的,在我看到的材料中,要首推林语堂。他在《论东西思想法之不同》一文中对此进行了全面的剖析,说读亚里士多德的文章犹如读今人的论著,因为他的逻辑学的逻辑形式系统"统制西欧二千年的学术","所以难怪今日西人思想法与亚里士多德同一面目"。重读中国经史,林语堂"觉得中国思想大不相同。初看时,似乎觉得

---

① 虞愚:《因明学》,北京:中华书局 1989 年版。

推理不够精细，立论不够严谨。格言式的判断多，而推理的辩证少。子思言'率性之谓道'，怎么'率性'，率什么性，子思不肯阐发下去，只由读者去体会罢了。经过几十年的思考，才觉悟这体会之道，与演绎之理，大不相同。这是中西思想法不同之大关键，就是直觉与推理之不同。直觉就是体会、体悟、妙悟。因这思想法之不同，乃使中西哲学走入不同的趋向"。林语堂从各个方面分析、讨论中西思想法之不同，并且对"直觉"进行了明确的解释：

> 逻辑是分析的、割裂的、抽象的；直觉是综合的、通观的、象征的、具体的。逻辑是推论的，直觉是妙悟的、体会出来的……
>
> 所谓直觉，常为人所误会。直觉并非凭空武断，乃其精微之至，可以意会，不可言传。直觉不是没有条理，是不为片面分析的条理所蔽，而能统观全局，独下论断。秘书每长于议论，部长却有明决之才。此乃直觉与逻辑之辨。女人向称有六感，乃近于部长之才。女人常知某人是真朋友，某人不可交，谓之第六感，而理由说不出来，知其然而不知其所以然。不是没有根据，而是所根据难以分析，在可以意会不可言传之间耳。我们常言某人相貌似广东人或江浙人，这是根据以前的复杂的印象，却难作"广东脸"或"江浙脸"的定义。这样讲，直觉乃是根据经验而来。古者贤君，每有知人之明，先觉之见，就是根据这种经验而为论断。其间貌合神离，或口蜜腹剑之徒。毫厘之差，精微处唯凭孟子所谓眸子而鉴察之。

这也许就是产生"中国重实践，西方重推理。中国重近情，西人重逻辑。中国哲学重安身立命，西人重客观的了解与剖析。西人重分析，中国重直感……"①的原因。

推理式思维的表现方式是三段论的演绎论证，直觉性思维方式如何表现？冯友兰认为，"这是由于中国哲学家惯于用名言隽语、比喻例证的形式表达自己的思想。《老子》全书都是名言隽语，《庄子》各篇大都充满比喻例证。这是很明显的。但是，甚至在上面提到的孟子、荀子著作，与西方哲学著作相比，还是有过多的名言隽语、比喻例证。名言隽语一定很简短；比喻例证一定无联系"，"习惯于精密推理和详细论证的学生，要了解这些中国哲学家到底在说什么，简直感到茫然"②。"名言隽语"讲的是内容简而精，富有暗示性和启发性，而"比喻例证"是讲不同于三段论思维的一种论证方式，这种方式是在两种无联系的事物之间通过人们由此及彼的联想进行类比，解释事物的性质和特点。这集中表现在中国传统抽象思维理论的"比类取象"和"援物比类"两个论断上。什么是"比类"？通俗地说，就是由此及彼的联想，就是比喻例证，通过事物间的横向比喻来解决"取象"和"尽意"两个问题。比喻的正确与谬误、深刻与肤浅、合适与不合适，决定于人们的生活经验、文化素质和理论修养。如果一个人有良好的素质，善于灵活思考，他就能在思维的王国里自

---

① 林语堂：《论东西思想法之不同》，见《林语堂名著全集》第 16 卷，长春：东北师范大学出版社 1994 年版。

② 冯友兰：《中国哲学简史》，北京：北京大学出版社 1985 年版。

由翱翔,不会受到三段论式的前提的束缚,反之,就只能局限于某类
现象的框框内,难以说清楚它的性质。这里可以用汉魏六朝时期的
学者关于"形""神"关系的分析来说明这个问题。桓谭把两者比喻
为"精神居形体,犹火之然(燃)烛矣";王充改换了比喻,是"人之精
神,藏于形体之内,犹粟米在囊橐中也";嵇康则比喻为"精神之于形
骸,犹国之有君也"。范缜的《神灭论》也用比喻来说明"形"与"神"
的关系,但要深刻得多,是"形之于质,犹利之于刃;形之于用,犹刃
之于利。利之名非刃也,刃之名非利也;然而舍利无刃,舍刃无利,
未闻刃没而利存,岂容形亡而神在?"这里没有定义,没有对概念的
质的规定性,完全用比喻的方法来解释,在不说出"形""神"是什么
的情况下说明它们的含义和特点,人们可以在两者的关系中去意会
某一个概念的含义,却难以用明确的言辞言传。这种比喻例证式的
论证方法渗透于各个领域,古典文学中的比、兴手法就是这种方式
的一种具体表现。

## 思维方式与世界观

推理性思维的表现方式是演绎论证,直觉性思维的表现方式是
比喻例证,它们是两种重要的思维方式,是两种不同的世界观。说
推理性思维是一种世界观,人们不会有什么歧见,而由比喻例证的
方式表现出来的直觉性思维也是一种世界观,人们可能有诸多的疑
虑。推理性思维和直觉性思维的一个重要区别是,前者所依据的大
前提、小前提和结论之间在外延上有属、种关系,只能在这种关系中

进行演绎论证,揭示真理的客观性和必然性;后者与此不同,只能在两个"点"之间进行比喻联想,而这两个"点"在外延上没有任何联系,因而没有必要去演绎论证两"点"之间的联系的必然性;它为人们提供了无限的想象空间,只要你在两个"点"之间建立起联想,就可以比喻例证,解释事物的性质和特点。这种论证的方法,如用公式来表示,就是:"A 借助于 B,从 A 与 B 的相互关系中去把握 A 和 B 的性质和特点。"这是一种重要的世界观。西方人现在也在积极寻求这种世界观,目前方兴未艾的隐喻(metaphor)理论就是这方面的一个具体表现。

什么是**隐喻**? 目前还缺乏一个公认的定义,其基本的意思就是由此及彼的比喻性联想,只在 A、B 两个"点"之间比喻例证。塞尔(Searle, J. R.)根据这种特点,认为隐喻的作用犹如"一件东西如何使我们想起另一件东西",其间没有任何单一的回答。[①] 解释比较具体的还应推英国语言学家戴维·克里斯特尔(Crystal, D.),将隐喻归入认知的范畴,对认知隐喻(cognitive metaphor)作了如下的解释[②]:

指一种隐喻理论,认为隐喻在人类语言和认知中起必不可缺的作用,各种形式的语言活动,包括日常会话,都是通过隐喻来体现世界观的("概念隐喻")。高层次的概念,如使役、时间、

———————

① J. R. 塞尔:《隐喻》,请参看美国 A. P. 马蒂尼奇编的文集《语言哲学》,北京:商务印书馆 1998 年版。

② D. 克里斯特尔:《现代语言学词典》,沈家煊译,北京:商务印书馆 2000 年版。

情感等,被视为在语义上植根于身体所经验的各种低层次概念域中,例如把生命看做旅程,有"生命旅途"的说法,把因果关系看做家族关系,有"现代物理学之父"的说法。"诗学隐喻"被视为日常隐喻的延伸或新的组合。这种理论因此与隐喻的传统理论大相径庭,后者区分字面意义和比喻意义,只关注隐喻的修辞和文学语境,因此在为语法和语义结构做出全面的语言学解释方面被认为不起多大作用。

这段话虽然没有对隐喻做出明确的定义,但对隐喻的实质却有了比过去更为明确的表述。这里我们想强调三点。第一,通过隐喻体现世界观,这一定性很准确,说明隐喻是认知现实的一种思维方式,是一种世界观;第二,隐喻的途径是由近及远,由具体到抽象,由低层次向高层次引申、延伸,也就是"一件东西如何使我们想起另一件东西";第三,现代的隐喻理论与传统隐喻理论的含义不同,对语法和语义结构做出全面的语言学解释具有重要的作用。这里需要特别强调的是第一点,即隐喻是一种世界观。这有助于我们认识汉语社团的"比喻例证"的思维方式的实质,因为它就是一种隐喻式的思维,是一种世界观。这种思维方式由于是在两个"点"之间进行比喻例证,其论述的方式是"A借助于B,从A与B的相互关系中去把握A和B的性质和特点",因而我们不妨将它称之为"两点论"。这是汉语社团的主要思维方式。

为什么会产生这种类型的思维方式?应该说,与汉语重理据的基础性编码机制有关。一种语言的语音感知单位和它们的组合方式是有限的，因而能生成的有理据性的结构单位的数量也一定是有限的，如何满足交际的需要、生成足够数量的结构单位？隐喻性两点论的思维方式是解决这一矛盾的无上法门，因为它以有理据的结构单位为参照点，通过由此及彼的联想，在 A 和 B 两"点"之间进行比喻例证，从而逐步扩大编码的范围，增加结构单位的数量。宋金兰的《训诂学新论》以语言年代学的 100 核心字为基础（个别字做了一点调整），发现隐喻式联想的两条总原则，即"近取诸身"和"多取之鼻"，以某一有理据性的结构单位为参照点，通过概念间的横向联想，逐步扩大字的理据的范围。"近取诸身"的如"女"源于乳，"士"（男子）源于了（男性生殖器官），"黑""白"均源于目（眼睛）……"多取之鼻"的如"血"得名于其血腥味儿，"死"得名于人和动物死后尸体发出的腐败气味，"屎"得名于其臭味，"脂"因油脂散发的气味而得名，所以"血""死""屎""脂"四字同出一源，其名源是"自"（鼻子）……汉语中的多数字的理据需要通过这一类方式的疏证才能得到合理的解释，虽有很大的难度，但由于汉字的形声结构体系和"因声求义"的思路已为这种理据性的解释提供了比较清楚的线索，因而汉语的研究取得了丰硕的成果，形成了独特的研究传统。我们说，汉字的结构适合汉语的结构原理，基本原因也就在于此。这种现象清楚地说明，基础性的编码机制不仅制约着语言结构的走向，而且也制约着思维方式的运行。

三段论和两点论都是认知现实的世界观的反映，是两种各有特点的论证方式。三段论的推理方式的特点是演绎性、封闭性，从前提可以推导出结论，是客观的论证，不允许主观因素的参与；而汉语社团的两点论的思维方式，只在两个"点"之间进行比喻性联想，没有外延上属、种关系的限制，可以凭思维的想象力把外延上无属、种关系的两个"点"联系起来，因而论证的方式往往会呈现出跳跃性、开放性的特点。世界观和论证方式的这些差异不可避免地会给语言研究的方法论带来深刻的影响。

## 4　思维方式的差异和科学研究的方法论

### 两种对立而又互补的研究方法

科学研究的方法实际上就是客观规律的主观表述，自然与思维方式有密切的关系。一些有影响的学者已对此有过很好的论述。冯友兰认为，中西哲学的差异在方法论上的反映，简单地说，就是"正"和"负"：西方哲学的逻辑分析方法是"正"的方法，用演绎推理"告诉我们它的对象是什么"；中国哲学的方法论正好相反，用的是"负"的方法，"告诉我们它的对象不是什么"，"在《老子》《庄子》里，并没有说'道'实际上是什么，却只说了它不是什么"。"正"的方法需要对每一个概念下定义，用演绎论证进行定性的分析，用明确的言辞说明它所研究的对象"是什么"，没有主观想象的空间；而所谓

"负"的方法，不下定义，也不靠演绎推理的论证，而是从两种现象的相互关系中去把握一种现象的性质和特点，即一般所说的辩证法，我们前面称之为"两点论"。中国哲学和西方哲学的思想方法，一"负"一"正"，互相补充，"西方哲学对中国哲学的永久性贡献，是逻辑分析方法"，"正的方法的传入……给予中国人一个新的思想方法，使其整个思想为之一变"①。中国现代科学的兴起、发展和取得的伟大成就就是吸收和运用西方逻辑分析方法的一种标志。

任何现象都是立体的，有它的多面性，需要从不同的角度去观察。思想方法也一样，不是好的就绝对的好，坏的就绝对的坏。西方的逻辑分析方法对自然科学的发展的贡献，已为历史所证明，但它也有明显的局限性。林语堂对中西思想方法的比较研究有他独到的见解，能给人以不少启发。下面一段话，可以概括逻辑分析方法的利弊优劣：

> 西洋逻辑是思想的利器，在自然科学，声光化电的造诣，有惊人的成绩。格物致知，没有逻辑不成……但是，逻辑这种利器也是危险的。行之于自然科学，可谓无孔不入，无往不利。用之于人类社会安身立命之道，就是"行不得也么哥"。凡人伦大端，天地之和，四时之美，男女之爱，父子之情，家庭之乐，都无从以逻辑推知，以论辩证实。……不但此也，凡人生哲学的

---

① 冯友兰：《中国哲学简史》，北京：北京大学出版社 1985 年版。

大问题,若上帝、永生、善恶、审美、道德、历史意义,都无法用科学解决。上帝不是一个方程式,永生并非一个三段法,善恶美丑都无法衡量,无法化验。无法化验则无法证实,无法证实则无从肯定或否定。所以,伦理系统建立不起来。今日的社会学家因为要科学,要客观,闭口不言善恶。今日的哲学家闭口不言伦理,今日的存在论家闭口不言人生意义,甚且否定人生意义。今日之大思想家闭口不言上帝。凡逻辑无法处置的问题都屏诸门外,绝口不谈,一谈就不科学。这是今日西方学术的现象。

作者还特别强调,逻辑的用处在于"辩",但"辩"有个范围,如果"执不可辩而辩之",就会陷入"哲学的困扰"。① 所以,对于任何一种研究方法,它的利弊优劣应予以具体的分析,切忌绝对化,因为每一种理论、方法都有它特定的适用范围和条件,如超越这一适用的范围和条件,它就会走向谬误。

三段论的推理法和两点论的辩证法,或者如冯友兰所说的"正"的方法和"负"的方法,都有它的用武之地,只是要用于它所适用的范围。这两种思想方法是互补的,各自可以从对方吸取自己所需要的东西,以益己之短。中国现代科学的发展已证明吸取推理性的演绎论证方法对改进我们思维方式的价值,这也就是我们经常强调的

---

① 林语堂:《论东西思想法之不同》,见《林语堂名著全集》第 16 卷,长春:东北师范大学出版社 1994 年版。

"学习西方先进科学"的含义，但我们这里需要补充的是，当中国人在"负"的思想方法的基础上吸收、补充西方人"正"的思想方法的时候，西方人也在进行着同样的工作，寻找和发展"负"的方法以补充他们"正"的思想方法的不足。恩格斯的《自然辩证法》就是对这种"负"的辩证思维的一种总结。如果说这种"负"的方法我们现在还说不出它们与中国哲学的"负"的思想方法有什么联系的话，那么英国的胚胎学家李约瑟由于无法用西方的机械论思想来解释胚胎的发育而转向中国的辩证思维，丹麦的著名物理学家尼尔斯·玻尔受中国阴阳学说的启示、并以阴阳为标记的互补理论①，则是中国"负"的思想方法可以补充西方"正"的方法的不足的明显事实。这说明，不管是东方还是西方，由于社会和科学发展的需要都在自觉或不自觉地寻找对方的思想方法以弥补自己的不足。

这些讨论所涉及的是思维方式与科学研究的一般方法论问题，而我们更为关心的是思维方式与语言研究方法论的关系。这种关系，简要地说就是：推理式思维方式擅长和适用于形态语法的研究，而两点论的思维方式则擅长和适用于语义的研究。东西方语言各自的研究传统就是对这一论断的最好注释。

**推理性思维和语法研究**

思维以概念为基础，**推理式思维**的表述方式就是以概念为基础

---

① 参看普里高津等：《从混沌到有序》，曾庆宏、沈小峰译，上海：上海译文出版社1984 年版。

的判断和推理。和概念相对应的是语言基本结构单位,这在印欧语中就是词;和判断相对应的语言形式就是句子,而推理则是从已知的判断(前提)推出新判断(结论)的过程,通过语篇表现出来。两千多年来,语言研究基本上局限于词和句的结构,就是一般所说的词法和句法;语篇的研究是新近发展起来的事情,为时尚短。推理式思维扎根于印欧语的结构,具体的表现就是词和句对应于推理式思维形式的概念和判断。这种对应的实质就是语法和逻辑的关系。

现在通行的语法理论大多导源于希腊—罗马传统。在古希腊时期,首先对语言研究感兴趣的不是语言学家(严格地说,当时还没有语言学家),而是哲学家,他们根据语言结构提供的线索解释哲学的问题,因而语法和逻辑结下了不解之缘。现在通行的语法理论可以直接追溯到亚里士多德的逻辑范畴说。范畴说的核心是关于substance(实体)的理论,亚里士多德把现实分为十个范畴:实体、性质、数量、关系、地点、状态、情景、动作、被动、时间,其中实体是本质,其他九个范畴是偶有的属性(accidents),是用来表述实体的。例如"李宁是运动员"这样一个命题,"运动员"是偶有的属性,因为李宁小时候并不是运动员,而退役以后又成为企业家,是可变的,而"李宁"不管是运动员还是企业家,始终是"李宁",是不变的。实体在命题中的主要特征是主体(subject),从逻辑判断的结构来说,主体就是主词(subject),别的范畴都是表述这个主词的,因而是它的宾词(predicate)。这就是说,九个偶有性范畴都是表述实体的,而实体不表述别的范畴;或者说,偶有性范畴都存在于主体之中,任何性质、数量、关系等都只能是主体的性质、数量和关系，等等。这是亚里士多德的逻辑范畴说的基本思路，他的语法理论就是以此为基础展开的：能充当主词的词是体词（substantive word），或者叫作名词；能充当宾词的词就是谓词（predicative word），或者叫作动词；句子的结构与逻辑判断（命题）相对应，因而处于主词位置上的词语就是句子的主语（subject），处于宾词位置上的词语就是句子的谓语（predicate）。主词和主语，宾词和谓语，在汉语中是两个不同的词语，而在印欧系语言中原是同一个词，即主词和主语都是 subject，宾词和谓语都是 predicate。语法和逻辑的关系，根据上面的简单分析，可以简化为如下的结构公式：

逻辑：　　实体——偶有性

　　　　　主词——宾词

语法：　　主语——谓语

　　　　　体词——谓词

　　　　　名词——动词（包括后来所说的形容词）

横向的左右两项是陈述的关系，即右项陈述左项（偶有性用来陈述实体，宾词用来陈述主词……）；纵向的各项依次是实现关系，即主词实现实体，主语实现主词，体词实现主语……印欧语语法的词类划分原则和它们与句子结构成分主语、谓语等的严格的对应关系（名词做主、宾语，动词做谓语等）就是根据这样的理论建立起来的，甚至可以说，"主语——谓语"的句法结构框架实质上就是逻辑思维形式的投射。

亚里士多德的这种以二分法为基础的思维理论与印欧系语言的结构有密切的关系。希腊语是屈折语，有词形变化：名词有性、数、格之分，动词有时、体、态、式之别。词出现在句中不同位置上的变化是词的偶有属性，而词（现代语言学叫作"词位"）则是从其偶然的属性中抽象出来的不变的单位，是出现在各种"偶然属性"中的"实体"。所以不少学者认为，如果亚里士多德说的是另外一种结构类型的语言，他就会建立起另外一套逻辑理论体系。傅斯年曾专门撰文论述"哲学乃语言之副产品""西洋哲学即印度日耳曼语之副产品"①：

> （印度、希腊、德意志）这三个民族有一个共同点，就是在他的文化忽然极高的时候，他的语言还不失印度日耳曼系语言之早年的烦琐形质。思想既以文化提高了，而语言之原形犹在，语言又是和思想分不开的，于是乎繁丰的抽象思想，不知不觉的受他的语言之支配，而一经自己感觉到这一层，遂为若干特殊语言的形质作玄学的解释了……今试读汉语翻译之佛典，自求会悟，有些语句简直莫名其妙，然而一旦做些梵文的工夫，可以化艰深为平易，化牵强为自然，岂不是那样的思想很受那样的语言支配吗？希腊语言之支配哲学，前人已多论列，现在姑举一例：亚里士多德所谓十个范畴者，后人对之有无穷的疏论，

---

① 傅斯年：《战国子家叙论》，见《中国现代学术经典·傅斯年卷》，石家庄：河北教育出版社 1996 年版。

然这都是希腊语法上的问题,希腊语正供给我们这么些观念,
离希腊语而谈范畴,则范畴断不能是这样子了。

国外的语言学家,如英国的莱昂斯(J. Lyons)也有类似的看法。[①]
这些论断都是很有道理的。这种在语言结构基础上产生的思维理
论一旦形成,就可以反过来成为语言研究的理论基础。印欧系语言
的语法理论体系,宽泛地说,就是以亚里士多德的逻辑理论为基础
分析语句的结构,从而得出主语、谓语和名词、动词之类的概念以及
它们相互关系的理论。这些概念一直沿用至今,说明印欧语的句法
结构和亚里士多德的逻辑理论确实存在着密切的关系;或者说,印
欧语的语法结构的核心为什么是名、动、形的词类划分以及它们和
句子结构成分的有规律的对应关系,其基础就是推理式的思维
方式。

### 直觉性思维与语义研究

反观汉语的结构,我们找不出类似印欧语那样的句子和逻辑判
断之间的直接对应关系,只要以语言事实为基础,谁都会得出这样
的结论。张东荪早在 20 世纪 30 年代就发现了这一特点:"我研究
中国言语的构造,从其特别的地方发见大有影响于中国思想……第
一点是在中国言语的构造上主语(subject)和谓语(predicate)的分

---

① J. Lyons, Introduction to Theoretical Linguistics, §7. 1. 4—7. 1. 5.

别极不分明……例如'学而时习之,不亦悦乎'……中国言语上没有语尾变化,以致主语与谓语不能十分分别,这件事在思想上产生了很大的影响。现在以我所见可举出四点:第一点是因为主语不分明,遂致中国人没有'主体'(subject)的观念;第二点是因为主语不分明,遂致谓语亦不成立;第三点因为没有语尾,遂致没有 tense 与 mood 等语格;第四点是因此遂没有逻辑上的'辞句'(preposition,命题,判断——笔者)。"①这是从汉语和印欧语的语法结构的差异的比较研究中悟出来的结论。为什么会产生这样的情况?就是因为扎根于汉语结构的中国人的思维方式不是推理式的演绎论证,而是直觉性的比喻例证。比喻例证的两个项之间的关系,即我们前述的"A 借助于 B,从 A 与 B 的相互关系中去把握和悟察 A 和 B 的性质和特点"的论证方式,既像判断,但又不是判断;既像推理,但又不是推理。这就是说,这里没有"判断"这种基础性的思维形式,因而汉语的语法结构中没有印欧语那种和判断相对应的句法结构。什么是一个句子?印欧语的回答很简单、很明确,只要是由一致关系所维持的主谓结构就是一个句子,而汉语的句子就无法给它下一个明确的定义,如果有一段没有标点的文字,让人标点断句,恐怕是有几个人就会有几种答案。人们对此进行的实验已证明了这一点。正由于这种语言结构的差异所反映的思维方式的差异,因而印欧语的语法理论难以有效地用来解释汉语的结构,突出问题是解释不了词

①　张东荪:《从中国言语构造上看中国哲学》,载《东方杂志》1936 年第 33 卷第 7 号。

类的划分和它们与句子结构成分的关系,因为汉语的字和句之间根本不存在亚里士多德的逻辑范畴说所论证过的那种关系。

推理式的思维理论用于印欧语的语法分析得心应手,而用于汉语结构的研究,就像我们将在"西学东渐和中国的现代语法学"中所分析的那样,则显示出捉襟见肘的窘态,这清楚地说明两点论的思维方式难以纳入推理式思维理论的框架中去分析。那么,这种思维方式和以此为基础而建立起来的理论适用于什么样的语言现象的研究呢?简言之,就是语义。语义的生成和语法结构不一样,它不是依靠二段论的演绎论证,而是由此及彼的联想,通过比喻例证式的隐喻的途径衍生新的意义。多义字字义的引申就是沿着这种途径生成的。比方说,"心"的意义,按照《辞源》的解释,有下列的意义:1. 心脏;2. 思想、观念、感情的通称;3. 心所在的部位,泛指胸部;4. 中央、中心;5. 木的尖刺,花蕊。2、3、4、5 的几个意义都是根据意义 1 的某一种特征,通过由此及彼的联想,在语言运用中逐次生成的。它们与"心脏"这一概念的外延没有任何联系,与种、属的概念系统无关,因而无法通过推理式的演绎去论证它们之间的关系。比较一下英语的 heart(心)的意义,对了解这种思维方式的特点,不是没有意义的。heart 的意义,根据《牛津高级英汉双解词典》的解释,有 7 个意义:1. 心脏;2. 内心,衷心,心灵,心肠;3. 热心、热情;4. 某事物的中心,核心部分,要点,实质;5. 心形物;6. 心爱的人;7. 正合某人的心意。"心"与 heart 的意义,它们的出发点相同,但由此产生的联想途径有同有异,而且是异多于同。比较它们的异同有助于理解隐喻性(或两点论)思维方式的特点。

两点论思维方式对事物的论证方法是:"A 借助于 B,从 A 与 B 的相互关系中去把握和悟察 A 和 B 的性质和特点。"A 是借助的参照点,因而选择和借助于 B 的时候必定会受到 A 的特征的制约,需要以此为基础去进行由此及彼的联想。A 是借助的基础,因而不同语言的同一参照点不排除有相同或类似的联想途径,例如上述"心"的"中心"意义与 heart 的"某事物的中心,核心部分,要点,实质"的联想途径就是相似的。但是,由于不同民族的生活环境、风俗习惯、文化背景等的不同,由相同参照点引起的联想途径就会多种多样,因而会引申衍生出不同的意义,这恐怕也就是前述塞尔在论述隐喻时所说的"'一件东西如何使我们想起另一件东西',但其间没有任何单一的回答"的意思。语义大致都是通过这样的途径生成的。所以"A 借助于 B"的论证方式,既是受限制的,又是相对自由的,只要语言社团能在 A 和 B 之间找到某种联系,就能以 B 喻 A。现实现象之间的形状、功能、质料、产地等之间的相似或相关的联系,都为这种受参照点限制的联想提供了多种多样的开放途径。这方面的问题我们已在第二章第三节的"编码的经济原则和字的多义性"中进行过具体的讨论,这里不赘。总之,语义的生成途径清楚地说明它和隐喻式思维方式或两点论思维方式之间的有机联系,其特点就是不在外延上有种、属关系的概念之间进行演绎论证,而是以参照点为基础进行由此及彼的联想。

汉语研究的传统为什么没有印欧语类型的那种语法,而语义研究却有悠久的传统？其基本的原因就在于汉语社团的基本思维方式是直觉性的，表现的方式就是隐喻式的两点论，而不是推理式的三段论；关注事物间的多种多样的联系，而不止是外延上的种属关系。这种思维方式的差异是两种语言形成不同研究传统的原因。

汉语的语义研究主要表现在三个方面：《说文》系列的研究，"雅"书系列（《尔雅》《广雅》）的研究和典籍的注疏。清代段玉裁的《说文解字注》和王念孙的《广雅疏证》就是前两个系列的代表作。不管是哪一个方面的语义研究，都是通过"A 借助于 B，从 A 与 B 的相互关系中去把握和悟察 A 和 B 的性质和特点"这一比喻例证式的方法进行的，这方面最典型的莫过于汉字的生成机制。汉字的表意体系，除了少量的象形的独体字是"形"借助于"实"、即参照客观实物临摹以外，绝大多数汉字都是通过字符间的"A 借助于 B……"的方法进行的，是汉语社团的两点论思维方式的具体表现；"假借"的方法为什么最终为汉语社团所否定？原因就在于它将表意的汉字作为纯粹表音的工具，离开了直觉性思维的轨道，不符合隐喻式的两点论思维方式。

语言是观察思维的窗口，思维方式的差异是通过语言结构的差异表现出来的。这种联系使语言的研究与思维方式的研究密切相关，就是说，语言研究的方法论与思维理论之间存在着内在的联系，不同的思维理论必然会产生不同的语言理论和语言研究的方法论。汉语重语义的研究传统和印欧语重语法的研究传统的差异就是思维方式与语言研究方法论之间的内在联系的具体见证。

# 语言与社会

　　语言是人类最重要的交际工具；语言的统一和语言的无阻碍的发展，是保证贸易周转能够适应现代资本主义而真正自由广泛发展的最重要条件之一，是使居民自由地广泛地按各个阶级组合的最重要条件之一，最后，是使市场同一切大大小小的业主、卖主和买主密切联系起来的条件。

——列宁

　　列宁(1870—1924),无产阶级革命导师和领袖,马克思主义理论家,俄国共产党和苏维埃社会主义共和国联盟的主要创建人,著有《列宁全集》等。

# 1　语言与社会的相互依存性

## 语言是社会的联系纽带

前面说过，一个人离开社会人群，穴居山野，就会失去语言能力。世界各地已经发现了好几个在狼群、猪窝里生活的孩子，他们不仅不会说话，连直立行走都不会。他们从狼群、猪窝里获救之后，虽然已回归社会，但也难以像正常孩子那样真正学会说话，熟练地掌握一种语言，甚至要改变四肢行走的习惯也非常困难。这些人的生命都很短，一般都是回到人群没几年就夭折。这些事实告诉我们，社会环境对一个人学习和掌握语言是多么重要；新生的婴儿一旦失去了这种环境，也就失去了掌握语言的必要条件，从而无法成长为一个与动物有着本质区别的真正的人。

什么是社会？它是怎么组织起来的？它的维系纽带是什么？这就与语言有非常密切的关系，人们是借助于它才组成人类社会。**社会**是"泛指由于共同物质条件而互相联系起来的人群"(《现代汉语词典》)。每一个民族都是一个"由于共同物质条件而相互联系起来的人群"，而人群间最重要的联系纽带就是语言，其具体的表现就是相互间通过语言进行思想感情的交流，认识现实，改造现实。狼孩、猪孩为什么难以成长为真正的人？就是由于他们失去了学会语言的最佳时机，无法通过相互的思想交流而发展思维和认知现实的能力。哲学家、社会学家根据语言在社会生活中的重要作用给语言下了这么一个定义："语言是人类最重要的交际工具。"这个定义着眼于"工具"，与我们着眼于语言整体结构的"语言是现实的编码体系"的定义有别，但就其语言的社会功能来说，"工具"论抓住了关键。什么是"交际"？"交际"什么？用什么交际？交际的实际内涵就是交流对现实的认识，运用语言将这种认识表达出来，使之成为人们共同的财富。所以，语言离不开社会，社会也离不开语言，它们的相互依存性是人类语言本质的一种体现。

### 语言是人类最重要的交际工具

**工具**，人们想到的一般都是手拿脚踩的物件，如锄、枪、车之类，不会把语言列入工具一类。其实，这是一种误解。工具是进行生产劳动时所使用的器具，锄、枪、车等固然是器具，语言何尝不是？只不过它不是手拿脚踩的器具，而是口说的"器具"；不是进行生产劳动的器具,而是协调人们日常生活和有组织地进行生产劳动、改造自然的"器具"。它比任何器具都简便有效。我们可以设想一下,假如没有语言,生活在一个共同地域中的人群能不能组织成一个上下有别、长幼有序、生产和生活相互协调的社会?人类认识现实的成果能不能代代相传继承?教学有没有可能进行?在发生战争的时候有没有可能调动千军万马、协调各军种一致行动?……所以,语言是组成人类社会的一个重要条件,没有语言,人与人之间的联系就会中断,社会就会解体。

在一个社会内部,人们可以分成不同的人群、不同的阶级和阶层,相互之间还有可能形成尖锐的对立、进行殊死的斗争,但他们相互使用的语言是一样的。1921年中国共产党建立以后,与国民党合作,共同北伐,自然需要共同的语言;1927年国共分裂,彼此进行你死我活的斗争,同样需要共同的语言。所以,就语言的性质来说,它对社会中的每一个人都一视同仁,没有任何偏见,不管是帝王将相、公子王孙,还是平头百姓、小偷瘪三,他们在语言面前都是平等的,谁都没有垄断语言和改造语言的特权,谁都可以自由地用语言来表达自己的思想,跟其他人交流。

"语言是人类最重要的交际工具",这"最重要"三个字是和其他工具进行比较后得出的结论。人类的交际工具多种多样,语言只是其中的一种工具,其他如文字、旗语、红绿灯、电报代码、数学符号、化学公式、手势表情等也都能实现交际的任务,自然也都是交际工具,但它们与语言相比,其重要性就要差得多了。文字记录语言,打破了语言交际中时间和空间的限制,在社会生活中起着重大的作用,中小学的语文教学主要就是教学生识字、阅读、写作。但是,文字在交际中的重要性还不能与语言相比。一个社会可以没有文字,但是不能没有语言;一个人可以不识字,但不能不用一种语言说话;文盲仍是一个正常的人,但哑巴就是一个生理上有缺陷的人。总之,无论是对一个民族还是对某一个人来说,语言的重要性和必要性都大于文字,世界上没有文字的语言比有文字的语言多得多,许多不识字的人仍能在社会上正常生活,就是证明。旗语、电报等交际工具,大多是在语言和文字的基础上产生的,各有其特殊的服务领域,使用的范围相当狭窄,无法与语言、文字的作用相比拟。它们是只适用于某些特殊领域的辅助性的交际工具。

此外,人们进行交际,不但动嘴,而且脸部的表情、手的动作,乃至整个躯体的姿态等非语言的东西也都会参加进来,就是说,语言的交际处于身势等各种伴随动作的包围之中。有些时候,离开某些特定的伴随动作,语言的交际还可能发生故障,不如身势等非语言的交际手段来得具体、明确。例如,鼓掌欢迎,举手为礼,挥手送别,伸舌表示惊讶,等等;"察言观色""眉目传情""暗送秋波"等也都是不用语言的一些特定的交际方式。但所有这一切都是在语言的基础上产生的,只起辅助性的交际作用,以补充语言交际的某些不足。

总之,从语言与社会的关系来说,语言确实是人类最重要的交际工具。

## 2 社会的发展与语言的演变：分化

语言依存于社会，因而社会的发展对语言的演变有决定性的影响。

社会的发展大致可以从两个不同的角度去观察：一是就某一个特定社会的发展来说，其主要的表现形式就是分化或统一，语言依存于社会，自然也会随之分化或统一；另一个是就不同社会的相互关系来说，由于相互的接触而使不同的语言产生相互影响。下面各节分头讨论社会的发展与语言演变的关系。

### 地域方言、亲属语言和语音对应关系

语言随着社会的发展而发展，社会的分化必然会导致语言的分化。比方说，一个统一的社会，随着人口的增长，疆域的扩大，政治上、经济上难以保持完全统一的局面，这样就会在不同的地区形成区域性的社会，一方面服从中央政权的领导，一方面开拓本地区的政治和经济，使社会出现一种不完全分化的状态。在这种情况下，一个地区中出现的语言新成分一般不大容易传播到其他地区去，语言中某些固有成分的改变或消失也不容易波及其他地区。这样，各地区使用的本来相同的语言，共同点不断减少，不同点逐步增多，逐渐形成各个地区语言相对独立的发展，出现了地域方言，简称为**方**

言。地域广阔的封建社会使用的语言,一般都有方言的差别。有时候,居民的大规模迁徙也会产生方言的差异。我国从东晋到明朝的初年,原来生活在中原地区的居民三次向我国南方地区的大迁徙,就是汉语客家方言形成的社会原因。

汉语的方言很复杂,需要根据相互间的差异将它们分为不同的方言。应该依据什么标准去划分方言?现在一般多取语音的标准。据此,汉语现在一般分为七个大方言:北方方言(从前叫"官话")、吴方言、湘方言、赣方言、客家方言、粤方言、闽方言。在每一个大方言内部,又可以根据各地方言的一些特点再逐级细分为次方言、土语。例如闽方言下可分闽北、闽东、闽南三个次方言;闽南次方言又可分为闽南、潮汕、海南等土语群。每一个方言在语音上都有一些共同点,像北方方言的代表点北京话,声母分 z、c、s 和 zh、ch、sh,鼻韵尾分-n、-ng,有阴平、阳平、上声、去声四个声调,没有入声,等等;吴方言的声母分清浊,不分 z、c、s 和 zh、ch、sh,鼻韵尾不分-n、-ng,有入声,以喉塞音[ʔ]收尾,等等。有些语音类别在不同方言之间可能相同,但实际的语音状态却可能千差万别。例如,入声是汉语声调的一个大类,吴、粤、闽、客家、赣、湘和北方话的某些次方言(如山西话)都有入声,但粤、赣、客家、闽南话的收尾音是[-p,-t,-k];闽北话、吴方言、某些湘方言和某些北方话(江淮话、山西话等)没有这种分别,只有一个喉塞音;某些湘方言和某些北方话(主要是少数西南官话,河北南部的某些地区)没有特殊的韵尾,只是自成一个声调。所以方言间的语音差别要具体分析,类别的名目不一定能概括反映实际的语音差别。至于多大的差别才算不同的方言？这没有统一的标准，要看各种语言的具体情况而定。像英语、俄语等语言，方言的差别比较小，某些在我们看来是很小的差异就可以成为划分方言的标准。例如俄语分北俄罗斯、南俄罗斯两大方言群，北群的非重音"o"与重音"o"的读音没有区别，而南群的非重音"o"读成类似"a"的音；塞音"r"［g］在北群仍念塞音，而在南群转化为浊擦音［ɣ］（例如意为"山"的 ropa 读成［ɣara］）。汉语方言的差别要大得多，姑且不说北京话与上海话、厦门话、广州话的巨大差别，即使以北京地区的方言而论，相互也有不小的差异。距北京市区仅百来里的平谷，那里的话就与北京市区有明显的差别。平谷的阴平调听起来像北京的阳平调，而阳平调听起来却像北京的阴平调，平谷人说"墙上挂着枪"，北京人听起来就像是"枪上挂着墙"。可是北京话和平谷话属于同一种方言和同一种次方言，它们的差别最多只能算作次方言内部土语一级的差别，甚至比土语的差别还要小。

方言形成以后，如果社会仍旧处于不完全分化的状态，方言会继续保持自己的特点，为该地区人民的交际服务。几千年封建社会中的汉语方言就是这种情况。如果原来处于不完全分化的地区性社会群体完全分裂为几个各自独立的社会，那么各方言就可能失去约束，不断地扩大自己的特点，并进一步发展成独立的语言。例如拉丁语随着古罗马帝国的解体，它的各个方言最终发展成今天的法语、意大利语、西班牙语、葡萄牙语、罗马尼亚语等独立的语言。这种从同一种语言分化出来的各个语言，叫作亲属语言。有亲属关系的语言组成一个"族"，俗称语族，像上述法语、意大利语、西班牙语、葡萄牙语和罗马尼亚语组成罗曼语族（又称拉丁语族），英语、德语、荷兰语、丹麦语、冰岛语、瑞典语、挪威语等组成日耳曼语族，俄语、乌克兰语、白俄罗斯语、波兰语、捷克语、斯洛伐克语、塞尔维亚语等组成斯拉夫语族，等等。语族内部的各个语言，自然还可以根据它们相互间的关系的亲疏远近分为不同的语支或语群，例如英语、德语、荷兰语、卢森堡语同属西日耳曼语支，瑞典语、挪威语、丹麦语、冰岛语同属北日耳曼语支，等等。不同的语族如由同一语言分化而成，还可以进一步将它们归并为一个语系，例如上述罗曼语族、日耳曼语族、斯拉夫语族等可以组成一个共同的印欧语系。汉语和这些语言没有亲属关系，但和藏语、缅语、彝语等有亲属关系，一起组成汉藏语系；苗瑶语和侗台语是不是也属于汉藏语系，学界现在还有争论，它们的系属还有待进一步研究。

印欧语系和汉藏语系是世界上最大的两个语系，其中印欧语系的分布区域最广，而汉藏语系的使用人口最多。世界上的其他语言也划归不同的语系。我国及其周边地区的语言系属可以参看本节的附录。

语言随着社会的分化而分化，由同一语言所分化的语言，可以根据相互间亲属关系的亲疏远近，分出不同的层级，依次是：语系、语族、语支、语群、语言、方言、次方言、土语；层级越低，相互间的共同性就越大，反之，差异就越大（例如，土语间的差异最小，语系间的差异最大）。但是，语言的演变是有规律的，这些由同一语言分化出来的语言或方言,不管相互间的差异有多大(例如汉语的方言就很复杂,北京人、上海人和广州人之间无法用各自的方言通话),仍旧隐含着"同",人们可以从中找出有规律的语音对应关系。大家只要比较一下上海话和北京话的声母系统的差异,就不难发现这种对应关系。

上海话的声母有清、浊的差别,北京话没有。上海话的浊音,大致以中古字调的平仄为条件("平上去入"四声,平声为"平",上、去、入为"仄"),有规律地与北京话中相应的清声母对应:浊擦音归入同发音部位的清擦音,而浊塞音和浊塞擦音则根据声调的平仄分别归入同发音部位的送气音或不送气音(这里所用的符号都是国际音标,不是汉语拼音方案):

b $\Big\langle$　(仄)p　步　部　备　弊　抱　笨　倍　伴　拔　鼻

　　　(平)$p^h$　蒲　菩　爬　皮　袍　陪　盆　旁　朋　平

d $\Big\langle$　(仄)t　杜　道　豆　但　地　邓　遁　荡　夺　达

　　　(平)$t^h$　徒　题　驼　逃　驮　臀　腾　堂　谈　同

g $\Big\langle$　(仄)k　共　拒　技　跪　轿　舅　极　剧　俭　件

　　　　　　　　　　(含已腭化的字,下同)

　　　(平)$k^h$　狂　葵　渠　其　骑　祁　桥　球　乾　强

dz $\Big\langle$　(仄)ts　字　坐　在　剂　罪　自　皂　就　杂　暂

　　　(平)$ts^h$　才　齐　瓷　曹　瞧　蚕　潜　残　秦　墙

这一规律可以表述为：

1. 浊擦音和同部位、同方法的清擦音合并；

2. 浊塞音和浊塞擦音在与相应的清音合并时依声调的平仄而分为：

a. 平声的浊塞音、浊塞擦音和相应的送气清音合并；

b. 仄声的浊塞音、浊塞擦音和相应的不送气清音合并。

语音对应关系是人们现在考察方言或亲属语言是否是同一语言的分化的主要依据。

方言之间有语音对应关系，亲属语言之间也有语音对应关系，那如何鉴别它们是方言的差异还是语言的差异？这是一个很困难的问题。听得懂、听不懂不能作为鉴别方言或亲属语言的标准。为什么？因为像说俄语、乌克兰语、白俄罗斯语、波兰语、捷克语、塞尔维亚语的人相互间可以通话，但它们却是不同的语言。德语各方言、特别是汉语各方言间的差别比上述诸斯拉夫语言的差别大得多，相互间很难通话，或者说，根本不能通话，但却是同一种语言的不同方言。所以，方言和语言差异的鉴别不能光凭语言本身的差异，还要看使用方言的人是不是属于同一个民族和各方言之上是不是还有一个共同语作为各地区人民的交际工具。使用俄语、乌克兰语、白俄罗斯语、波兰语、捷克语、塞尔维亚语的人分属于不同的民族，各自组成独立的社会，而且在这些语言之上也不存在一个共同语，因而它们都是独立的语言。汉民族是一个统一的民族，各方言区的人虽然不一定能相互通话，但有普通话作为共同的交际工具，而且还有共同的书面语。所以,汉语的各方言尽管分歧大,仍是一种语言的不同方言。国外不少语言学家只考虑汉语方言本身的分歧,而不考虑汉民族是一个统一的社会,各方言之上还有一个共同的交际工具,认为汉语的各方言是不同的语言,这是错误的,不会得到汉人的任何认同。总之,方言是同一民族语言的地域分支,在确定方言身份的时候,要同时考虑两方面的因素:统一的社会和语言本身的差异。只有社会的统一而没有语言的差异谈不上方言;同源而有差异的语言如果不是从属于一个统一的社会,一般不能算作方言,而要视为不同的语言,例如由古斯拉夫语分化而形成的俄语、乌克兰语、白俄罗斯语、波兰语、捷克语、塞尔维亚语等都是不同的语言。不过也确有两个或几个民族说同一种语言的情况,例如美国和英国都说英语,西班牙和除巴西以外的南美洲各国都说西班牙语。这种特殊的情况往往是殖民的结果。随着社会的发展,这不同社会所说的同一种语言在不同的地区也会出现分化,不断扩大分歧。例如,现在的美国英语和英国英语已有一些明显的差别,有些人甚至认为美国英语已经是 American(美语),而不是 English(英语)。

## 社会方言和语言变异

社会的分化还有一种特殊的表现形式,这就是人们因社会分工的差异而产生的社会分化。这种分化的表现形式多种多样,如阶级、阶层的划分,文化程度的差异,因生产专业化而形成的不同职业分工,等等。这种社会分工的不同就在社会上形成特殊的社会人群;年龄的不同和性别的差异也是形成不同社会人群的一种自然原因。社会因分工的差异而产生的分化,其对语言演变的影响主要表现为语言的变异,人们将它称为社会方言。

**"社会方言"**这个概念不是现在提出来的,早在 20 世纪的 50 年代初,苏联语言学家就已经提出并使用这个概念;我国语言学家也仿效苏联语言学使用这个概念,有时也称它为"社会习惯语"。当时对这一概念的理解比较狭窄,只局限于不同社会集团的一些特殊用语,主要是一些特殊的语汇和对某些字辞的特殊的理解上,因而列举的也是一些行业的特殊语汇(如木工行业的"长刨、短刨、边刨、圆刨……",医学界的"处方、休克、血栓、饮片、粥样硬化……")和不同阶级、阶层对诸如"反动派"一类用语的不同理解。它与语言研究有什么关系,并没有引起人们的关注。现在所说的"社会方言"的内容已经远远超出了这种狭窄的理解,研究的主要是与社会人群联系在一起的语言变异,具体地考察某一种结构成分如何为适应社会的分化而产生变异,并透过这种变异的分析去观察语言演变的过程和方向。这是人们经过长期的摸索之后才弄清楚的一种语言研究途径。比方说,北京话零声母合口呼的音值是什么? 光听一个人的发音,你发现不了什么问题,而如果你跑到社会中去调查和比较不同的人的发音,你就会发现相互间的念法就不大一样。北京大学中文系师生曾于 20 世纪 80 年代对北京市的 25 个"点"的 449 人进行了一次合口呼零声母的读音、儿化音值差异等的调查,其中合口呼零声母的读音在人群中存在着相当大的差异;发音部位大致分布于双唇到唇齿的区域,唇形的开合圆展程度不等,口腔的阻通程度也有区别,如用国际音标记下来,大致可记为[u w β ʋ]。如将这些差异简化,声母的读音可以归入两个大类:w 和 v,而这两个读音在不同音节中的分布也有很大的差异,一般是 wen 组(wen,wan,wa,wai,wei,wang)读[v]的比例数比较高,而 wu 组(wu,wo)读[w]的比例数高。这种变异的社会分布大致呈如下的状态[①]:

| | | | [v] | [w] |
|---|---|---|---|---|
| 年龄 | 老 | 167 人 | 666(0.3323) | 1164(0.5808) |
| | 中 | 138 人 | 876(0.5290) | 651(0.3931) |
| | 青 | 144 人 | 1121(0.6487) | 509(0.2946) |
| 文化 | 高 | 73 人 | 564(0.6438) | 258(0.2945) |
| | 中 | 170 人 | 1149(0.5632) | 780(0.3824) |
| | 低 | 206 人 | 950(0.3843) | 1286(0.5202) |
| 性别 | 女 | 210 人 | 1417(0.5623) | 866(0.3437) |
| | 男 | 239 人 | 1246(0.4344) | 1458(0.5084) |

从年龄层次看,青年人的[v]型比例数高于老年人,女性高于男性,文化高的人高于文化低的人,相互间的差别很显著。这种差异是从整个北京地区来看的,如果把范围缩小到北京城区,这种比例

---

① 参看沈炯:《北京话合口呼零声母的语音分歧》,载《中国语文》1987 年第 5 期。此为按年龄、文化程度和性别分类的 W 位置 16 词发音分歧统计数据。表中指出了社会不同群体 16 词 W 位置各种发音型的统计频数和比例数,括号中的比例数为总频数除观察数的商数。

数的差异还要显著。城区青年 wen 组的[w/v]变异,[v]型发音的比例高达 82.77%,有些青年人完全用[v]型变异发音;如果再比较城区各地的差异,那么牛街、天桥、五道营胡同、阔带胡同、蓝旗营和北京大学,青年人的[v]型发音还高于 85%,其中天桥的这一项取样竟达 100%。城区老年人[v]型发音的比例仅为 41.55%,低于[w]型发音的 54.50%,与青年人的发音形成非常鲜明的区别。城区中年女性的[v]型发音的比例为 70.40%,远远超过中年男性的44.91%,不过老年的和青年的女性则都略低于同龄层的男性的[v]型发音的比例:青年女性为 81.48%,男性为 83.65%;老年女性[v]型发音的比例数最低,只有 39.39%,男性为 43.29%。这些差异基本上是同一水平线上的差异,用于语言演变的分析,意义可能不是很大。至于文化程度的高低与[w/v]变异的关系,基本上都是文化高的[v]型发音的比例数高于文化低的;如果再参照年龄的因素,那么,文化高的青年人的[v]型发音高于中、老年,比例数分别是68.83%和 58.33%、49.07%。这就是说,文化高的青年人[v]型发音的比例数最高,体现变异的方向。上面这些材料都清楚地说明,语言如何变异与不同的社会人群存在着一种规律性的联系,因而需要联系社会因素去研究语言。

**"社会人群"**是一个模糊的概念,大可以指整个社会,即生活在同一地域而说同一种语言的人是一个社会人群,因而将社会定义为"由于共同物质条件而互相联系起来的人群";小可以指某一社区的人们因性别、年龄、文化程度的差异,社会分工的不同而形成的不同人群。语言与社会的关系，其基本的特点是：社群越大，其使用的语言的方言差异就越大，人们只能求其同，例如广东人、福建人和北京人之间的语言差异虽然很大，但他们都是同属于讲汉语的社会人群；反之，社群越小，其使用的语言共同性就越大，人们不觉得相互间有什么差异，但可以在这里去研究语言的变异，深入观察语言与社会的关系。所以，社会人群，从大到小，是一个层级体系；社会人群间的语言差异大致与这一层级体系平行，因而考察语言与社会的关系需要密切关注这种平行的关系，将语言放到社会环境中去研究。

总之，语言是社会联系的纽带，是组成社会的一个重要条件。语言与社会，相互依存，这种依存性扎根于语言结构，因为语言基本结构单位的音与义的联系，不管有无理据，都是由社会约定的。狼孩、猪孩由于失去了与社会的联系，也就割断了音义联系的纽带，即使经过严格的训练，也无法熟练地掌握一种语言；另一方面，没有语言，就无法形成人类社会，人也就与一般动物一样，无法成为"万物之灵"。

**附录：我国和我国周边地区的语言的系属关系例举**

（据《中国大百科全书・语言文字》卷）

## 一　汉藏语系

（侗台、苗瑶两语族的系属，这里先根据国内多数学者的意见，放在这里）

1　汉语

2　藏缅语族

藏语支：藏语　嘉戎语　门巴语

缅语支：缅甸语　载佤语　阿昌语　库启-钦语

景颇语支：那加语　景颇语　博多语

彝语支：彝语　哈尼语　傈僳语　拉祜语　纳西语

语支未定的语言有：羌语、普米语、珞巴语、独龙语、怒语、土家语、白语等

3　侗台语族

侗水语支：侗语　水语　仫佬语　毛南语　拉珈语

侗傣语支：壮语　布依语　傣语　泰语　老挝语　掸语　侬语土语

黎语支：黎语

仡佬语支：仡佬语

4　苗瑶语族

苗语支：苗语　布努语

瑶语支：勉语

畲语的系属未定。

## 二　印欧语系

1　印度-伊朗语族

印度-雅利安语支：梵语　巴利语　印地语　乌尔都语　孟加拉语旁遮普语　马拉提语　古吉拉特语　奥利亚语　拉贾斯坦语　尼泊尔语　阿萨姆语　克什米尔语　帕哈里语　信德语　梅瓦尔语　僧加罗语　吉卜赛语

伊朗语支:波斯语　普什图语　俾路支语　塔吉克语　库尔德语　奥塞梯语

2　斯拉夫语族

东斯拉夫语支:俄语　乌克兰语　白俄罗斯语

西斯拉夫语支:波兰语　捷克语　斯洛伐克语

南斯拉夫语支:塞尔维亚-克罗地亚语　斯洛文尼亚语　马其顿语　保加利亚语

3　日耳曼语族

西日耳曼语支:英语　德语　荷兰语　弗拉芒语　依地语　卢森堡语　弗里西亚语

北日耳曼语支:瑞典语　丹麦语　挪威语　冰岛语

东日耳曼语支:哥特语

4　罗曼语族(又称拉丁语族)

西罗曼语支:拉丁语　法语　意大利语　西班牙语　葡萄牙语　卡塔兰语

东罗曼语支:罗马尼亚语　摩尔达维亚语

5　凯尔特语族

北凯尔特语支:爱尔兰语　苏格兰盖尔语

南凯尔特语支:威尔士语　布列塔尼语

6　波罗的语族

立陶宛语　拉脱维亚语

7　希腊语

8　阿尔巴尼亚语

9 亚美尼亚语

10 安纳托利亚语支:赫梯语 卢维亚语

11 吐火罗语(原分布于我国新疆和中亚地区,已消亡)

### 三 南亚语系

1 孟-高棉语族:越南语 高棉(柬埔寨)语 孟语 德昂语(原称崩龙语) 克木语 帕科语 奇劳语 比尔语 佤语 布朗语

2 马六甲语族:塞芒语 萨凯语 雅昆语

3 蒙(扪)达语族:桑塔利语 蒙达里语 库尔库语 喀利亚语

4 尼科巴语族:包括近十种使用人数很少的语言,如卡尔语、乔拉语、特雷塞语等

### 四 南岛语系

1 印度尼西亚语族:印度尼西亚语 马来语 爪哇语 巽地语 马都拉语 他家禄语 米沙鄢语(又称比萨扬语) 马达加斯加语 高山语 布金语

2 密克罗尼西亚语族:昌莫罗语 特卢克语 马绍尔语

3 美拉尼西亚语族:斐济语

4 波利尼西亚语族:毛利语 萨摩亚语 汤加语 塔希提语 夏威夷语

### 五 阿尔泰语系

1 突厥语族:土耳其语 阿塞拜疆语 土库曼语 哈萨克语 吉尔吉斯语(又称柯尔克孜语) 鞑靼语(又称塔塔尔语) 巴什基尔语 乌兹别

克语　维吾尔语　哈卡斯语　楚瓦什语

2　蒙古语族:蒙古语　布利亚特语　卡尔梅克语

3　满-通古斯语族:满语　埃文基语　锡伯语

日语、朝鲜语的系属不明。

# 3　社会的发展与语言的演变:统一

## 共同语

　　语言既然会随着社会的分化而分化,自然也会随着社会的统一而统一。地域方言可以因社会的统一而统一,形成共同语;社会方言也可以从这一社会人群扩散到那一人群,成为全社会的共同财富。下面只就地域方言如何统一为一个共同语展开一些讨论。

　　在社会统一的时候,统一是语言发展的总趋向。以个体小农经济为基础的封建社会政治上可以达到高度的统一,经济上则是分散的、不统一的,城乡之间、各地区之间的联系很松散。在这种情况下,一个社会或一个国家可以有一个统一的书面语,但不可能有一个统一的口语。罗马帝国时期的拉丁文和汉语的文言文就是这方面的两个典型的例子。要使口语走向统一,起决定性作用的因素是经济的力量。世界上各地方言差别的消失和语言的统一,无不与资本主义的产生、发展相联系。为什么? 因为资本主义的统一市场打破了各地区人民之间的隔离状态,为语言的统一奠定了一个客观的基础。欧洲各民族的语言统一基本上都是在文艺复兴之后实现的。当时,新兴的资产阶级要发展资本主义,就必须促进语言的统一,因为"语言是人类最重要的交际工具;语言的统一和语言的无阻碍的发展,是保证贸易周转能够适应现代资本主义而真正自由广泛发展的最重要条件之一,是使居民自由地广泛地按各个阶级组合的最重要条件之一,最后,是使市场同一切大大小小的业主、卖主和买主密切联系起来的条件"①。所以,促进方言差别的消失,实现语言的统一,可以说是资产阶级革命要求实现的任务。汉语方言统一问题的提出和发展也是和资产阶级民主革命的产生、发展相联系的。鸦片战争以后,随着资产阶级民主革命的兴起,语言统一的要求也就随之提出,到"五四"运动前夕形成"国语运动",想用"国语"代替方言,实现语言的统一。不过,新中国成立前我国经济落后,社会并没有达到真正的统一,加上国民党政府不关心语言统一的发展趋势,因而"国语运动"也只是少数人在那里奔走呼号,实际收效甚微。中国资产阶级没有能力完成语言统一的任务,无产阶级不得不在实现社会主义革命和社会主义建设的同时去完成这一任务。新中国成立以后,我国政府为适应全国空前统一的要求采取了一系列措施,大力推广以北京语音为标准音、北方方言为基础方言的普通话,促进汉语向统一的方向发展。这是符合语言随着社会的统一而统一的

---

① 列宁:《论民族自决权》,见《列宁选集》第 2 卷,第 508 页。

发展规律的，它以经济的发展为基础，顺应建立统一民族市场的要求，用推广普通话的方法缩小方言的作用，逐步实现语言的统一。这种政策的成效仍旧决定于经济的发展，经济的发展速度越快，实现这一政策的成效就会越大。改革开放以来的这些年是我国经济发展速度最快的时期，也是普通话得以广泛普及的一个重要时期。今后随着经济的进一步发展，普通话将会逐步取代方言而成为全国各地人民共同的交际工具，实现语言的统一。

推广普通话是为了消除方言之间的隔阂，而不是禁止和消灭方言。方言是不能用人为的力量消灭的，它只能随着社会经济、政治、文化的发展而逐步缩小自己的作用，最后走向消亡。不同语言统一为一种语言，虽然它的基本原理与方言的统一相似，但涉及的问题比较多，后面再讨论（本章第四节）。

### 共同语的形成途径

一个统一的社会一定要求有一个全社会统一的语言，以作为各地区人民之间的共同的交际工具。这种统一的语言就是民族共同语，简称为共同语。

一种语言的共同语是在某一个方言的基础上形成的。究竟哪一种方言能够成为基础方言，这不决定于人们的主观愿望，而决定于客观的社会经济、政治、文化等方面的原因。汉民族的共同语，即普通话，以北方方言为基础，这主要是政治的原因。北方方言的代表点北京是辽、金、元、明、清的都城，近千年来一直是政治的中心；

以北京话为代表的北方方言在全国各地的方言中影响最大,是几百年来中央政权施政的工具,称作"官话"。这种共同语何时开始形成,"难以指明确定的时代,但是不会晚于 14 世纪。有可以推断是明朝初年编定的朝鲜人学习汉语的两种会话书,《朴通事》和《老乞大》;从这两种书的内容可以判断那里边写的是北京口语,可见这种口语已经被外国人承认是汉语的代表。这两种会话书里的语言和元曲说白里的语言,无论就语法说或是就词汇说,没有多大分别。这说明当时的新的书面语言怎样和活的口语紧密结合,一同向着民族共同语发展。这种口语不久就取得'官话'的名称"①。所以北京话至少从明初以来就已经成为汉民族共同语的代表,再加上用北方方言写的文学作品(宋元话本、元曲、明清白话小说等)有很大影响,说的人也多,因而北方方言就成了汉民族共同语的基础方言,北京语音就成为共同语的标准音。

伦敦方言成为英吉利共同语的基础方言是由于经济的原因。英国产业革命以后,首都伦敦成为工业的中心,需要大量的劳动力,各地居民纷纷迁入伦敦。操各种方言的人杂居在一个城市之中,使英吉利民族共同语在伦敦方言的基础上吸收其他方言的一些成分而发展起来。

多斯岗方言成为意大利共同语的基础方言主要是由于文化的

---

① 罗常培、吕叔湘:《现代汉语规范问题》,见《现代汉语规范问题学术会议文件汇编》,北京:科学出版社 1956 年版。

原因。意大利在统一以前,著名的文豪如但丁、彼特拉克、薄伽丘等人已用这种方言写了许多脍炙人口的作品,人们要欣赏这些作品,就得依照多斯岗方言去阅读,因而就得学习这种方言。因此,文化的力量使多斯岗方言在全国的方言中取得了特殊的地位,成为共同语的基础方言,而该方言区的首府佛罗伦萨的语音就成为意大利民族共同语的标准音。

上述政治的、经济的、文化的原因都可以使某一个方言取得一种特殊的地位而成为共同语的基础方言,但要使这一方言取代其他方言而实现语言的统一,必须有经济的基础。汉语北方方言成为汉民族共同语的基础方言历时近千年,时间可谓长矣,但由于以小农经济为基础的封建社会缺乏一种统一的经济力量,至今也没有实现统一。对比英吉利民族共同语的形成和发展,从产业革命到现在也不过三百年,可见经济的力量在语言统一中的重要性。

以上说的是一个社会内部(如一个民族)全体人民所使用的共同语。在一个多民族的国家中,各民族之间往往还需要有一个共同的交际工具,这就是所谓"国语"。中国的汉语就是这样的一种国语,因为各民族都以汉语作为相互间的共同交际工具。有的国家的国语可能不止一种,例如加拿大有英语和法语两种,瑞士有德语、法语、意大利语和罗曼希语(Romansch)四种。不过在这种情形下多以一种语言为主,如加拿大以英语为主,瑞士以德语为主。

## 共同语的规范化

共同语一般都有它的书面表现形式,称为**书面语**。书面语原是以口语为基础而形成的"看"的语言,但随着科学技术的发展,它也可以通过口说的方式来表达(如广播、电视等)。书面语是引导口语发展方向的一种重要力量,因而需要不时对它进行规范,以便引导语言向更完善的方向发展。

语言是发展的,不管是语音、语义,还是语汇、语法,都有可能出现一些不同于日常用法的变化。这些变化,有些可能只出现于某一社会人群,有些可能只出现于某一个地区,在推广民族共同语、促使语言向统一方向发展的时候,需要人们根据一定的标准做出评价和选择,推广某一种形式的用法,以引导人们择此舍彼,使语言的使用日趋规范。那么,应该根据什么标准制定规范?从原则上说,就是根据语言的发展规律,把那些符合发展规律的新成分、新用法、新规则确定下来,加以推广,使之广泛地为人们的交际服务;而对于那些不符合发展规律的成分和用法,说明不适合使用的理由,使人们逐步放弃之。在这方面,广播、电视等宣传工具有重要的作用,规范的书面语通过广播员规范的发音广播出来,将引导人们遵循规范的用法去使用语言。以语音的规范为例,20 世纪的 50 年代,中国科学院组建了一个由十几位语言文字方面的专家组成的"审音委员会",负责审定异读字的读音,先后发表三批异读字的审音,并于 1963 年汇辑为《普通话异读词三次审音总表初稿》,供教师、广播员、演员以及其他学习普通话的人参考使用。八九十年代又根据使用的情况和群众的反映做了一些修订，使之更趋完善。例如"黜"本有 chù、chuò 两读，审定统读 chù；而"自怨自艾"的"艾"则审定读 yì，以保持古义（同"刈"）。这一类的审音工作在现代汉语语音规范化和普通话的推广工作中都起了积极的作用。

根据语言的发展规律确定语言使用的规范，这句话好说，但要完全实现，却相当困难。语言是一种自组织系统，而语言发展规律是人们对这一系统的自我运转的主观认识，如果主观认识与客观规律的运转相符，那么据此制定的规范化的标准就很有效，反之，语言会不顾语言学家制定的标准而仍旧按照它自己的规律自行运转。鉴于此，规范化的原则还有一条就是从"俗"，根据社会的约定俗成原则加以肯定。"打扫卫生""恢复疲劳"之类的说法不合逻辑，建议废弃的呼声在 20 世纪 50 年代时颇为强烈，但群众普遍接受这种用法，因而现在也承认这些都是符合规范的用法。语言中不乏这一类不合事理、不合逻辑的说法，例如"好得要死""甜得要命"之类，人们已经习以为常，一定要根据逻辑的标准加以废弃，群众是不会理睬的。我们现在对汉语的研究还很不够，这种不合事理、不合逻辑的说法不一定是没有规律的，要做出肯定的回答恐怕还有待于语义句法的深入研究。理论上一时说不清楚的问题还是以从"俗"为好。

语言是发展的，规范化的标准也应该随着语言的发展不断地加以调整。普通话审音表做了几次调整就是这方面的具体反映。发展是绝对的，规范是相对的，因而规范化的工作不可能一劳永逸，需要经常进行。世界各国都非常关心语言规范化的工作，把成果固定在字典和语法里，通过学校教育、出版物和广播、电视等来推广和引导，像法国，这样的工作已由专门的机构连续进行了几个世纪。新中国成立后，我国政府对规范化的工作是非常重视的，早在 1955 年就召开了"现代汉语规范问题学术会议"来讨论汉语的规范化及其相关的问题，科学院院长郭沫若在开幕辞中明确提出，"……汉语规范化问题，那就是要确定汉民族共同语的组成成分尽可能地合乎一定的标准，那就是要根据语言发展的规律，采取必要的步骤使得这全民族的语言在语音、语法、词汇方面减少它的分歧，增加它的统一性"①。会议之后，语言学界积极开展科学研究，进行汉语规范化的工作，并取得了重要的成果。除了前面提到过的普通话异读审音字表外，语汇规范化的代表性著作就是由语言研究所丁声树等编著、由商务印书馆出版的《现代汉语词典》，它收列的条目很审慎，注释严谨准确，其目的虽然是为了推广普通话，促进汉语规范化，但它对我国的文化建设和国际文化交流也都有重要的贡献。规范化的工作需要根据语言的发展不断加以调整和改进，最近出版的《现代汉语规范字典》（语文出版社 1998 年版）和《现代汉语规范词典》（外语教学和研究出版社、语文出版社 2004 年版）就反映了这种不断规范化的努力。

---

① 郭沫若：《现代汉语规范问题学术会议开幕词》，见《现代汉语规范问题学术会议文件汇编》，北京：科学出版社 1956 年版。

## 4　不同社会的接触和语言的相互影响

### 借词、意译词和借词的字化

民族之间的贸易往来，文化交流，移民杂居，战争征服等各种形态的接触，都会引起语言的接触，并在接触中相互影响，使一种语言的结构要素渗入另一种语言。语言相互影响中最常见的现象就是结构单位的借用，一般称为借字或借词。**借词**也叫外来词和音译词，指的是音与义都借自外语的词。下表中所列的词是汉语中典型的借词：

| 语种 | 原词 | 汉语借词 | 语种 | 原词 | 汉语借词 |
| --- | --- | --- | --- | --- | --- |
| 英 | sofa | 沙发 | 英 | nylon | 尼龙 |
| 英 | poker | 扑克 | 英 | copy | 拷贝 |
| 英 | curry | 咖喱 | 英 | brandy | 白兰地 |
| 英 | cocoa | 可可 | 德 | Nazi | 纳粹 |
| 英 | radar | 雷达 | 意 | fascisti | 法西斯（蒂） |
| 英 | tank | 坦克 | 俄 | совет | 苏维埃 |
| 英 | jeep | 吉普 | 俄 | водка | 伏特加 |

社会的接触越频繁，语言间相互影响的程度就越深。鸦片战争以后，特别是"五四"运动以来，我国和西方各国在政治、经济、文化、科

技方面的交往日益频繁，新事物、新概念从欧美大量输入，因而语言中借字的数量也越来越大，上列借字大致都是在这一时期借入的。1978 年我国实行改革开放的政策，因而加强了我们与欧美各国的接触，经济上逐步走向一体化，文化的往来也日趋密切，这就拓宽了语言间相互影响的渠道，使汉语中产生了很多新借词。请比较：

| 语种 | 原词 | 汉语借词 | 语种 | 原词 | 汉语借词 |
| --- | --- | --- | --- | --- | --- |
| 英 | Olympic | 奥林匹克 | 英 | Nike | 耐克（鞋） |
| 英 | bar | （酒）吧 | 英 | sauna | 桑拿（浴） |
| 英 | bus | 巴士 | 英 | pizza | 比萨（饼） |
| 英 | taxi | 的士 | 英 | bungee | 蹦极（跳） |
| 英 | disco | 迪斯科 | 英 | hamburger | 汉堡（包） |
| 英 | TOFLE | 托福 | 英 | jacket | 夹克（衫） |
| 英 | AIDS | 艾滋（病） | 英 | domino | 多米诺（骨牌） |

每种语言都会有数量不等的借词，但"借"的深度和广度决定于民族间接触的密切程度和经济、文化发展水平的差异；如果是联系密切而在经济、文化发展水平上又有很大差距的两个民族，那么发展水平比较低的那个民族的语言就会广泛地借用另一个民族语言的结构成分。汉语和朝鲜语、日语的关系可以为此提供两个有说服力的例子。汉民族的经济和文化原来在亚洲处于先进的水平，周围的其他民族要学习我国的经济和文化，就得学习汉语，甚至还借用汉语的书面语。在这种情况下，汉语自然就成为一种"借出"的语言，朝鲜语和日语成系统地从汉语中借用字辞。朝鲜民族原来没有

自己的文字,借用汉字作为它的书面语的载体,这样汉字就成系统地进入朝鲜民族语,产生了汉字音,在韩国称为"韩国汉字音"。这种"汉字音"不是几个、几十个,而是系统的借用,汉语语汇中大部分的字都有"汉字音",它的实质就是用朝鲜语来读汉语的字音,因而既反映借入时代汉字的读音,也反映当时的朝鲜语如何用它的发音习惯、音系结构原则来改造字的汉语读音。这种系统的借用现象在语言史的研究中具有非常重要的价值。例如,就汉语而言,汉语北方话的入声早就消失了;多数方言也消失了-p、-t、-k韵尾,但朝鲜民族语的汉字音还保留着这些韵尾。我们如果用《汉语方言调查字表》去调查"汉字音",可以整理出一份中古汉语的音系。这一类成系统的借用现象在其他语言中是很难见到的。

借词在汉语里的比重很小,除人名、地名等专有名字外,主要集中在元素、化合物、药物、理化单位、货币名称等比较专门的领域。这一点,汉语和英语、日语等有很大的不同,而与德语有些类似。英语中借词的数量很大,约占词语总数的一半左右,其中借自法语的词又占大多数。公元 1066 年,法国诺曼王威廉在海斯汀之役击败了英吉利军队,在英国建立了王朝,法语成了国家、宫廷、教会的语言。在这一时期,法语对英语产生了很大的影响。英语从法语中借用了大量的词语,一直沿用到现在。例如,state(国家),people(人民),parliament(国会),nation(民族),honour(荣誉),glory(光荣),fine(美好的),army(军队),enemy(敌人),battle(战役),peace(和平),vessel(船),officer(军官),soldier(兵士),court(法庭),justice

(审判,司法)等都是从法语借入的词。有意思的是,英语中的牛(cow),羊(sheep),猪(pig)的名称未变,而牛肉(beef),羊肉(mutton),猪肉(pork)都改用法语词,反映了借词涉及的范围限于统治者关心的事物。这些词渗入英语之后,都接受英语语法规则的支配,因而英语并没有因此而丧失其独立性。这些借词大大地丰富了英语的语汇。

汉语的字是一个音节关联着一个概念的结构单位,是有意义的,用汉字去音译外语的词,这就使汉字成为一种单纯的表音工具,与汉字的性质矛盾,不大容易为汉语社团所接受。由于此,汉语社团就千方百计对借词进行改造。改造的办法大致有两个方面,一是用意译词代替,二是字化。

意译词就是"根据某种语言词语的意义译成另一种语言的词语"(《现代汉语词典》),就汉语的意译词来说,就是用汉字和汉字的组配规则去表达外语词的意思,使外语词所表达的概念融入汉语的结构。意译化是汉语改造借词的一种重要办法,大量的借词后来都被意译词代替。例如:

| 语种 | 原词 | 借词 | 意译词 | 语种 | 原词 | 借词 | 意译词 |
|---|---|---|---|---|---|---|---|
| 英 | telephone | 德律风 | 电话 | 英 | piano | 披亚诺 | 钢琴 |
| 英 | microphone | 麦克风 | 扩音器 | 英 | ink | 因克 | 墨水 |
| 英 | bank | 版克 | 银行 | 俄 | катюща | 喀秋莎 | 火箭炮 |
| 英 | cenment | 士敏土,水门汀 | 水泥 | 俄 | хлеб | 裂巴 | 面包 |

与这种意译词类似的还有一种仿译字,它的特点是用本族语言

的材料逐一翻译原词的语素，不但把它的意义，而且把它的内部构造规则也移植进来。请比较：

| 语种 | 原词 | 汉语仿译词 | 语种 | 原词 | 汉语仿译词 |
|---|---|---|---|---|---|
| 英 | blackboard | 黑板 | 英 | machinegun | 机关枪 |
| 英 | football | 足球 | 英 | railway | 铁路 |
| 英 | Oxford | 牛津 | 德 | Uber-mensch | 超人 |
| 英 | cocktail | 鸡尾(酒) | | | |

成语的借用也往往采用仿译的方式，例如"鳄鱼眼泪""泥足巨人""走钢丝绳""鸵鸟政策""替罪羊"等外来成语在汉语里已广为使用。用这种仿译的办法吸收外语的某些结构单位具有广阔的前景，因为汉语字组的向心和离心两种结构规则具有普遍理论意义，其他语言如用词根复合的办法构造新词，大体上就需要采用汉语字组结构那样的规则（第三章第二节）。

字化也是汉语社团改造借词的又一种重要办法。什么是**字化**？它就是使原来不表示意义的音节向表义的方向转化，最终成为一个音节关联着一个概念的结构单位，融入汉语的结构体系。字化的方法在不同的历史时期不完全相同。早期，主要是通过字的形声化表示。佛教传入我国，汉语中产生了大量梵语借词。例如 buddha，原是对佛教始祖释迦牟尼的尊称，后来泛指按佛教教义修成正果的修行者，传入汉语后音译为"佛陀、佛驮、浮屠……"这里的每一个字仅仅是一个音节的标志，本身没有任何意义，只有两个字（如"佛"与"陀"）组合在一起，才能与梵语 buddha 相对应，表达 buddha 的意义。后来从 buddha 中截取一个音节 bud-,写成"佛"字,以代替"佛陀、佛驮、浮屠……""佛"是一个形声字,意指 buddha,融入汉语的结构,成为汉语的一个结构单位,并以此为基础生成大量与"佛"有关的新字组,表达新概念,如"佛土、佛法、佛像、佛身、佛经、佛家、佛教、活佛、借花献佛、立地成佛"等。这是汉语对借字进行字化改造的一个典型例子。"佛"(fó)在现代汉语中没有一个同音字,暗示它有特殊的来源。与"佛"类似,对借词进行字化改造的例字还有:如"钵"(梵语 patra,原译为钵多罗)、"塔"(梵语 stupa,原译为堵波,另说为 thuba,thupa,原译为塔婆)、"僧"(梵语 samgha,原译为僧伽)、"禅"(梵语 dhyana,原译为禅那)、"魔"(梵语 mara)等。"魔"这个字很有意思,它初译为磨、末罗等,南朝梁武帝改"石"为"鬼"而成"魔",使借用的音节语义化,成为汉语中一个新造的形声字。诸如此类的现象在汉语中比比皆是,特别是其中的科学术语。西方自然科学传入我国,汉语就把多音节的科学术语词的意义归属于某一个音节,尔后再以此为基础造出新的形声字。这方面最突出的是化学术语,如"铝(aluminum)、钙(calcium)、氨(ammonia)、氦(helium)"等。

随着语言的演变,形声化的造字方法已难以实现字化的要求,于是汉语社团改变字化的方法,主要是借助于另一个意义相关的字,与借词中表达某一音节(一般都是首音节)的字相组合,生成一个表达新概念的新字组,使表达这个音节的字实现字化。"的士"(出租汽车)是英语 taxi 的粤方言音译,其中的"的"只代表一个音

节,如果借助于另一个字生成字组,就能表示 taxi 的意义。例如:

    a. 面的、摩的、货的……(出租用机动车);

       板的、马的、驴的、骆的……(出租用非机动车);

       飞的、电的、火的、水的、警的、豪的……(非陆上、非出

       租用的一般交通工具);

    b. 打的(士)、坐的(士)、叫的(士)、拦的(士)、的来的

       去……

    c. 的哥、的姐、的妹、的嫂、的爷、的票、的费、的价……

    音译字借助于另一个字组成字组就得服从汉语字组向心、离心的结构规则。a、b 两组的"的"在字组的结构中处于后字的位置,说明它字化为表事物类别的概念,有"出租用机动车"之类的概念意义;c 组的"的"处于前字的位置,专指服务于"出租用的机动车"的人或物,是这一概念所可能具有的一种附属性特征。通过这样的办法,音译字借助于另一个意义相关的字,组成字组,完成了字化的过程,对借用的音节实现了表义化的改造。这是使音译字汉语化、丰富汉语语汇的一种重要途径。比方说,"吧"是英语 bar 的音译,它借助于另一个字生成字组就能实现如"的"那样的字化:酒吧、网吧、迪吧、氧吧、咖啡吧、玩吧、茶吧、餐吧、车吧、书吧、陶吧、面包吧、香水吧;吧台、吧女、吧娘、吧蝇;泡吧(泡酒吧、泡网吧);等等。这些字辞现在已经深入人们的日常生活,使用很频繁。

意译和字化是汉语改造借词、使之汉语化的两条重要途径。为什么要进行这样的改造? 这与汉语的特点有关。汉语的结构突出语义,语言社团的潜意识里反对把字作为一种纯粹表音的符号来使用,而借词与这种潜意识相矛盾,因而即使已有音译的词,也要尽可能想办法改为意译词,或者使之字化。随着经济的发展和我国与世界各国的广泛接触,语言间的接触必将日益频繁,相互的影响也会随之加深,字辞的借用将成为一种司空见惯的事情,因而汉语对借词的意译化改造和音译字的字化过程,都将会在丰富汉语语汇过程中发挥重要的作用。

## "洋泾浜"和混合语

语言相互影响的表现形式多种多样,字词的借用仅仅是其中的一种表现形式。如果两个或若干个语言社团生活在一个共同的地区,相互的联系很密切,这就有可能形成双语现象或多语现象,就是每一个社会成员(至少是大多数的社会成员)都同时会说两种或多种不同的语言。在东南亚和我国的广大地区,不同的民族交错杂居,相互通婚,而且人们还经常迁徙,因而每一个社会成员会说几种不同语言是一件很平常的事情。美国有一位语言学家,名叫马蒂索夫(James A. Matisoff),他经常到东南亚和我国的少数民族地区进行语言调查,发现住在偏僻村落中的农民常常会说三种、四种、五种语言。他碰到过一个老瑶民,是草药医生,能流利地说拉祜语、泰语、瑶语、阿卡语,另外还有两种语言,他记不起来了。总之,在东南亚地区,双语现象或多语现象是一种正常的现象。我国的大陆地区,汉族和众多少数民族,由于历史的原因,相互形成大杂居、小聚居的局面,因而双语现象和多语现象也是非常普遍的。这是因不同社会的深度接触而必然会产生的发展趋势。

伴随着双语或多语现象的产生,语言的结构要素就有可能相互渗透,而为某一语言所特有的特点则在这种相互渗透中消失,失去它的"棱角"。这样,不同语言的语音趋于相似,语法趋于相似,相互出现和谐化的过程,产生"洋泾浜"式的混合语。这是语言相互影响中的又一种重要的形式。

洋泾浜原是上海外滩的一段,位于叫作洋泾浜的河流(现已填没)和黄浦江的汇合处。鸦片战争以后,上海辟为商埠,洋泾浜一带成了外国商人聚集的地方。他们和当地没有受过外语训练的平民接触,相互迁就对方的语言,于是就产生了一种支离破碎的外语,人们称之为**"洋泾浜"**。这种语言现象不是中国的"特产",是世界上好多通商口岸很常见的现象,由于国外语言学家对中国的"洋泾浜"发生了兴趣,就根据中国人发英语 business 这个词的讹音,给这种语言现象起了一个学名,叫 pidgin,意为"支离破碎"。这是一种变了形的外语,起因一方面是外来者,他们为了使当地人明白自己的意思,常常在语言上做出让步,在说他自己的语言时夹杂着一些当地语言的结构成分,于是这种变了形的外语就成了当地人模仿学习的榜样。另一方面,当地人在掌握这种语言的时候自然会受到自己语言的语音、语法规则和表达习惯的干扰,又对它进行相应的改变,而这种改变又被外来者接受，最后，双方仿佛在语言上达成了一种"协议"，产生了一种大家都能接受的交际工具。"洋泾浜"的使用范围比较狭窄，发展的前途不外两个：一个是随着社会制度的改变而消亡，像我国的"洋泾浜"在新中国成立后便停止通行；一个是发展为混合语，成为某一地区人们的交际工具。

**混合语**是在一定的条件下以某一种语言为基础而发展起来的一种语言形式。新几内亚的 Tok Pisin 大致就是这种混合语。它经过长期的发展，已经定型，有自己的文字、文学、报纸、广播，并且曾经在联合国大会上被用来发言。它的主体是英语，在大约 1500 个语汇项目中，80％来自英语，有简单而明确的音位和语法规则。音位的数目比较少，每一个音位有好些个变体，比方 /s/ 就有 [ʧ][ʃ][s] 三种变体，如 machine 一词中的 ch，随便发成这三个音中的哪一个都可以。实词的形态变化已大大简化，因而语序严格。及物动词需带后缀 -m，例如：mi driman long kilim wanpela snek（＝ I dreamed that I killed a snake——我做梦杀了一条蛇），其中的及物动词 kili（杀）就带着后缀 -m。我国民族杂居地区的某些语言形式与这种混合语有些类似，例如四川阿坝地区人们称之为"土汉语"的语言形式和云南傣族与汉族某些杂居地区的傣汉语或汉傣语，都可以归入这一类的混合语。不过它们与新几内亚的 Tok Pisin 也有区别，就是随着这些少数民族熟练地掌握汉语，它们的"土"味儿也就日渐淡化或消失。

## 语言联盟

生活在一个共同地域中的不同语言社团，由于相互间的紧密接触，语言的结构要素相互渗透，久而久之，就有可能形成语言联盟。

**语言联盟**指的是不同的语言，不管它们原来有无亲属关系，也不管它们原来的结构类型是否相同，由于相互影响的深化，各自吸收对方的结构成分和结构规则，或者是一种语言在坚持自己的核心规则的前提下系统地吸收另一语言的结构规则，使之相互接近，形成一种难解难分、浑然一体的语言结构。这是语言相互影响中一种深层的表现形式，如果说，洋泾浜式的混合语仍是以某一种语言为基础，表现出"混合"特点，那么这种语言联盟就显不出"混合"的痕迹，两种或若干种语言的结构看起来很"像"，使人弄不清楚它们的语言亲属关系和结构类型。这是语言相互影响中需要深入研究的一种表现形式。它现在已经成为语言关系的研究中的一个热点，近几十年来兴起的所谓区域语言学就与这一类现象的研究有关，重点探索因语言接触而产生的语言相似性（similarity）问题。

"语言联盟"这个概念首先是由特鲁贝茨科依（N. S. Trubetzkoy）1937 年在一篇论文中提出来的，认为语言的亲属关系不一定是语言分化的结果，语言的接触和汇合也完全有可能形成亲属语言。但是，由于当时对语言接触的机制和过程还缺乏具体的、全面的研究，提供的例证不足以证明"语言联盟"与语言系属的相互关系问题。此后的研究虽然也有所涉及，但都比较零散，大多只是作为语言相互影响的一种特殊的例证,其中谈得比较多的就是所谓巴尔干半岛上的保加利亚语(斯拉夫语族)、罗马尼亚语(罗曼语族)、阿尔巴尼亚语和希腊语的语言联盟,因为这些不同语族的语言因相互影响而出现了一些共同的特征。这里涉及的对象都是印欧系语言,同系属的语言相互间吸收对方的一些结构规则,比起非亲属语言来,可能性要大一些,而且对语言的系属划分也没有产生大的干扰,因而用来证明语言联盟,说服力不是很大。随着语言研究的发展,人们发现我国和东南亚是语言接触最广泛、最深刻的地区,这里有汉藏语系、南亚语系和南岛语系的语言,不仅语言的数量多,而且不同的民族杂居穿插,一个人能同时讲几种语言是很平常的事情,因而语言间相互影响的广度和深度,恐怕是世界上任何地区都难以比拟的。以这种语言的深度接触为基础,出现一些语言联盟的现象是不足为奇的。

在汉藏系语言的研究中,侗台语究竟属于汉藏语系还是南岛语系,在国际汉藏语学界引起了尖锐的争论。为什么?就与语言接触密切相关。侗台语语汇中有大量的字辞和汉语的字辞有语音对应关系,它的结构看起来也和汉语比较"像",至少比起和汉语有亲属关系的藏缅语来要"像"得多,因而人们据此认为侗台语与汉语有亲属关系。反对这种看法的人也有它的理由,认为那些和汉语有语音对应关系的字多是文化方面的语汇,是来自汉语的借字,而基本语汇中的字,特别是那些身体各部分的名称、与日常生活关系密切的字辞,就和汉语没有语音对应关系,却和南岛语系的语言(如印度尼西亚语、马来语、爪哇语……)存在着语音对应关系,因而认为侗台语应属南岛语系,但持此说的学者无法解释某些基本语汇中的字辞何以与汉语也有语音对应关系。争论双方各执一词,都难以完全驳倒对方。陈保亚的《论语言接触与语言联盟》(语文出版社 1996 年版)一书经过对汉、傣两种语言全面、深入的考察,发现侗台语是汉藏系语言和南岛系语言经过长期、频繁、深刻的接触之后而形成的语言联盟。这是因语言的深度接触而产生的一种结果。

语言的接触和相互影响首先表现为结构单位的借用,即前面所说的借字。以前有一种似为定论的看法,认为借字限于一般语汇,基本语汇的字难以借用。这一看法不确切,因为汉、傣两种语言的接触证明,借字没有固定的范围,不仅一般语汇的字可以借,而且基本语汇的字也可以借,也就是说,借的范围没有"界"的限制。但是,另一方面,语言的相互影响也说明,一般语汇中的字容易借,因而借的速度快,数量多,而基本语汇中的字不容易借,因而语言中保留本族语字辞的比重会比较大,借字的数量比较少,借用的时间也比较晚,因而基本语汇和一般语汇在借用上就会呈现出快慢、多少、早晚的"阶"。语言的相互影响从字的借用开始,随着傣族人学习汉语的进展,经过混合语的过渡,汉语的语汇,包括一些基本语汇的字辞和汉语的结构规则大量渗入傣语,呈现出借的范围无"界"而在语汇结构的层次上有"阶"的状态。语言接触的深度就是按照这种"阶"展开的。陈保亚这一无"界"而有"阶"的理论以及与此相关的论述对判断语言关系的性质有重要的价值,因为亲属语言之间的深度接触和非亲属语言之间的深度接触在"阶"上表现出来的状态是不一样的,大体情况是:有亲属关系的语言,越是基本核心的语汇,相互之间有语音对应关系的字就越多,而非亲属语言因深度接触而产生的"阶"正好相反,呈现出越是基本核心的语汇,有语音对应关系的字越少。根据这一标准来考察侗台语和汉语、南岛系语言的关系,就会发现:它与南岛语的基本核心语汇的关系字远远多于汉语,因而它与南岛语有亲属关系,而与汉语的"像"则是因语言的深度接触而形成的,是语言联盟关系。

语言联盟是语言相互影响中的一种重要类型,它可能是混合语的发展,或者说,它是一种高级的混合语,已经消失了"混"的痕迹。

### 语言的融合

混合语或语言联盟不是语言统一的正常途径;要实现语言的统一,主要是通过语言间的竞争,其中一种语言排挤和替代另一种或几种语言而成为人们的共同交际工具。这种竞争的过程,一般称之为语言的融合。它始自语言间的相互影响,经过双语或多语的阶段,最后其中有一种语言胜出,保留自己的音系结构、语法构造和基本语汇,并且按照其本身的发展规律继续发展,而参与竞争的其他语言,由于本民族的人民放弃使用,就逐渐消亡。这是不同语言统一为一种语言的基本公式。

汉语在历史上曾和不少民族的语言发生过融合,最终都在竞争中取得了胜利。从春秋战国时期开始,我国历史上就有关于东夷、南蛮、西戎、北狄的记载。所谓夷、蛮、戎、狄都是居住在华夏族(汉族)周围地区的一些兄弟民族,他们各有自己的语言。《左传·襄公十四年》记载戎子驹支的话说:"我诸戎饮食衣服,不与华同,贽币不通,言语不达。"据汉刘向《说苑·善说》的记载,楚国子皙泛舟湖上,越人拥楫而歌,表示欢迎,但子皙听不懂,要求随员翻译:"吾不知越歌,子试为我楚说之。"①从这些记载中我们可以看到,这些民族的语言和汉语是不同的,相互之间不能通话。但经过春秋战国时期的会盟、征伐、兼并等,发生了民族的融合和语言的融合,汉语在和夷、蛮、戎、狄诸语言的竞争中取得了胜利,继续按照自己的发展规律发展。两汉以后,居住在我国北方的匈奴、鲜卑、羯、氐、羌等民族和汉族发生了密切的关系;隋唐以后,契丹、女真(包括后来的满)等民族也和汉族发生了密切的关系。随着民族关系的发展,汉语和这些民族的语言相继发生融合,并在融合中继续成为胜利者。这样,汉语在我国的土地上替代了上述民族的语言而成为这些民族的共同交际工具。从历史上看,语言的融合在巩固国家的统一、民族的团结,促进人民的往来等方面都有积极的作用。春秋战国时期的民族和民族语言的大融合,为秦统一全国、形成一个统一的汉民族奠定了坚实的基础。两汉以来国家的统一和发展也清楚地说明了融合的

---

　　①　根据写音,越人拥楫歌的歌词是:"滥兮抃草滥予昌枑泽予昌州州𩇩州焉乎秦胥胥缦予乎昭澶秦逾惨惿随河湖。"鄂君子皙听不懂,经过翻译,才知道是:"今夕何夕兮,搴中洲流;今日何日兮,得与王子同舟。蒙羞被好兮,不訾诟耻。心几顽而不绝兮,知得王子。山有木兮木有枝,心悦君兮君不知。"

历史进步作用。

为什么汉语在和诸民族语言的竞争中能够取得胜利？这决定于社会历史的条件。建立在生产资料私有制基础上的阶级社会，各民族在经济、政治、文化等方面的发展是不平衡的，有先进与落后、发达和不发达之分。当两个民族的关系日益密切而逐步发生融合的时候，生产力水平比较低、文化比较落后的民族，学习生产力发展水平比较高、文化比较发达的民族的经济、政治和文化，显然有利于自己的发展。政治上是否处于统治的地位，这不是决定的因素。例如，汉民族在几千年的历史发展过程中曾数度被一些经济、文化上比较落后的民族所统治，但由于它在经济上、文化上处于先进的地位，因而汉语在融合中总是被其他民族所采用而成为胜利者。恩格斯在《反杜林论》中在说明这种规律的时候说："在长时期的征服中，比较野蛮的征服者，在绝大多数情况下，都不得不适应征服后存在的比较高的'经济情况'；他们为被征服者所同化，而且大部分甚至还不得不采用被征服者的语言。"经济流通的需要和文化学习的要求才使汉语替代其他民族的语言而成为各民族的共同交际工具。一些比较高明的统治者就顺应这种历史潮流，采取相应的措施，促进民族融合和语言融合的过程。北魏孝文帝的汉化政策就是我国历史上这方面的一个有名的例子。《魏书·咸阳王禧传》记载了孝文帝对咸阳王禧论述这个问题的一段话：

高祖曰："……今欲断诸北语，一从正音。年三十以上，习性已久，容或不可卒革；三十以下，见在朝廷之人，语音不听仍旧。若有故为，当降爵黜官，各宜深戒。如此渐习，风化可新。若仍旧俗，恐数世之后，伊洛之下复成被发之人，王公卿士，咸以善不？"禧对曰："实如圣旨，宜应改易。"高祖曰："朕尝与李冲论此，冲言：'四方之语，竟知谁是？帝者言之，即为正矣，何必改旧从新。'冲之此言，应合死罪。"

鲜卑为什么要学习汉语，实行汉化？目的很明确，就是为了避免"数世之后，伊洛之下复成被发之人"，为时代所淘汰。因此，魏孝文帝于太和十九年六月"诏不得以北俗之语，言于朝廷，若有违者，免所居官"（《魏书·高祖孝文帝本纪》）。由于统治者的政策符合历史发展规律，因而鲜卑族和汉族、鲜卑语和汉语的融合速度是相当快的。据《隋书·经籍志》记载："后魏初定中原，军容号令，皆以夷语，后染华俗，多不能通。"我们可以从中窥见一斑。

　　文字是记录语言的工具，双语现象时期语言间的相互影响也可以在文字中找到一些线索。南北朝时期"《说文》所无"的字的大量出现，异体字的产生，书写形体的改变，都可以在一定程度上说明这方面的问题。顾炎武在《金石文字记·孝文皇帝吊殷比干墓文》中有这样一段话："今观此碑，则知别体之兴，自是当时风气，而孝文之世，即已如此，不待丧乱之余也。江式表云：皇魏承百王之季，世易风移，文字改变，篆形错谬，隶体失真……文字之不同，人心之好异，莫甚于魏齐周隋之世。"这种现象的产生与融合过程中各少数民族学习汉语、汉文有关。如果说,这种现象距今比较久远,那么满语和汉语的关系则是近几百年的事情,从文字中透视出来的信息应该具有更为可信的参考价值。满文源自蒙文,后来随着满、汉两族关系的发展,满语和蒙语的关系逐渐疏远,而与汉语的关系日益密切,因而在改进满文的书写形式时就进一步考虑到与汉语的对音,以利于转写汉语的字辞(见《清史稿·达海传》)。例如清初的满文,[s][z]不分,只用一个字母[s]表示,就是说,字母[s]既可以表示[s],也可以表示[z],而满语的[z]与汉语的[ts]相似,因而满文中多用[s]转写汉语的借字[ts]:"罪",满文作[sui],"蝎子",满文作[xiyese]。后来懂得汉语的满族人越来越多,知道[s]与[ts]不同,于是另造一个新的字母代表[ts],以转写汉语的借字。这种现象与语言融合过程的深化是相呼应的。

汉语在历史上的历次竞争中虽然都取得了胜利,但也不可避免地从失败的语言中吸取了一些自己所需要的结构成分。由于这些外来的结构成分都已转写为汉字,随着时间的推移,人们习用已久,也就不易察觉它们的外来的痕迹。地名、人名的读音比较顽固,有可能保留着一些语言竞争的痕迹,例如东北的哈尔滨、齐齐哈尔、富拉尔基等就是满语的残留,其中的"哈尔"是满语"江"的意思,哈尔滨就是"江滨"。这是汉、满两种语言融合的历史见证。

# 语言学:兴起、发展和它在科学体系中的地位

在自然界中发现的意想不到的复杂性并没有减缓科学的前进,恰恰相反,它促成了一些新的概念结构的产生,这些新的概念结构正是我们今天认识物质世界所必须的。

——普里戈金

　　普里戈金(1917—2003)，比利时物理化学家和理论物理学家。普里戈金长期从事关于不可逆过程热力学(也称非平衡态热力学)的研究，因创立热力学中的耗散结构理论，于 1977 年获诺贝尔化学奖。著有《化学热力学》《不可逆过程热力学导论》《非平衡统计力学》和《非平衡系统中的自组织》等。

# 1　从语文学到语言学

## 语言学的分支

前面几章讨论了语言的结构和它与几种重要现象的相互关系,现在可以进一步讨论语言学本身的问题了。

什么是**语言学**? 简单的回答自然是"研究语言的科学"。如何研究? 从哪一个角度去研究? 这取决于研究的目的,可以有各种不同的选择,因而形成语言学的各种不同的分支。比方说,如果以研究语言演变为目标的就形成历史语言学,反之,如只研究某一特定时期的语言状态的就是共时语言学;如果从不同语言的研究中抽象出一些共同的原则,并以此去解释人类语言的性质、起源和结构原理的就形成普通语言学或理论语言学;相反,如只以某一具体语言

(例如汉语、英语等)为研究对象的就形成××语语言学,如汉语语言学、英语语言学等;这种语言学如集中于描写、探索各种结构成分之间的关系,也就称为结构语言学或××语描写语言学;以对比不同语言结构的差异为目的的语言研究形成对比语言学,根据语音对应关系的原则确定相关的语言有无共同来源的研究就形成历史比较语言学……这众多的语言学都是就语言本身的结构来研究的,而如着眼于语言与某种相关现象的研究,又会形成这样或那样的语言学。例如,研究语言与社会的关系的形成社会语言学,研究语言与思维的关系的形成心理语言学……总之,由于语言这种现象太复杂,因而对它的研究犹如"盲人摸象","摸"的目的、方法不同,都会形成不同的语言学,无法一一列举。语言研究的复杂性和重要性,已越来越引起人们的重视,在可预见的将来,它必将成为人文科学体系中一个非常重要的学科。

谈语言学的重要性为什么要强调"在可预见的将来"? 因为社会上的大多数人还没有认识语言研究的价值,觉得每一个人都会说话,有什么可研究的? 问题就出在这里,正如美国语言学家沃尔夫所说:"无论是普通老百姓还是科学家,人们对于施加于自己身上的语言之力的了解,并不多于野蛮人对万有引力的了解。"事情就是这么奇怪,越是与人的关系密切的现象,人们越难以认识它内含的价值。语言学发展到今天,虽然已有相当一部分人认识到它的价值,但经历了漫长的历史时期,至少已有两千余年。回顾一下这一艰难的探索历程,对认识语言学的重要性是非常必要的。

## 语言研究的三大传统

开始的时候，对语言发生兴趣并对之进行研究的不是语言学家，而是哲学家、经学家或其他什么"家"，研究的对象主要是通过文字去研究典籍的书面语，任务是解释典籍的准确含义，也就是说，语言研究仅仅是其他学科的附庸，缺乏自己的独立性，因而人们将它称之为**语文学**。语言学作为一门独立的学科诞生很晚，至今也不过二百多年的历史。为什么古代的语言研究不能列为语言学？因为一门学科的建立有它自己的条件或标准，这就是：有独立的研究对象，任务是解释所研究对象的结构规律和演变规律，而且有揭示规律的特殊的研究方法，人们可以以此为基础进行不同语言间的比较研究，探索人类语言的共性结构原理。古代的语言研究不完全符合这些条件，因而将它看做语文学。语文学和语言学是两个不同的学科。"语文学"英语是 philology，而"语言学"是 linguistics，它们是完全不同的两个词，但在汉语中，语文学和语言学仅仅是一字之差，似乎很"像"，因而更需要引起我们对它们之间的差异的关注。不过话虽如此，语言学毕竟是以语文学为基础发展起来的，因而也不能把它们视为两个不相干的或对立的学科。我们需要弄清楚的是从语文学到语言学的发展脉络。

语文学的兴起和发展与人类文明的发源紧密相关。它有三大传统，即希腊—罗马、印度和中国的小学。对后世的语言研究影响最大的当属希腊—罗马传统。它始自柏拉图、亚里士多德等哲学家的哲学研究，目的是想根据语言结构的特点去解释哲学的问题（第五章第四节）。他们为语言研究的发展奠定了坚实的基础。

印度也是语文研究传统的一个重要的发源地，其代表就是前面已经说过的巴你尼语法（第五章第二节）。印度有文献记载的最早语言就是公元前1500年前后编订的《梨俱吠陀》的吠陀梵语。"吠陀"（veda）是一种经文，巴你尼语法是解释、诵读这种经文的一种师徒相传的口诀，它本身的体裁就是一种经体（sūtra）。由于语言的发展，巴你尼时代的语言和吠陀经的语言已经有了很大的不同。当时掌握文化大权的祭司阶层（婆罗门）为了保持其所垄断的神圣经典的完整，实行了本阶层内部口头相传的各种严格的诵读方式。由于这种特殊的背景，以巴你尼语法为代表的印度传统对语音的研究很细致、准确，词的结构的分析也很严密而具体，已经明确地分出词根、词干、词尾、前缀、后缀、派生词、复合词等。这就是说，它的研究重点是语音和构词法，而这正好是希腊—罗马传统的薄弱环节。梵语是一种印欧语系的语言，和希腊语、拉丁语等语言有亲属关系，相互有很多共同的特点，因而它的研究成果很快被欧洲人吸收，形成了两个语言传统的结合，使语言的研究从语文学走向语言学。

汉语的研究传统俗称"小学"，包括文字、音韵、训诂。为什么叫"小学"？最初确与小学有关，"周礼八岁入小学，保氏教国子先以六书"（《说文解字·叙》），后来转指小学校里的学习内容，最后指称研究文字、音韵、训诂的学问。"小学"作为汉语传统语文学的名称最早见于《汉书·艺文志》，说明这一学科建立于两汉，此前的语言研究多见于先秦诸子的哲学论辩,其中最集中的就是关于名实关系的讨论(第二章第一节)。从名实关系的论争到小学的建立,语言研究的标志性事件就是"名"概念的地位日渐淡出,而"字"作为汉语结构单位和书写单位的概念在社会心理现实中的地位则日益提升,因而开创了以字的研究为基础探索形、音、义的结构及其相互关系的规律的汉语研究传统。

这三个传统都是独立地发展起来的,但有意思的是,它们遵循着语文研究的某些共同发展规律。开始的时候都是哲学家、经学家或其他什么"家"对语言发生兴趣,想用语言结构的特点来解释他们所研究的对象的规律,因而对记载典籍的书面语进行研究,建立相应的体系,使之成为哲学、经学等的附庸。这说明,不同学科的兴起和发展促进了语言的研究。谁都知道,社会发展的需要是科学发展的动力。不同学科既然都需要利用语言研究的成果为它们服务,自然会促使人们去探索语言本身的结构规律。这样,不同的研究传统相继出现了一些对后世的语言研究有深远影响的语文学著作,重点探索语言的结构规律;它们都是为适应社会发展的需要而诞生的典籍。请比较:

| | 印欧语 | 汉语 |
| --- | --- | --- |
| 公元前 4—前 3 世纪 | 巴你尼语法(印度) | 《尔雅》 |
| | 亚里士多德的语法理论 | |
| 公元前 2—前 1 世纪 | 《希腊语语法》 | 《方言》 |
| 公元 1 世纪 | | 《说文解字》《释名》 |

比较两个不同传统的著述,印欧系语言的研究都集中于语法,而汉语集中于语汇和语义,反映两种语言在结构类型上的重大差异。从表面上看,相互间的差异确实很大,但如果我们透过现象看实质,那么就不难发现它们的基本精神的一致性,这就是它们研究的都是各自语言中的基本结构单位的构造规则。在这些著述中,对后世的语言研究影响最为深远的著述,印欧语传统是特雷克斯(D. Thrax)的《希腊语语法》,汉语传统就是许慎的《说文解字》。

《希腊语语法》是印欧语语法研究的一本权威性著作,它的八大词类(名词、动词、分词、冠词、代词、介词、副词、连词)和词的形态变化的分析对后来的语法研究产生了很大的影响,"事实上,特雷克斯所作的描写被认为是权威性的。早在基督纪元开始时它已被译成亚美尼亚语和叙利亚语,而且成为拜占庭评论家或注释家广泛评论和注释的课题。它一直被奉为标准著作达一千五百年之久。一个现代著作家宣称,几乎从每一本英语语法教科书中都能看到某些痕迹,表明它受益于特雷克斯"[①]。和它相呼应的汉语传统的重要研究著述就是《说文解字》,探求汉字的构造规律。它在汉语研究中的重要地位,人所共知,用不着我在这里多说。从表面上看,《说文解字》与《希腊语语法》没有任何共同之点,一个是讲字形的构造规律,一个是讲词的形态变化规律,但从语言研究的发展规律来看,它们实

---

① 罗宾斯(R. H. Robins):《语言学简史》,上海外国语学院外国语言文学研究所译,合肥:安徽教育出版社 1987 年版。

处于同一发展阶段,都是探求语言基本结构单位的构造变化的规则,这恐怕也就是林语堂将《说文》比之为印欧语的 grammar(第三章第二节)的缘由。至于《说文》讲字形,《希腊语语法》讲词因语法功能的不同而发生的形态变化,这种差异决定于语言基础性编码机制的差别,因为汉语理据性的编码机制使视觉在信息的传递和获取中居于基础性的地位(第四章第三节)。所以,不管是《希腊语语法》还是《说文解字》,研究的都是语言基本结构单位的构造规则,关注语言本身的结构,已与初期哲学家、经学家等的语言研究不大一样;它们的研究虽然还局限于书面语,但书面语是口语的加工形式,找出了书面语的结构规律,自然也就为口语结构规律的研究开辟了前进的道路。这种研究实际上已具语言学的雏形,或许也可以称之为"准语言学";至于往后的发展,也就是语言学最后如何成为一门独立的学科,那与不同传统的结合有关,因为这种结合使语言研究摆脱了单一语言结构的局限,而从不同语言的比较研究中追溯人类语言的共性规律。

总之,语文学为语言学的诞生和发展奠定了坚实的基础。

## 语言学的诞生

语文学发展为语言学,最直接的原因就是印欧语两大研究传统的结合。

希腊—罗马传统和印度传统都是各自独立形成和发展的。到了 17 世纪、18 世纪,随着资本主义的发展,印度成为英国的殖民地,一些学者也相继来到印度。对语言研究发生直接影响的是西方人发现了印度的梵语。地处东西两端,相互没有交往,梵语怎么会这么"像"希腊语、拉丁语等欧洲的语言? 这促使人们去思考语言间的关系。1876 年,英国东印度公司的官员威廉·琼斯(William Jones)在加尔各答皇家亚洲学会上宣读了一篇论文,提出梵语与希腊语、日耳曼语、拉丁语等有亲属关系的假设①:

> 梵语,不论其历史如何,有绝妙的结构,比希腊语更完善,比拉丁语更丰富,比二者提炼得更高雅,但它与二者在动词词根和语法形式上都非常相似。这种相似不可能是偶然的。……任何哲学家在研究梵语、希腊语和拉丁语时都不能不认为,这些语言来自同一个原始语(proto-language),而这种原始语也许不存在了。由于类似的道理……可以认为哥特语和凯尔特语也与梵语同源。

这一演说产生了巨大的影响,改变了人们对语言关系的看法,并且引发了对梵语和希腊语、拉丁语、日耳曼语的比较研究的热潮,产生了历史比较语言学。这样,印欧语的两大研究传统相互结合,形成一个统一的印欧语研究传统,使语言研究向前迈进了一大步,其标志就是历史比较语言学的诞生和发展。语言研究的对象和范围不再局限于书面语,也不再局限于某一孤立的语言,而是比较不同语

---

① 参看裴特生:《十九世纪欧洲语言学史》,北京:科学出版社 1958 年版。

言结构的异同,揭示语言关系的共性规律,而就历史比较语言学来说,就是从发生学的角度,根据不同语言有无共同来源而将不同的语言分为若干个语系,平常说的印欧语系、汉藏语系等就是根据有无共同来源而进行的语言分类。19世纪的语言学,可以说就是历史比较语言学的世纪。从历史比较语言学诞生的时候开始,语言学就成为一门独立的学科。

历史比较语言学是对语言发生学(genealogy)的共性的追求,它着眼于语言的历史演变,根据语言的基本语汇有无语音对应关系去探索相关语言的共同来源以及而后的发展。与此相呼应,语言学家还从另一个角度去探索语言的共性特点,这就是不管不同的语言是否来源于一个原始共同语,而完全根据词有无形态变化对语言进行分类,人们将它称为语言结构类型学,简称类型学(请参看第三章第三节)。

历史比较语言学和语言结构类型学是从两个不同的角度对语言共性的研究,揭示语言的结构规律和演变规律。所以,人类语言的研究尽管有悠久的历史,但作为一门独立的科学,它还很年轻,语言结构的很多基本问题,特别是其中的语义规律,急需人们去挖掘、整理。

根据前面的讨论,从语文学到语言学,大致经历了三个发展阶段:

1. 上古时期,语言研究依附于哲学、经学或其他什么"学",缺乏独立的地位,因而人们将它称之为语文学;

2. 公元前后的中古时期，开始了对语言规律本身的研究，这些研究虽然还没有完全摆脱与哲学、经学等的关系，但已有很大的独立性，将揭示语言结构规律视为语言研究的任务，其代表性的论著就是特雷克斯的《希腊语语法》和许慎的《说文解字》；

3. 从 18 世纪末开始的现代时期，由于希腊—罗马传统与印度传统的结合诞生了历史比较语言学，研究的对象从书面语转向口语，研究的任务从单一语言结构规律的研究转向用历史比较法去探索语言共性的结构原理，使语言学成为一门独立于科学之林的学科。

现代语言学就是以此为基础发展起来的。

## 2 科学思潮的更替和语言学的发展

### "谱系树"说和"波浪"说

语言学自成为一门独立的学科之后，它的发展与科学思潮息息相关。历史比较语言学的诞生与生物进化论思潮的兴起有密切的关系，马克思、恩格斯在《德意志意识形态》中指出，比较解剖学、比较植物学、比较语言学"这些科学正是由于比较和确定了被比较对象之间的差别而获得了巨大的成就，在这些科学中比较具有普遍意义"。

　　将物种变异的比较方法用于语言的研究并取得明显成就的标志就是历史比较法的诞生,使语言的研究成为一门独立的科学。生物学是当时蓬勃发展的一门科学,其中最有影响的理论就是达尔文的进化论。1863 年,德国语言学家施莱哈尔(August Schleicher,1821—1868)仿效生物遗传发展的思路,在《达尔文理论和语言学》中用达尔文描写生物进化的方法来描写语言的进化,将语言间的关系系谱化,提出著名的**语言谱系树(family tree)理论**。下面是他描绘的印欧系语言的系谱树形图:

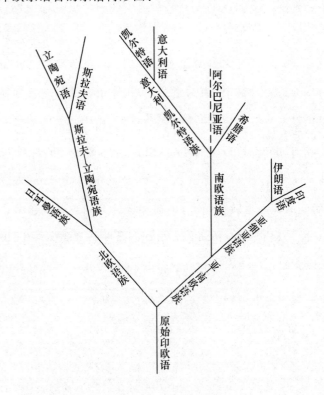

这就是施莱哈尔仿效生物繁衍的系谱而勾画出来的印欧系语言的演变谱系树形图,意思是:一个原始母语(proto-language)犹如树干,不同的语支犹如从树干上生发出来的树枝,而每一个语言则犹如从树枝中生发出来的树权……今天世界上的众多语言都可以仿效这种模式分为若干个语系。有共同来源的诸语言是亲属语言,可以对之进行历史比较研究。前一章列出的语言系谱例举就是这一理论的运用。

谱系树理论是语言学史上最初产生的一个语言理论模型。这个模型的特点是只注意语言的有规律的分化,而不管语言之间的横向相互影响,因而有它的片面性。1872 年,施密特(J. Schmidt, 1843—1901)提出**"波浪"说**与之抗衡,认为语言的演变犹如在一个水塘里扔进一块石子儿所引起的波纹那样,由中心向四周扩散。假定有 A、B、C、D、E、F、G 七种语言,语言 D 的变化会扩散到 A、B、C 和 E、F、G,使 A、B、C 和 E、F、G 具有 D 的一些特点;距离波源越近,受影响的程度也就会越大,因而相互的共同点也就越多。其他语言 A、B、C 和 E、F、G 也可以发生类似语言 D 那样的变化,因而使不同的语言间呈现出一些相同的特点,不同于每一语言自身的发展规律。这种理论可用如下的图形表示:

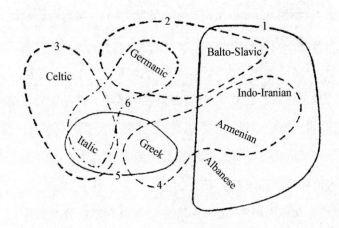

　　这是印欧语系诸语支之间不同变化相互交叉重叠示意图。原图为史莱德尔(Schrader)绘制,这里转引自布龙菲尔德的《语言论》。图中数字表示的意思是:1.某些词形中以噝音代替了软喉音;2.以[m]代替了[bh]的格尾变化;3.被动语态以[r]为词尾;4.过去时式加前缀['e-];5.阴性名词用了阳性名词的后缀;6.完成时式用来表示一般过去时。

　　谱系树说和波浪说是两个对立的理论模型,前者着眼于语言在时间上的有规律的发展,使语言间呈现出生物系族那样的异同关系,可以对有共同来源的语言进行历史比较研究;后者着眼于语言在空间上的扩散,强调语言间的相互影响及其对语言演变规律的干扰。这两个理论模型与其说是对立,不如说是互补,可以各自弥补对方的一些弱点。它们对语言学往后的发展具有很大的影响。

　　对印欧语谱系树上有亲属关系的语言进行历史比较研究并取得突出成就的是青年语法学派。19 世纪的 70 年代青年语法学派独步天下,特别是 1876—1878 的三年,发表了一系列对后来语言学的发展有深远影响的文章,提出了一些重要的理论,其中最主要的是两条:一是语音规律无例外,二是类推作用。这两条是青年语法学派的理论标志。过了一百年,人们在回顾语言研究发展道路的时候,发现青年语法学派的基本语言理论"在今天看来只是有所修改,根本没有被取代",发表在百年前的一组青年语法学派的论文仍值得今天的语言学家去纪念。①

"语音规律无例外"是青年语法学派最有影响的音变理论。根据这一假设,语音规律是不应该有例外的,但实际上却可以到处见到例外,因而人们认为城市的语言不纯,需要到乡村去调查方言,相信在方言中可以找到语音规律无例外的例证。客观发展的需要推动了方言的调查和研究。但出乎意外的是,方言中也可以到处见到例外,这就促使方言地理学的诞生,提出"每一个词都有它自己的历史",否认音变的规律性。"语音规律无例外"和"每一个词都有它自己的历史"是历史语言学中两个对立的口号,代表两个对立的学派,相互争论和驳难。如果说,青年语法学派主张的"语音规律无例外"是谱系树理论的继承和发展,着眼于语言在时间上的演变,那么方言地理学派主张的"每一个词都有它自己的历史"就是波浪说的延续,着眼于语言的空间扩散。时间和空间的差异是语言学往后发展

---

① 参看罗宾斯(R. H. Robins):《语言学简史》,上海外国语学院外国语言文学研究所译,合肥:安徽教育出版社 1987 年版。

的两种基本思路,不同的学派可以归入这一范畴或那一范畴。大致说来,此后产生的重要语言学派,如结构语言学的语言系统说、转换—生成学派的语言理论大致与时间观的联系比较密切,都像青年语法学派那样强调语言演变的规律性或语言结构的系统性,强调语言研究对象的纯一性和同质性(homogeneity);而词汇扩散理论、语言变异理论则着眼于语言内部的结构成分的竞争,突出语言演变的不规则性和系统内部的结构参差,强调语言结构的有序异质性(orderly heterogeneity)。两种类型的语言理论既相互对立、相互竞争,互揭对方的弱点,也由此推动了语言学的发展。对语言学的发展有了这样一个大致的脉络,我们就容易把握每一种理论在语言学发展思潮中的地位。

## 索绪尔的语言理论和结构语言学

18—19 世纪之交诞生了历史比较语言学,使亲属语言的历史比较研究成为 19 世纪语言学的主流。它的研究方法大致是根据语音对应关系选择和确定同源词,再比较这些同源词在亲属语言中的异同,从空间的差异中去探索语言在时间上的发展序列。后来人们称这种研究方法为“原子主义”,批评它缺乏系统的观念。语言研究的方法论从原子主义向系统主义的转化是 20 世纪语言学的一个重要特点,而这一特点与瑞士语言学家索绪尔的名字相联系,其重要的标志就是他的《普通语言学教程》的出版。语言学的发展以此为基础,开创了结构语言学的新时代。

　　正像历史比较法的诞生得益于生物学物种变异的比较研究的启示一样，语言研究中强调"系统"的思想也不是从天上掉下来的，既是青年语法学派的理论的发展（索绪尔本人就是青年语法学派的一个有影响的成员），也与科学思潮的演变有关。19—20 世纪之交，科学发展的思潮发生了一次重大的变化，以牛顿物理学为基础的机械论的认识论开始崩溃，"相互作用关系组成的集合开始成为注意的中心。到处都碰到那种令人惊异的复杂性，甚至连原子这样的基本物理实体内部也是这样。牛顿机械论对这种复杂性做出解释的能力受到严重的怀疑。相对论在物理学领域代之而兴起；在微观物理学领域，接替机械论的是关于量子理论的科学"①。"相互作用关系组成的集合开始成为注意的中心"这种世界观、认识论代替机械论的认识论是科学发展思潮的一次深刻转折，在语言研究中首先反映这种思潮的是索绪尔的《普通语言学教程》，建立了以语言结构单位的相互关系为基础的价值学说。什么是价值？简单地说，就是语言中每一个要素的价值决定于它与其他要素之间的关系，而不是它自身所具有的内容。索绪尔举了一个例子，法语的 mouton（羊，羊肉）跟英语的 sheep（羊）可以有相同的意义，但没有相同的价值，因为英语和 sheep 相关的还有另一个词 mutton（羊肉），两个词的相互关系制约了每一个词的价值，使一块烧好并端上桌子的羊

---

　　① 拉兹洛：《用系统论的观点看世界》，闵家胤译，北京：中国社会科学出版社 1985年版。

肉,法语可以说 mouton,而英语只能说 mutton(羊肉),不能说
sheep。语言结构要素之间的这种相互制约的关系,索绪尔称之为
"形式",并据此提出"语言是形式,不是实质"的著名论断。语言中
最重要的形式就是组合关系和聚合关系,语言学研究的就是这种语
言形式,从结构单位的相互关系中去研究语言的"形式"和"价值"。
这种学说是当时科学研究方法论的一种典型反映,托夫勒称之为
"拆零"①:

> 在当代西方文明中得到最高发展的技巧之一就是拆零,即
> 把问题分解成可能小的一些部分。我们非常擅长此技,以至我
> 们竟时常忘记把这些细部重新装到一起。这种技巧也许是在
> 科学中最受过精心磨炼的技巧。在科学中,我们不仅习惯于把
> 问题划分成许多细部,我们还常常用一种有用的技法把这些细
> 部的每一个从其周围环境中孤立出来。这种技法就是我们常
> 说的 ceteris paribus,即"设其他情况都相同"。这样一来,我们
> 的问题与宇宙其余部分之间的复杂的相互作用,就可以不去过
> 问了。

索绪尔的《普通语言学教程》就是这种"拆零"的方法论的杰作:把言
语活动分成语言和言语,把言语排除出语言的研究;语言的"内"与
"外",把"外"排除出去;语言"内"的共时和历时,把历时排除出去;

---

① 托夫勒:《科学和变化》,参看普里戈金等的《从混沌到有序》的《前言》,上海:上
海译文出版社 1984 年版。

共时中的语言单位的实质和形式,将实质部分排除出去,最后就只研究共时状态下的语言形式,即组合关系和聚合关系,只研究某一时点的语言结构,排除任何言语的、语言"外"的(例如与社会的联系、与文字的联系等)、历时的因素的干扰。这或许是索绪尔为实现他的语言系统说而付出的一种代价,因为不排除这些因素,他就无法完成对"形式"和"价值"的研究,无法根据"设其他情况都相同"去解释其他相关的现象。索绪尔的语言系统说使语言研究从历史比较语言学的"原子主义"转化为系统论。语言研究方法论的这一转折一般被称之为"索绪尔的革命"。

反映科学发展思潮的索绪尔的语言理论在语言学的发展中产生了巨大的影响,结构语言学就是以此为基础发展出来的学派。

结构语言学一般分为三个学派:哥本哈根学派、布拉格学派和美国的描写语言学派,它们从不同的侧面继承和发展了索绪尔的语言系统说:哥本哈根学派强调语言的形式,布拉格学派强调功能,而美国的描写语言学则主要强调语言的组合关系,从分布入手考察语言的结构。哥本哈根学派由于想建立一种能适合于人类一切语言的理论,因而很抽象,在实际的语言研究中影响不大。布拉格学派由于第二次世界大战的爆发而解体,其中不少有影响的语言学家,如雅柯布森(R. Jakobson)等,都到了美国,与美国的描写语言学派合流。后来法国的马尔蒂内(A. Martinet)继承和发展了哥本哈根学派和布拉格学派的理论精神建立了他的功能语言学,成为结构语言学在欧洲的一个重要代表。从总体来看,在三个结构语言学派中影响最大的是美国的描写语言学，可以说在相当长的一个时期中它一枝独秀，成为语言学发展中的一个主流学派。

　　美国描写语言学的兴起、发展还与 20 世纪初期对印第安语的抢救性调查、研究有关。随着社会的急速发展，当时的不少印第安语都处于消亡的边缘，有的语言只有几个人会说，如不进行抢救性调查和研究，它们将永远消逝于人类。参与调查的语言学家不会说印第安语，只能如实地记录所调查的语言状态；而在分析的时候，又发现他们所熟知的印欧语的研究方法不适合于印第安语的研究，于是就对能直接观察到的语言现象进行描写。在这一过程中，这个学派的一个重要贡献就是将语言结构单位量子化，提出"位"(-eme：phoneme, morpheme, lexeme...)、"素"(-etic：phonetic...)等概念，并从它们的线性组合中考察每一种结构单位的分布环境，倡导分布分析法；如果不同的结构单位能出现于同一环境，或者说，能在同一环境中进行替换(substitution)，那就说明它们在功能上有共同点，可以将它们归为一个聚合类。比方说，词类就是这样的一种聚合类，是根据这种替换的原则分出来的。请比较：

| 位置 | A | B | C | D | E | F |
|---|---|---|---|---|---|---|
| 例句 | The | little | sheep | is | white | |
| | The | | boy | read | a poem | today |
| | The | foreign | team | went | | there |

能出现于 B、E 两个位置上的词，或者说，在 B、E 两个位置能相互替换的词，是名词；同理，能出现于 A、D 位置的是形容词，能出现于 C

位置的是动词，能出现于 F 位置的是副词。通过这种办法，大体上可以弄清楚印欧系语言的词类。

替换，这是美国描写语言学进行语言分布分析的最重要的方法论原则。人们纷纷学习这种方法去研究各种不同类型的语言，推动了语言研究的发展，并使语言的形式化研究跻身于当代科学的行列。这个学派后来又在"位""素"概念的基础上发现语音的区别特征，认为这才是语音系统的最小结构单位，相当于化学中的元素。雅柯布森在回答他父亲（一位化学家）的"你为什么要搞语言学"的提问时，说得非常明确、干脆："语言学与化学没有不同，我要找出语言成分结构中有限的基本结构单位来。"（见 *The New Yorker* 记者 Mehta. V. 1971 年 5 月 8 日的访问稿）就是在这种背景下他为人类语言找出了 12 对区别特征（译文请参看《国外语言学》1981 年第 3、4 期或湖南教育出版社 2001 年出版的《雅柯布森文集》）。

### 社会方言的研究和语言研究方法论的转折

从青年语法学派开始，语言学的研究对象明确地限制于个人方言（idiolect）。什么是**个人方言**？美国语言学家布劳赫（B. Bloch）给它下的定义是："一个说话人使用一种语言与另一说话人在一次交谈时可能说出的全部话语。"①语言学研究的就是这样的语言；至

---

① Bloch, B. , *A Set Postulates for Phonemic Analysis*, Language, 1948, 24. 3-46.

于其他人的语言，就"设其他情况都相同"。自索绪尔以后的语言研究为什么要区别语言与言语、共时和历时？为什么把语言研究的对象局限于语言的共时状态？目的就是要在个人方言的研究基础上建立相关的语言理论。继美国描写语言学之后而在语言学发展思潮中处于领潮地位的是乔姆斯基（A. N. Chomsky）的转换—生成学派，它的语言理论虽然在很多方面与结构语言学不同，但在语言研究的对象应该限制于个人方言这一点上，则与索绪尔以来的各学派的语言研究无异，甚至更为极端，因为他认为语言学研究的是"一个完全同质的言语社团的一对理想的说话人—听话人"的语言能力，与其具体运用语言时表现出来的差异无关。从索绪尔到乔姆斯基，他们以语言与言语、能力与运用的区分为基础而进行的语言研究，实质上都是在个人方言的基础上对"相互作用关系组成的集合开始成为注意的中心"这一科学思潮的发展的反映，想在自己所进行的研究领域内建立起一个"相互作用关系组成的集合"。随着科学的发展，人们发现这种语言观是有很大的局限的，因而又引起语言研究方法论的一次新发展，具体表现为语言变异理论的诞生和语义研究的发展。

　　新的科学发展思潮与所谓"新三论"（耗散结构论、协同论、突变论）的兴起和发展有关，在科学研究中引入原来被系统论排除在研究范围之外的随机性、复杂性、偶然性的因素，认为"我们对自然的看法正经历着一个根本性的转变，即转向多重性、暂时性和复杂性"，"我们正越来越多地观察到这样的事实，即在所有的层次上，从基本粒子到宇宙学，随机性和不可逆性起着越来越大的作用"，"奇怪的是,在自然界中发现的意想不到的复杂性并没有减缓科学的前进,恰恰相反,它促成了一些新的概念结构的产生,这些新的概念结构正是我们今天认识物质世界所必需的"①。科学研究中引入随机性、复杂性、偶然性的因素,这对科学研究的方法论来说,就要改变原来"拆零"的方法,把研究对象从理想状态转为实际状态。语言学从科学思潮的这种发展中吸取于己有用的理论和方法,认为不能把个人方言作为语言学的研究对象,而应该到社会中去研究人们实际使用的语言,考察人们之间的语言差异和这些差异与其他因素之间的相关关系。首先提出这一设想、并付诸社会实践的是以拉波夫(W. Labov)为代表的语言变异理论学派。他与魏茵莱什(U. Weinreich)、赫尔作格(M. I. Herzog)合写的《语言演变理论的经验基础》一文一再强调以个人方言为研究对象的语言研究的局限性,主张到语言社团中去研究人们实际使用的语言。这种实际使用的语言可以称为社会方言。语言学的研究对象从个人方言转向社会方言,这又是语言学发展的一次重大转折。这次转折的意义主要有以下几个方面:

第一,克服了索绪尔语言理论体系中的一个矛盾。索绪尔认为语言是社会的,而言语是个人的,但是研究社会的语言时却是找共时状态下的某一个人方言,而研究个人的言语时却要到社会中去研

---

① 普里戈金等:《从混沌到有序》,曾庆宏、沈小峰译,上海:上海译文出版社 1987年版。

究人群的说话，拉波夫将它称之为"索绪尔式矛盾"（Saussurian paradox）①。乔姆斯基关于语言能力与语言运用的区分也是这种"索绪尔式的矛盾"的延续。将社会方言作为语言学的研究对象，这就将原来"拆零"的语言和言语重新装到一起了，为相关现象的相互关系的研究开拓了前进的道路。

第二，社会方言中充斥着各种各样的变异，这或许就是语言中那些随机性、复杂性、偶然性因素，原来都被以"拆零"的方法论为基础的结构语言学排除在语言研究的范围之外，现在将它们引入语言研究，就要考察变异的成因和不同变异形式在社会人群中的分布，从中总结变异的规律。这就要求有一种新的语言理论模型，拉波夫主张用有序异质（orderly heterogeneous）模型来分析与变异有关的语言现象，其中最重要的就是变异规则，看变异成分（variable）的变异（variation）与各种控制因素（年龄、性别、阶级、文化程度、风格等）的相关关系，也就是把语言与其相关的因素组装到一起进行整体性的研究。这方面的大致情况就如前面第六章第二节提到的北京话零声母合口呼的变异那样，会发现一些在个人方言研究中根本发现不了的语言规律。

第三，把变异引入语言的研究在语言研究方法论上所产生的一个重要影响就是要研究连续与离散的关系，将计量统计的方法引入

---

① 拉波夫：《在社会环境里研究语言》，张琰译，见中国社会科学院语言研究所语言学情报研究室编的文集《语言学译丛》第 1 辑，北京：中国社会科学出版社 1979 年版。

语言研究。这就与以往对语言结构特点的看法发生了尖锐的冲突。冯志伟的《数理语言学》在总结以往语言研究的方法论之后指出："语言这个符号系统在本质上是由一些离散的单元组成的,它不允许与连续性有半点儿妥协,因此,语言可以看成是一个在严格意义上的量子机制,凡是与连续性有关的一切,都得排除在语言的范围之外。这样,研究语言的方法,自然也就应该采用离散的、代数的方法。"[①]把变异引入语言的研究,就不能把连续性排除在语言之外,不然我们就无法弄清楚一种语言怎么会从这一种状态变成那一种状态。从语言社团对语言现象的态度来看,区分连续性和离散性两种不同类型的单位,也是完全必要的。对于离散性单位(例如普通话的音位[p]和[pʰ]),言语社团不允许它离开自己的活动中心而向别的单位靠拢或向别的方向偏离,不然社会就会发挥它的校正功能,迫使你改正;而对于处于变异过程的连续性单位,言语社团的态度就相当宽容,在整个变异过程中,不管你采取其中哪一种变异形式,都是允许的,因而在系统中才能呈现出不同变异形式的共存局面。离散性单位构成语言稳定性的基础,而连续性单位则体现系统的连续变化,以便保证系统能够顺利地从这一种状态过渡到另一种状态。正确地处理离散和连续的关系,就可以对语言结构进行动态的分析。只要比较一下第六章第二节所分析的北京话零声母合口呼的变异,就不难理解这一点。

---

① 冯志伟:《数理语言学》,北京:知识出版社 1985 年版。

所以,语言学的研究对象从个人方言转化为社会方言,这就对语言的研究提出了一系列新的要求,需要把原来被语言学家弃之不顾的那些语言变异现象引入语言的研究,总结语言运转和演变的规律。中国语言学家根据语言学的这一发展也开始了一些探索。胡明扬的《北京话初探》(商务印书馆 1987 年版)、北京大学中文系林焘教授指导研究生和汉语专业高年级学生进行的北京话调查等都是对汉语社会方言的研究,取得了积极的进展,沈炯发表在《中国语文》1987 年第 5 期的《北京话合口呼零声母的语音分歧》就是北大师生的北京话研究成果之一。徐通锵则结合汉语方言的调查研究对语言变异理论进行了一些探索,就变异与时间、变异与结构、变异与语言演变原因的关系等问题展开研究,提出了一些新的解释。具体情况可以参看《徐通锵自选集》中的相关文章。

要克服科学研究中"拆零"的方法论的消极影响,最重要的应该是将语义和语汇、语法、语音等重新组装到一起,对语言结构进行全面、系统的研究。语义是以往语言学中一个最薄弱的环节,也是最难研究的一个领域。这是今后语言研究必须攻克的堡垒。

## 3 语言学的功用和它在科学体系中的地位

### 语言学是联系社会科学和自然科学的桥梁

语言学与科学思潮的紧密联系说明语言学在科学体系中具有

非常重要的地位，甚至可以说，它是自然科学和人文社会科学的联系桥梁。语言的性质决定了语言学的这种功用和地位。

语言是一种社会现象，是人们的联系纽带，是人区别于其他动物、组成人类社会的一个重要标志。但是，语言又是人通过发音器官发出来并负载信息的音流，经过空气的传导而达到听话的一方，而听话人通过听觉器官接收说话人发送过来的信息，相互形成交际过程的链条：编码——发送——传递——接收——解码。这一链条各环节的相互关系是：说话人为了表达一种信息，首先需要在语言中寻找相关的字语，按照语言的语法规则编排起来，进行编码；编码完成，通过发送器输出。口语的发送器是肺、声带、口腔、鼻腔、舌头等发音器官。信息一经输出，说话人发音器官所发出的声音就通过空气等通道传递，达到听话人的一方。听话人听到声音，听觉器官开始运转，接收信息，并把它输入大脑，进行解码，将它还原为说话人的编码。这里涉及的生理（发音）、物理（音响传递）是纯粹的自然现象；编码、解码、接收等既是与思维相关的心理现象，又是与"说—听"过程相关的社会现象，因此交际过程的不同阶段需要不同的学科去研究。语言学关心的主要是编码和解码，揭示"编"和"解"的规律。由于语言与社会现象、自然现象都有紧密的联系，因而它容易接受社会科学和自然科学的研究成果，形成语言学的理论和方法；同时，也正由于此，它的研究成果也容易为其他学科所吸收，成为联系社会科学和自然科学的桥梁。

## 语言学是一门领先的科学

语言学本质上是一门社会科学，是人文社会科学中最善于吸收其他学科的研究成果而推进语言研究发展的学科。哲学对语言学的影响前面在介绍语言与思维、语文学与语言学的关系时已有讨论，现在流行的"主语—谓语"结构的语法框架和名、动、形的词类划分以及它们与句子结构成分之间的关系就是以亚里士多德的逻辑范畴说为基础建立起来的。现在研究语言起源、发展的时候，也广泛参照考古学、人类学、社会学等的研究成果；儿童语言学既是语言学，也是心理学，需要结合思维的发展研究儿童的语言习得，等等。至于语言学从自然科学中吸取理论和方法，那就更为普遍和深刻，可以这样说，语言学理论的每一次阶段性的发展无不得益于自然科学的理论和方法。比方说，历史比较语言学的诞生得益于生物学物种变异的比较研究和进化论的解释，甚至比达尔文的进化论还要早半个世纪。早期的历史比较语言学家缪勒（Max Müller，1823—1900）说："在语言学问题上我是在达尔文以前的达尔文主义者。"[1]此后结构语言学的诞生、转换—生成语言学的兴起、认知语言学的发展等，都与自然科学的发展思潮有着紧密的联系。二百年来，语言学之所以能取得迅速的发展，一个重要的原因就是它善于吸取其

---

[1]　转引自葛林伯格（J. H. Greenberg）：《语言学是一门领先的科学》，傅怀存译，载《国外语言学》1983 年第 2 期。

他科学的研究成果以充实和发展自己。这一点已在前一节进行过详细的讨论，这里不赘。

　　语言学不仅从其他学科中广泛吸取适用的理论和方法，而且它本身所形成的理论和方法也往往成为其他学科仿效的榜样，因而美国著名的语言学家葛林伯格说"语言学是一门领先的科学"。这不是夸大之词，而是实际状况的反映。以历史比较语言学为例，不同的人文社会科学都争相仿效历史比较的方法以建立和改进自己的研究，于是诞生了诸如比较史学、比较法学、比较文学、比较宗教学等。结构语言学诞生以后，人们就争相仿效结构分析法去研究自己所从事的那一个学科，其基本的思路是：可以用类似语言学那样的分析方法去分析语言以外的人文社会现象，具体的步骤是，分出功能上与语言结构单位相当的单位，再用这些单位及其相互关系去描写整个人文社会现象，犹如语言学用音位、语素这两种结构单位去描写语言的结构那样，于是出现了一批用结构分析法去分析研究的哲学、史学、文学、戏剧、民间文学等的结构学。此后的生成语言学也有诸如此类的影响，不再一一列举。总之，至少在人文社会科学领域，语言学的理论和方法确实处于领先的地位，因为语言学善于从自然科学的发展思潮中吸取相应的理论和方法，而其他的人文社会科学则往往需要从语言学中学习新兴的理论和方法。葛林伯格

曾对此有一段总结性的表述①,现引述于后,以资参照:

> 19世纪时历史比较语言学之所以被其他学科所仿效,是由于它像进化论的生物学一样富有成效。大致从1930年到1960年间的结构语言学时期,语言学受到其他科学的仿效,是由于它看来同化学分离出基本元素一样,成绩卓著。最近一个时期,随着生成语法的问世,语言学由于采用了逻辑学和数学的方法,看来是有成效的。这种方法表现为某一语言合乎语法的句子是从一组用符号表示的抽象的单位通过一套规则对这些符号进行形式的操作生成出来的。最后,无论是在生成语法发展趋势的范围内,还是用其他方法所进行的语言普遍现象的研究之中,语言学看来正在取得另一种可与物理学相媲美的成就,这就是找到了一套不变的关系,即规律,这种规律通常被看做所有科学的终极目标。

由于语言与社会现象、自然现象都有紧密的联系,任何学科都需要借助于语言去研究,因而语言学的研究成果,只要它真正在一定程度上揭示出语言的规律,就会对其他学科,不管是人文社会科学还是自然科学,产生重大的影响。最重要的一个例子是乔姆斯基的转换—生成语言学的诞生。此前,计算机科学、语言的信息处理等虽然经过了相当长一段时间的摸索,但进展非常缓慢,而采用了

---

① 转引自葛林伯格(J. H. Greenberg):《语言学是一门领先的科学》,傅怀存译,载《国外语言学》1983年第2期。

转换—生成的方法以后，很快取得了突破性的进展；计算机科学的发展现在以"一日千里"来形容并不言过其实。这种发展速度最初得益于转换—生成语言学的理论和方法，甚至该学派的创始人乔姆斯基也被视为"计算机科学的老祖宗"①。现在计算机科学的发展，障碍不在自然科学的研究，而是语言学的研究成果不能满足计算机科学的发展的需要。我前不久收到一封信，来自一位语言信息处理的专家，就谈到了这方面的问题。现在摘录如下，以供参考：

> 我……从事中文信息处理的科研工作已有十余年了，取得了一点点成绩，但更多的是挫折的体验和失败的教训。经过这些年来的锤炼，我得到的一条最重要的经验是：中文信息处理必须依靠语言学家的帮助才能走出目前的困境。

> 我是学计算机出身的，以前对于语言学的知识知之甚少，在研究语言技术应用项目的过程中，欣然地接受了当前十分流行的基于统计的经验主义计算语言技术路线，在字处理、词处理、词法分析等方面也有过一些成功的经验。但是，当我信心十足地开始探索汉语计算机自动句法分析技术，并且经过了很长时间却几乎一无所获，发现自己已经陷入了一个泥潭难以自拔的时候，我才发现一个简单的事实：计算语言学首先是语言

---

① 1982 年我在美国柏克莱加大访学进修历史语言学时，与一个计算机科学的研究生住在同一个 apartment，有一次我偶然谈起乔姆斯基，他大为惊讶，问我怎么会知道乔姆斯基。我说他是当代最有名的语言学家，他有点愕然，因为他说"乔姆斯基是他们计算机科学的老祖宗"。

学。……我对于字本位以及汉语字组结构的论述特别感兴趣，认为这方面也是您的理论体系中比较核心的部分，而且这一理论适用于计算机句法自动句法分析……

我所以在这里引述这么一段话，主要是它反映了目前计算机和语言信息处理中的一个困惑。遗憾的是，我们现在的语言理论研究无法满足计算机科学的发展需要。一门领先的科学，如果它的研究水平落后于社会发展需要的时候，它就会阻碍科学的发展。语言学的研究，特别是汉语语言学的研究，现在正处于这一尴尬的地位，因为它难以满足社会发展的需要。这只能有待于人们日后的努力。

### 加强语言研究、适应科学思潮的发展

为什么新兴的计算机科学、语言信息处理、机器翻译等学科会与语言学发生如此密切的关系？这与语言学的性质和功能有关。语言学主要研究的是交际过程中的编码和解码，使人们只能"意会"的规律能够"言传"。使用语言的是人，他一生下来就生活在一个现成的语言网里，因而能自发地学会和运用一种语言，用不着语言学家"言传"隐含于语言中的规则。随着科学的发展，人们需要机器也能使用语言，以执行原来人才能完成的某些任务。机器不懂语言，需要语言学家将语言的构造规则"言传"给它，因而促使语言学与那些自然科学"联姻"，共同解决社会发展所面临的问题。社会的发展呼唤计算语言学、信息语言学一类的学科的诞生和发展。这个问

题,现在显得特别突出和尖锐。

　　语言是知识的载体,知识的表达、传播、储存、继承、创新都得通过语言来实现。电脑要模拟人脑的语言机制,先达到"自然语言理解"才能进行知识处理,这就迫切要求发展研究人脑语言机制的认知语言学;经济的全球化必然导致"第二语言教学"的蓬勃发展和呼唤高质量的机器翻译的诞生,这就需要开展语言的对比研究,以弄清楚语言的共性和个性,建立对比语言学;知识经济时代的畅销产品是知识产品,这就要求大力发展直接为语言产品和电脑信息处理服务的计算语言学。据此,信息论专家鲁川认为应该建立一门"信息语言学"的新学科,设法将认知语言学、对比语言学和计算语言学三者融为一体,或者说,是在这三种语言学的交汇点上建立一门新的交叉科学。他在应约起草教育部"十五"语言学研究规划咨询报告时提供的材料中曾对"信息语言学"概念的含义及其必要性做了具体的说明。我觉得很好,现征得作者的同意,摘要介绍于后,以供参考:

　　　　语言是现实的编码体系。不同民族的语言是不同的编码体系,反映不同民族思维方式的特点。随着生产力中知识含量的增长,民族语言对民族经济的影响也越来越大。在农业时代,对于闭关自守的中国农业经济来说,语言的影响微乎其微;在工业化时代,中国从西方进口的机器,需要把机器的说明书翻译成汉语;在信息时代的初级阶段,中国从西方进口的电脑不能直接应用,需要对电脑的系统软件进行"汉化";在信息时代的高级阶段即知识经济时代，中国要移植西方的知识产品就很难了，因为西方的知识产品，如超级知识软件，遵循的是西方语言的编码体系，渗透的是西方的思维方式，它几乎是不能翻译和汉化的。这就是说，知识含量超过某一"阈值"，知识产品就很难移植了。进一步说，知识经济的全球化也就意味着竞争的白热化。知识产品依赖于民族语言，也维护着民族利益，如果我们一味地进口和移植西方的知识产品，那么西方就一直是知识产品的"主人"，而我们只能是知识产品的"客户"，按照"智能机器人"编制程序要保证"机器人必须永远维护其主人利益"的安全原则，一切知识产品当然也要维护其"主人"的利益。所以，从繁荣我国经济和维护国家利益出发，要大力发展有中国特色的信息产业和知识经济，就应该加强有中国特色的语言科学技术的基础研究，结合汉语的特点进行信息语言学的研究。

最近，鲁川又在《语言科学》2003 年第 4 期上发表了《立足汉语实际的信息语言学》，对这一思想进行了具体的分析，大家可以参考。

我国现在处于经济高速发展的时期。随着经济建设的发展，必然伴之以文化建设的发展，语言学必将在新的世纪有一个大的发展。现在的科学发展趋势表明，21 世纪是生命科学和信息科学执牛耳的世纪，而这两种科学的发展都离不开语言的研究。社会发展的需要是语言学发展的强大动力，语言学需要加强语言结构规则的研究，自觉地迎接这种社会发展需要的到来。

# 西学东渐和中国的
# 历史语言学

哪一天语言学能够把中国古音的系统确实地拟测出来，哪一天历史学跟考古学就会很感谢地看出，许多关于东亚细亚跟中亚细亚的问题，都不成问题了。

——高本汉

　　高本汉(1889—1978),瑞典汉学家。著有《中国音韵学研究》《汉文典(修订本)》等。

# 1　中国现代语言学的两本奠基性著作

## 两本奠基性著作

18—19 世纪之交,语言研究的划时代的事件是实现了印度传统和希腊—罗马传统结合,诞生了历史比较语言学;19—20 世纪之交,中国语言学的划时代的事件是开始运用西方语言学的理论和方法研究汉语,走上与西方印欧语研究传统相结合的道路,其最重要的标志就是《马氏文通》于 1898 年的诞生。

汉语的研究传统一直以字的研究为基础进行文字、音韵、训诂的研究,基本上是就汉语论汉语,没有和其他语言结构进行比较,因而也没有从异同比较研究中探索语言的共同结构原理。语言学的诞生得益于比较,西方的学者正是由于发现和比较了日耳曼系语言、罗曼系语言等和梵语的结构异同之后才创建了历史比较语言学，使语言研究跻身于科学之林，成为一门独立的学科。鸦片战争以后，西学东渐，使汉语的研究摆脱了"就汉语论汉语"的孤立主义研究状态，开始进行不同语言结构的异同比较研究，走上了汉语研究传统和印欧语研究传统相结合的道路，使汉语的研究从"传统"走向"现代"。问题是，由于汉语的结构与印欧语存在着原则的差异，因而这一"结合"道路的探索艰难而曲折，虽有成就，但问题不少，主要表现为：是以印欧语的理论、方法来观察汉语的结构、梳理汉语的结构规律和演变规律呢，还是立足于汉语本身的结构特点的研究，吸取西方语言学的立论精神，进行我们自己独立的研究？这两种思路的矛盾焦点集中于语言基本结构单位的确立和研究，因为这种基本结构单位是把握语言系统的枢纽。

标志中国现代语言学诞生的奠基性著作，一般都以《马氏文通》为准，这自然不错，但我这里还想补充一本，这就是高本汉的《**中国音韵学研究**》。这两本著作代表两个不同的方面，一是语法学，一是历史音系学，属历史语言学的范畴。我们下面也就以此为基础分别讨论西学东渐和中国语言学的关系。这一章先讨论和《中国音韵学研究》相联系的中国现代历史语言学的问题。

### 高本汉和《中国音韵学研究》

高本汉，瑞典汉学家，原名 B. Karlgren，生于 1889 年，1978 年去世，"高本汉"是他的中文名。《中国音韵学研究》是高本汉对汉语史进行系列研究的一本贯穿古今的论著,分 4 卷,于 1915—1926 年陆续出版。在西学东渐的背景下,这本论著正适合中国学者探索新理论、新方法的需要。汉语研究虽然有悠久的传统,但缺乏理论研究,由胡适撰写的北京大学《国学季刊·发刊宣言》曾对明末以来的国学研究进行了一次方法论的总结,认为旧国学的缺点,一是"研究的范围太狭窄……大家的眼光与心力注射的焦点,究竟只在儒家的几本经书。古韵的研究,古词典的研究,古书旧注的研究,都不是为这些材料本身价值而研究的"。二是"太注重功力而忽视了理解",因而在"这三百年中,几乎只有经师,而无思想家;只有校史者,而无史家;只有校注,而无著作""三百年第一流的精力,二千四百三十卷的《经解》,仍旧不能替换朱熹一个人的几部启蒙的小书"。三是"缺乏参考比较的材料"。针对这三大缺点,《发刊宣言》提出了三点改进的意见:"第一,用历史的眼光来扩大国学研究的范围;第二,用系统的整理来部勒国学研究的材料;第三,用比较的研究来帮助国学的材料的整理与解释",其中在比较的研究中还以高本汉等人的研究为例,强调指出"音韵学上,比较的研究最有功效"。这是一篇重要的文献,是面对西学的冲击而在方法论上提出改进国学研究的宣言,用我们的话来说,就是要在方法论上实现中西语言学的结合,实现印欧语研究传统和汉语研究传统的结合。为适应中国语言学发展的需要,赵元任、李方桂、罗常培三位先生联合翻译出版了高本汉的《中国音韵学研究》,在学术界产生了巨大的影响,为汉语史的研究树立了中西语言学相结合的一个样板。

　　高本汉的研究计划很庞大，想以《切韵》为枢纽，下联今天的方言，上推先秦的古音，为汉语史的研究建立起一个联系古今的框架。《中国音韵学研究》这本论著就是他对切韵音系的研究，第一次系统地用历史比较法研究现代汉语的方言与切韵音系的关系。历史比较法的要点是从语言的空间差异的比较中探索语言在时间上的发展序列，具体地说，就是比较方言或亲属语言的差异，找出同源成分，并根据相互差异的比较清理语言的演变规律和发展的先后顺序，为同源成分拟测出原始结构形式。现代的方言，高本汉用了 33 种（包括日译吴音等四种域外方言），其中 24 种还是他亲自调查的，数量不少。同源成分的分析和原始形式的拟测，原是历史比较法的难点，但年轻的高本汉很聪明，没有机械地照搬印欧语历史比较研究的程序，而是有效地利用汉语“历史上的旧材料”，根据与切韵“同是一回事”的《广韵》的反切整理出一个“古音字类表”，作为切韵音系的音类框架，然后联系汉语的方言差异，为每一个音类拟测具体的音值，解释从切韵音系到现代方言的演变。这一思路的基本精神是以汉语的研究为基础，以汉字为向导，运用历史比较法对古音字类表中的每一个音类进行语音学的描写，构建切韵音系，使之成为现代方言的原始母语。这是历史比较法用于汉语史研究的一个成功的范例。它不仅为高本汉研究汉语上古音系铺垫了一块跳板，而且促进了汉语方言的调查与研究，赵元任的《现代吴语的研究》《钟祥方言记》、罗常培的《厦门音系》《临川音系》以及赵元任、丁声树、吴宗济等的《湖北方言调查报告》等，都与汉语音韵史的历史比较研究有关。高本汉研究汉语音韵史的方法，用一句流行的话来说，就是"中学为体，西学为用"。无可否认，《中国音韵学研究》是中西语言学相结合的一个范例，不愧为汉语历史语言学的"现代化"研究的一本奠基性论著。

## 2　历史语言学理论的运用和汉语音韵史的研究

### 内部拟测法和高本汉的汉语音韵史研究

高本汉完成了从现代方言到切韵音系的研究以后，就以切韵音系为台阶，向上古音系攀登。高本汉认为，现代汉语的方言及不到上古，与汉语有亲属关系的少数民族语言当时又研究得很不够，因而无法用历史比较法探索上古音系的结构，只能采用内部拟测法。"内部拟测法"这个概念是 20 世纪 30—40 年代由蓬芳特（G. Bonfonte）、侯尼希斯瓦尔德（H. M. Hoenisgswald）等人提出来的，目的是想以系统中异于结构规律的因素为突破口去探索语言的发展规律，将结构分析法用于语言史的研究，重建已经消失了的原始结构。这种理论的诞生比高本汉的汉语音韵史的研究晚十余年，虽然他无法得到理论上的指导，但一个有造诣的语言学家，由于他真正掌握了语言结构的基本精神，因而也会自发地遵循这种内部拟测法的基本途径去解决语言史研究中的问题。如果说，高本汉的切韵音系的研究基本上是方言材料与《切韵》之类的"历史上的旧材料"的结合，那么他的上古音系的研究方法就是他所拟测的切韵音系和"历史上的旧材料"的结合。这一"历史上的旧材料"，一是《诗经》的用韵，二是汉字的谐声。谐声稍早于诗韵，但两种材料的系统基本一致。这两种"旧材料"清儒已经研究得很透彻，如古韵的分部，已是"古音二十二部之目遂使后世无可增损。故训诂名物文字之学有待于将来者甚多，至古韵之学，谓之前无古人后无来者可也"（王国维：《观堂集林》卷八），为高本汉的"结合"提供了坚实的基础。这种"结合"的最重要的贡献，就是他用所拟测的切韵音系为汉字的谐声系列标注音值，从而发现谐声系列中大约有五分之四的被谐字，其声母、韵母的主要元音和韵尾辅音三部分与声符的声母、主要元音和韵尾相同或相近；如果相互有出入，那么发音部位至少是相同的。这是高本汉构建他的汉语上古音系的一条最重要的谐声原则。另一条重要的谐声原则是同部位的塞音和塞擦音、擦音一般不谐声。至于那些声符与被谐字的语音有重大差异的，如"除、叙、途、涂、茶、稌"等字有舌尖音声母[$d^h$]（"叙"为 z-），而声符"余"不是舌尖音声母，这种不一致犹如音变规律的例外那样，是由于语言的演变使"余"的声母消失，成为切韵音系的喻四；另外如"各"和"洛、烙、骆"等字的声母有 k-、l-之别，推测上古音系中有 kl-之类的复辅音。高本汉运用这些谐声原则建立汉语的上古音系，使汉字谐声系列在汉语史研究中的重要价值得到了有效的挖掘。这样的成就是汉语传统的研究达不到的。后来李方桂、王力、董同龢等在高本汉研究的基础上进行补充、修正、完善，使汉语上古音的研究得到了长足的进展。

切韵音系是高本汉从现代跃向上古的跳板，而他所构建的上古音系则是他向汉语远古音系进军、进行汉语语源研究的基础。他参照印欧语的 ablaut（元音变换，即现在一般所说的不规则变化，例如英语 take，took 的现在时和过去时的区别通过元音变换 a—oo [ei—u]实现），对汉语音节的不同位置进行具体的考察，根据语音交替的规律将字义相关的一组字归入一个"族"，写成《汉语的字族》（*Word Families in Chinese*，BMFEA，No.5）。这本书出版于 1934 年，第一次用历史音系学的方法对汉语的字族进行了语音学的描写。张世禄很快把它翻译成汉语，书名为《汉语词类》，1937 年由商务印书馆出版。word families 的 word，理应译为"词"，但由于这个 word 指的是和意义相联系的音节，相当于我们的"字"，因而我们这里把 word families 译为字族。赵元任在谈到这一点的时候指出，汉语的早期，由于 word 与字的区别不大，"因而高本汉才可能写关于汉语的 word family"①。

《汉语的字族》根据开首辅音和韵尾辅音的配合情况分成十个类型，如以 K-NG 型为例，收入的字就有"景、镜、光、晃、煌、旺、莹、耿、炯、荧……映。行、徨、往、巷……"，共 152 字，用"。"号隔开的一组字有可能成为一个字族。同一字族中的字，或是声母交替，或是

---

① 赵元任:《汉语词的概念及其结构和节奏》，见《赵元任语言学论文集》，北京:商务印书馆 2002 年版。

元音或韵尾的交替，"汉语上古音系由于元音的交替而产生了一个 ablaut 系统，极其丰富多样，不愧为藏语的姊妹语言"。高本汉的这一探索推进了汉语语源的研究，使清儒的"一声之转"的"转"有了语音形式的根据。后来严学宭的《论汉语同族词内部屈折的变化模式》（《中国语文》1979 年第 2 期）、王力的《同源字典》等都是高本汉这一思路的延续、发展和补正。

这样，高本汉运用历史比较法、内部拟测法等为汉语语音的演变建立起一个脉络清楚的框架：远古——上古——中古——现代。

### 对《切韵》音系性质的不同认识和汉语音韵学的研究

高本汉构建的汉语语音史体系，其关键是切韵音系。把《切韵》放在汉语语音演变中如此重要的地位，高本汉是第一人。正由于此，汉语音韵史的研究始终围绕着它的地位展开了热烈的论争。大的意见分两派：一派认为《切韵》是一时一地的方言音系，一派认为《切韵》是包括"南北是非，古今通塞"的综合音系。持单一音系的学者又分为两派，一派以高本汉为代表，认为《切韵》代表长安音系，另一派以陈寅恪为代表，认为"《切韵》所怀之标准音，乃东晋南渡以前，洛阳京畿旧音之系统，而非杨隋开皇仁寿之世长安都城行用之方言也"[1]。昌厚（李荣）还为这一争论问题的解决专门编纂了《隋韵谱》（见他的《音韵存稿》，商务印书馆 1982 年版）。这是新中国成立

---

① 陈寅恪：《从史实论切韵》，载《岭南学报》1949 年第 9 卷第 2 期。

后为汉语史的研究而展开的一次最大的论争。周祖谟根据《颜氏家训·音辞篇》等历史材料所提供的线索，写了一篇总结性的文章《切韵的性质和它的音系基础》，认为"颜之推是重今而不重古的，他所重视的是在当时行用的相承的读书音和实际存在于语言中的语音分类，而不是晋宋以上的古音"，切韵音系"是根据南方士大夫如颜、萧所承用的雅言、书音，折中南北的异同而定的。雅言与书音总是合乎传统读音的居多，《切韵》分韵定音既然从严，此一类字与彼一类字就不会相混，其中自然也就保存了前代古音中所有的一部分的分别，并非颜、萧等人有意这里取方音，那里取古音。《切韵》的音系是严整的，是有实际的雅言和字书的音读做依据的……这个音系可以说就是六世纪文学语言的语音系统"①。多数人都同意这一结论。

　　对《切韵》性质的不同认识直接影响到汉语史的研究。认为《切韵》代表一时一地的音系，那么汉语的历史发展就是从远古——上古——中古——现代的一条直线型的发展，高本汉就是这一理论体系的代表。认为《切韵》代表的是一种"南北是非，古今通塞"的综合音系，那么它在汉语史的研究中就没有什么特殊的价值，应该弃之不顾。这种认识对汉语史研究产生了重要的影响，提出了一些新的理论体系。以美国罗杰瑞（Jerry Norman）为代表的一批语言学家，认为不要理睬《切韵》之类的书面材料，应该严格地运用历史比较法，先比较方言内部的差异重建原始方言，如原始闽语、原始吴语、

① 周祖谟：《切韵的性质和它的音系基础》，载《语言学论丛》第 5 辑。

原始粤语……而后再比较各原始方言的差异重建原始汉语。他为此身体力行，著有《闽方言声调的发展》《原始闽语的声母》《原始闽语的韵母》等文章。在汉语史的研究中重视方言材料的运用，这是无可非议的，但把一种有悠久文化传统的语言看成与无文字的语言一样，不管历史文献资料的价值，这未免走入极端。历史比较法的基本精神是从语言的空间差异中探求语言在时间上的演变序列，书面文献材料是时间的见证，方言差异的比较有了这种时间的制约，历史比较的研究就可以最大限度地减少个人主观的偏见，使原始形式的拟测尽可能地接近语言的实际状态。高本汉的《中国音韵学研究》在这方面提供了一个很好的范例。罗杰瑞由于放弃书面资料的参照，因而他对原始闽方言的拟测，如第九调（与汉语平上去入四调的分化无关）和为解释这一声调的产生而拟测的第三套塞音、塞擦音（如双唇浊塞音有不送气、送气和弱化的 b、bʰ、-b 三套系列，认为第三套弱化的塞音、塞擦音前原来有前缀音，后来由于它的消失而产生第九调），在汉语方言和历史文献资料中都找不到任何根据，因而难以成立，受到人们的反对和质疑。王力早期的《汉语音韵学》是追随高本汉的体系的，但是到了晚年，他对《切韵》在汉语史研究中的价值的评价却发生了 180 度的大转变，主张抛开《切韵》，因而在《汉语语音史》（中国社会科学出版社 1985 年版）中只根据历史的顺序把汉语史分为先秦、汉代、魏晋南北朝、隋—中唐、晚唐—五代、宋代、元代、明清和现代九个时期，在每一个时期中大体上选择一两个有代表性的作家，根据他们的韵书、韵文或反切材料整理出各个时期的音系,而后再比较各个时期的音系的异同,清理语音演变的规律。为什么他前后期会发生这样大的变化? 这是由于王力改变了对《切韵》在汉语史研究中的地位的看法,认为《切韵》"并不代表一时一地之音",不能代表中古音系,应该"以陆德明《经典释文》和玄应《一切经音义》的反切为根据,考证隋唐音系"①。这一理论体系可以说是与罗杰瑞殊途同归,从文献资料的角度否定《切韵》在汉语史研究中的地位。方言差异的比较与书面文献资料的结合,是汉语音韵史的现代化研究的标志,也是取得成功的关键,放弃这种"结合",无助于音韵史的深入研究,对各个时期音系的音值的拟测也就失去了依据。王力与罗杰瑞的两种体系虽然各有它的特点和优点,但各有它们的片面性。

张琨的看法不同于上面所说的任何一家,总的思路是:汉语史的研究既不能抛开《切韵》,但也不要拘泥于《切韵》。1972 年,他和他的夫人张谢蓓蒂合写了一本《上古汉语的韵母系统和〈切韵〉》(*The Proto-Chinese Final System and the Chieh-Yün*)的著作,为汉语音韵史的研究勾画出一个新的理论框架。他认为以《诗经》为代表的上古音系代表黄河中下游地区的北方方言,而《切韵》是以南朝、特别是齐、梁、陈时期的诗韵为基础编纂而成的,是一种综合音系,反映了很多南方方言的特点,它与《诗经》的语言没有直接的继承关系。《切韵》是一部反映"南北是非,古今通塞"的韵书,本身就

---

① 　王力:《汉语语音史》,北京:中国社会科学出版社 1985 年版。

代表一部汉语的音韵史。至于它与现代方言的关系,既不能像高本汉那样,笼统地把《切韵》视为现代方言的原始母语,也不能像罗杰瑞和王力那样,完全抛开《切韵》,而应该根据不同方言的特点把《切韵》的音类简化,也就是在研究甲方言与《切韵》的关系时,应剔除这一综合音系中不属于甲方言的因素,为原始甲方言建立一个音类框架,而后再比较该方言的内部分歧,为每一个音类拟测具体的音值,建立原始方言音系,最后再进而比较各个原始方言的差异建立原始汉语。这一框架的一个重要精神是将方言差异应用于书面文献研究,不再局限于现代方言差异的比较研究。这是其他的理论框架所没有的一个重要特点。

前面的讨论说明,对《切韵》性质的不同认识直接涉及汉语音韵史研究框架的建立,其核心的问题是如何处理方言的差异和"历史上的旧材料"的关系。这不仅影响到对汉语音韵史的认识,而且也涉及切韵音系结构的研究。对切韵音系的拟测,引起争论的主要是两个问题,一是三等韵声母的"j化",二是重纽。高本汉根据反切上字的分类情况,认为三等字的声母j化,而一、二、四等的为非j化的纯声母,其中见、溪、疑等15个声类分j化的和非j化的两套,一共47个声母。这引起了很多学者的反对,陆志韦甚至认为"高氏之说只可以证明三等与一、二等之分别,而于三等喻化(j化)与否实风马牛不相及"[①]。不过这个问题比较简单,赵元任用介音和谐说解释,

---

① 陆志韦:《三四等与所谓喻化》,载《燕京学报》第26期。

很有说服力,就是三等韵的反切下字有介音 j,因而反切上字也要求
有一个介音 j,使之上下和谐。[①] 李荣同意赵元任的意见,因而将高
本汉的 j 化和非 j 化的两套声母合并,并结合他新的研究成果,将切
韵音系的声母定为帮、滂、并、明等 36 个,成为人们公认的结论。[②]
至于重纽,从 20 世纪 40 年代的董同龢、周法高开始,直至现在,仍
不断有新的探索。这一问题由于过于复杂、专业,这里不赘。

### 中西语言学“结合”的思路的探索

汉语音韵史的现代化研究,提出了几种有代表性的理论,其中
有两点值得我们关注:一是历史比较法和汉语音韵史研究的关系,
二是语言基本结构单位的把握对语言史研究的重要价值。

围绕切韵音系的性质和汉语史研究的关系,不同的理论都提出
了实现中西语言学的“结合”的一种思路。显然,这里隐含着几种不
同的思路,粗略地说,大致有三种。第一种以晚年的王力为代表,强
调汉语历史资料在汉语史研究中的绝对价值,不大关注方言差异的
比较对历史资料进行“活”的解释的价值。第二种思路强调立足汉
语的研究、积极利用已取得的研究成果,并以此为基础吸取西方历
史语言学的理论和方法,揭示汉语音韵的演变规律。持这种见解的
学者最多,从高本汉到张琨,都是根据这种方法论原则去实践他们

---

① 赵元任:Distinction within Ancient Chinese,载《哈佛燕京学报》(HJAS)第 5 卷
第 2 期。
② 参看李荣:《切韵音系》,北京:科学出版社 1956 年版。

中西语言学"结合"的思路的。第三种以罗杰瑞为代表,主张严格采用 19 世纪在印欧语研究中行之有效的历史比较法,从复杂的汉语方言的差异出发,不管历史上的文字、文献材料,先拟测原始方言,而后再在此基础上拟测原始汉语。这三种"结合"的思路,至少在我看起来,一、三两种思路各有其片面性,特别是第三种思路,基本上抛开了汉语悠久的研究传统和已取得的历史成就,重起炉灶,用从印欧语的历史研究中总结出来的原则来解释汉语方言的分歧,而不是用方言的差异对《切韵》之类的"历史上的旧材料"进行语音学的描写,做出规律性的解释。研究汉语史的学者为什么都不大重视罗杰瑞的理论思路,将它付诸实践?恐怕与罗杰瑞的这种方法论有偏颇不无关系。我们比较肯定高本汉所开创的汉语音韵史研究的一些基本原则,就是不要生搬硬套地使用 19 世纪的历史比较法,而是以传统的汉语音韵研究为基础,紧紧地把握汉语的特点,对历史比较法的程序和原则作一些必要的调整和修正,从而对汉语音韵的发展规律进行了有效的语音学描写。汉语音韵史的研究实践也证明了这一思路的成效。

不同的学者围绕《切韵》音系的性质和汉语史研究的关系提出了多种不同的理论,尽管相互有差异、有争论,但大多都坚持字的汉语基本结构单位的性质,以字音为基础进行比较研究;罗杰瑞虽然以词为单位进行方言的调查和比较研究,但他的"词"都是由一个个字组成的,因而也无法摆脱字的基础性地位。西学东渐,汉语音韵史的研究没有改变字的基本结构单位的地位,在实践中都是将方言差异的比较和书面材料相结合,对字音的结构和演变进行研究,因而取得了富有成果的进展。这种研究途径或许可以名之为"中学为体,西学为用"。我们了解了这种研究背景,对后面评述现代语法学的研究思路也是有帮助的。

## 3　语言理论研究思路的开拓和汉语历史语言学的新探索

### 王士元和他的"词汇扩散"理论

20世纪的六七十年代,语言学思潮的主流是乔姆斯基的转换—生成理论。面对这一思潮的冲击,国内的学者由于当时正处于"文革"时期,根本没有条件去思考这些学术问题;国外研究汉语的学者则对此展开了一系列有成效的研究,提出了一些新的理论研究思路,其中最重要的应首推美籍华裔学者王士元的词汇扩散理论。

王士元原是乔姆斯基转换—生成理论的忠实信徒,积极进行相关的研究,并把乔姆斯基的《句法结构》一书译成汉语。但是跟了一段时间后,他发现这一生成理论有严重的弱点,于是转而研究汉语的方言,把北京大学中文系的《汉语方音字汇》以及中古音、日译吴音、日译汉音等近三十种的方言材料输入计算机,进行以"词"为单位的音变方式的研究，提出了著名的**词汇扩散理论**。从理论渊源关系来说，它是方言地理学的"每一个词都有它自己的历史"理论的复活，认为语音演变不是像青年语法学派所说的那样，在相同的语音条件下一个音以"语音规律无例外"的方式演变，而是以"词"的读音一个一个地发生变化的渐进性扩散方式演变，因而没有规律。在历史语言学的研究中，离散式音变的方式人们不是太重视，王士元把它加以强调，提炼出一种新的音变理论，这是有重要意义的。它是将西方的历史语言学理论和汉语研究相结合而取得的一项重要成果，是对历史语言学的一个贡献。王士元自己在谈到这一点的时候说："有一点我们是可以自豪的。过去，中国语言学只是影响到中国国内的语言研究，好像是自立门户，跟普通语言学没有太大的关系；或者说，有时候受到西洋语言学的一些影响，但很少影响到普通语言学。词汇扩散理论，据我所知，是中国语言学第一次影响到整个历史语言学，使历史语言学增添了一支新的生力军。"[①]确实，这是对历史语言学的一个重大贡献，产生了很大影响。它告诉我们，立足于汉语的研究，找出其中的内在规律，是可以对普通语言学做出自己的贡献的。

王士元创建词汇扩散理论的方法论原则跟前面所说的以高本汉为代表的汉语音韵史的研究是一脉相通的，都是坚持以汉语研究为基础去吸收西方历史语言学的理论、方法的立论精神，探索汉语

---

① 王士元教授谈历史语言学（徐通锵访问整理），载《语言学论丛》第 13 辑。

的演变规律。中西语言学的这一"结合"原则的成效已经得到语言研究实践的检验,应该继续坚持和发扬。

### 汉语方言、少数民族语言的研究和语言学理论研究的新进展

根据前面的简单叙述,随着西学东渐,汉语历史语言学取得了重要的进展,但只要我们稍加分析,就会发现在中西语言学"结合"道路上进行理论开拓的,不是外国的汉学家,就是长期生活在国外、受过严格的西方语言学教育的华裔学者,这一事实本身就是对中国语言理论研究的一个严厉批评。到20世纪八九十年代,随着改革开放政策的实施,中国语言学终于打破了自20世纪50年代开始形成的自我封闭的壁垒,一方面积极学习西方的语言理论,另一方面在以往研究实践的基础上开始进行一些理论的探索,并取得了一些重要的进展。这主要表现在以下几个方面。第一,以汉语文白异读现象的研究为基础提炼出叠置式音变的理论和方法,使历史语言学继连续式音变、离散式音变之后又补充了一种新的音变方式,并据此对历史比较法和内部拟测法提出了一些补正性的假设。第二,结构的不平衡性产生变异,而音系的结构格局则制约着变异的范围和目标,使变异从无序到有序的转化遵循着一定的方向和规律,并以此为基础提炼出一种音变的理论:语音的易变性和音系结构格局的稳固性的对立统一是理解、解释语音演变的杠杆,可以从现实语言的音变机理中去解释历史上已经完成的音变规律。第三,在汉语方言共存变异形式的研究中发现了一种新的"横向"计量时间的方法,

可以从共存的变异形式中"看"到语言在几十年到几百年时间中的运转机制和演变历程。第二、第三两个方面是对社会语言学的语言变异理论的改进和补充,既可以为历史语言学开辟一个新领域,也可以为语言系统的自组织性特点提供有力的佐证。这方面的代表作是徐通锵的《历史语言学》和王洪君等与之相关的一系列论文。

历史语言学的另一方面的成就是对少数民族语言的研究。中国是民族语言研究的"富矿",新中国成立后进行了大量的调查,但成果发表得很少。随着学术环境的改善,有一大批学者投入这一领域的研究,开始了对汉藏系语言历史比较研究的理论探讨,其中各少数民族语言与汉语有无亲属关系的问题是这种理论探讨的焦点。这有两方面的原因:首先是因为国内早期有关汉藏语系的假设尚未得到严格的证实;其次是由于国外的许多学者认为苗瑶语和侗台语不属于汉藏语系,甚至有人认为藏缅语与汉语的同源关系也没有得到证实。国内的学者大多不同意这些意见,因而为了论证汉语和相关少数民族语言的历史同源关系,进行了许多探讨,推进了历史比较研究。在方法论上进行新的探索的主要有严学宭的词族比较法、邢公畹的语义学比较法(或叫"深层对应法")和陈保亚的语言接触的"无界有阶"理论。严、邢的假设是想结合汉语和汉藏系语言的特点对历史比较法进行适当的改进,而陈则完全是从另一个视角对语言发生学的问题提出一种新的假设,其基本的要点已在前面第六章第四节中评述,这里不赘。这一理论研究对国际上颇有争论的有关汉语和相关语言的系属划分问题提出了一种新的,而且有很强操作性的理论假设,丰富了汉藏语系研究的理论和方法。日本著名学者西田龙雄在 1997 年《东方》第 198 期上还专门著文进行了推荐性的评介。这些理论模型人们的评价可以不一,但不能否认它们各有自己的价值,而且都是国内学者积极探索而取得的成果,初步改变了只有外国学者或海外华裔学者在进行理论性探索的状态。这是中国历史语言学取得新进展的标志。

无论是汉语的历史语言学,还是汉藏系语言的历史比较语言学,它们进行比较研究的基本结构单位,说的可能是"词",但实际上都是单音节的字;汉语的"字"同样适用于汉藏系语言的历史比较研究。有一次我去拜访邢公畹先生,他说:我们两人对汉藏系语言的历史比较的思路不大一样,但有两点是完全相同的,即一要以字为比较的单位,二是注重语义。我表示赞同。汉语或汉藏语的历史比较研究,不以字为基本结构单位,将寸步难行;"无界有阶"理论由于是以表概念的语汇为基础进行计量统计的分析,单位的表现形式宽一点,包括字和字组。

前面的讨论集中于汉语音韵的研究和汉藏系语言的发生学研究,没有涉及语汇和语法。为什么? 这是由于这两个领域研究的理论和方法基本上都是从现代汉语的语汇和语法的研究中移植过去的,没有什么新的特点,因而了解了现代汉语语法研究的成效以及它所存在的问题,也就知道了古汉语相关领域研究的成效和弱点。

# 西学东渐和中国的现代语法学

一种事物的特点，要跟别的事物比较才显出来……要认识汉语的特点，就要跟非汉语比较；要认识现代汉语的特点，就要跟古代汉语比较；要认识普通话的特点，就要跟方言比较。无论语音、语汇、语法，都可以通过对比来研究……

——吕叔湘

　　吕叔湘(1904—1998),语言学家、语文教育家,近代汉语语法的开创人之一,所著的《中国文法要略》是迄今为止对汉语句法全面进行语义分析的唯一著作。其他主要著作有:《文言虚字》《中国人学英文》《语法修辞讲话》(与朱德熙合著)、《汉语语法分析问题》《近代汉语指代词》等。

## 1 《马氏文通》和中国现代语法学的诞生

汉语的研究传统俗称小学,以字为基础研究文字、音韵和训诂,核心的问题是语义。我们没有印欧语研究传统的那种语法学。鸦片战争以后,西学东渐,国人发现中国语言学与西方语言学有天壤之别,中国以语义为核心的文字、音韵、训诂三位一体的语言研究西方语言学没有,而西方的语音、词汇、语法三足鼎分的研究在中国语言学中也找不到;特别是其中以主谓结构为框架的语法学,我们的研究传统没有这样一个独立的部门。富国强兵、仿效西方建立中国的现代科学是当时的思潮,它在语言学中的表现就是积极学习西方语言学的理论和方法,特别是其中的语法理论和方法,以建立中国的现代语言学。《马氏文通》是这一思潮下的奠基性著作,从此开始,中国语言学多了语法学这一新领域。

《马氏文通》的诞生标志着中国语言学开始进入一个新的时期,不同的语法著作接踵出版。但是,由于它的研究基础与高本汉的《中国音韵学研究》不大一样,因而各自碰到的问题也大不一样。如果说,《中国音韵学研究》之后的汉语音韵史的研究与西方历史语言学理论、方法的结合,经历的道路比较平坦,成效显著,那么《马氏文通》以后的汉语语法研究的发展道路则是暗礁丛生,艰难曲折。为什么?因为它们实现中西语言学的结合的基础不一样。这主要是:

第一,我们的研究传统没有如西方语法学那样的一个独立的部门,缺乏基础,因而只能参照拉丁语的语法框架,结合汉语的特点,建立汉语的语法体系。《马氏文通》是中国第一部系统地论述汉语语法结构的著作,也是中西语言学最初结合的结晶之一。现在有些人认为《马氏文通》依据的是普遍唯理语法的原则,不是拉丁语语法的机械模仿。即使承认这一论断,我们也不能否认《马氏文通》是以西方的语法理论为基础而写成的一部著作。

第二,不同语言研究传统的"结合"以语言的共性结构原理为基础,如希腊—罗马传统与印度传统的"结合"就是发现了梵语和日耳曼系、罗曼系诸语言之间在语音、词的形态变化等方面存在着成系统的对应关系,从中总结出印欧语的共性结构原理,创建了历史比较语言学的新理论,使语言学成为一门独立的科学。由《马氏文通》所开创的中西语言学的"结合",由于没有对汉语和印欧语之间的结构差异进行系统的对比研究,不大清楚它们之间的共性结构原理的具体表现,因而只能简单地移植印欧语的理论和方法,用它来观察汉语的结构,形成了汉语研究中的"印欧语的眼光"。

第三,这一"眼光"对汉语的研究产生了一次颠覆性的影响,具体的标志就是中断、甚至否定了悠久的汉语研究传统,否定了字的基本结构单位的性质,完全以印欧语的语法理论和方法为基点来研究汉语,将词和句视为汉语的基本结构单位,集中研究名、动、形的词类划分和它们与主、谓、宾之类的句子结构成分之间的关系;而汉语究竟有没有像印欧语那样的词和句?实在是一个有待于研究的大问题。基本结构单位是驾驭语言系统的枢纽,如果枢纽性的结构单位把握得不准确,那么具体的语言研究肯定会离开汉语的结构基础,从而引起种种的争论,难以收到预期的效果。百年来的语言研究的实践也证明,汉语语法研究周期性地爆发的几次大争论都是围绕着名、动、形的词类划分和它们与句子结构成分之间的关系问题展开的。这种争论的实质就是面对语言事实与语言理论的矛盾而一时找不到解决的途径的反映。

《马氏文通》既然存在着这样一些问题,为什么还有那么大的影响?为什么有那么多人紧随其后,去修补它的缺漏、探索汉语语法结构的规律?这恐怕是由两方面的原因造成的:一是由于社会发展的需要,白话文代替文言文,迫切需要研究现代汉语的语句的结构,二是将印欧语的理论、方法视为语言共性的标志,在语言研究中过多仰仗于西方的语言理论,脱离了汉语的结构基础。关于社会发展

的需要,可以从孙中山的一段话中得到证明①:

> 中国向无文法之学……以无文法之学,故不能率由直径,以达速成。此犹渡水之无津梁舟楫,必当绕百十倍之道路也。中国之文人,亦良苦矣!自《马氏文通》出后,中国学者,乃始知有是学。马氏自称积十余年勤求探讨之功而后成此书。然审其为用,不过证明中国古人之文章,无不暗合于文法,而文法之学,为中国学者求速成图进步不可少者而已;虽足为通文者之参考印证,而不能为初学者之津梁也。继马氏之后所出之文法书,虽为初学而作,惜作者于此多未窥三昧,讹误不免,且全引古人文章为证,而不及今时通用语言,仍非通晓作文者不能领略也……所望吾国好学深思之士,广搜各国最近文法之书,择取精义,为一中国文法,以演明今日通用之言语,而改良之也。夫有文法以规正言语,使全国习为普通知识,则由言语以知文法,由文法而进窥古人之文章,则升堂入室,易如反掌,而言文一致,亦可由此而恢复也。

这段话明确提出编写"演明今日通用之言语"的语法的重要性,要求"吾国好学深思之士"去完成这个任务。社会发展的需要和"五四"白话文运动的胜利推动了中国语法学的发展,而发展的办法当时只能是"广搜各国最近文法之书,择取精义,为一中国文法",这就为汉

---

① 孙中山:《建国方略·以作文为证》,见《孙中山选集》上卷,北京:人民出版社1956年版。

语研究中仰仗印欧语的理论、方法开辟了道路。

比较前一章的研究,我们不难发现《中国音韵学研究》和《马氏文通》代表着中国现代语言学的两种发展道路,前者是以"中学为体,西学为用",而后者的"体"与"用"基本上都来自"西",把汉语纳入到印欧的语法理论框架中去研究。正由于此,汉语的历史音韵学和语法学在往后的发展过程中所面对的就是两种性质完全不同的问题,前者是具体问题的论争,而后者则是汉语结构本位的论争。《马氏文通》以后,为什么会提出汉语研究的词本位、句本位、词组本位、词和词组的复本位、小句中枢、字本位等各种本位说? 就是由于人们发现汉语事实与我们所采用的语法理论有矛盾,因而想通过不同的途径去探索解决矛盾的方法。把握住了这种思路,有助于理清中国现代语言学的发展脉络。

## 2　"独立"与"模仿":汉语语法研究道路的艰难探索

### "独立"研究的早期呼声

从无到有创立一门新的学科,模仿和借鉴是必要的,也是难以避免的,但模仿容易受被模仿对象的影响而忽视自己的特点。《马氏文通》在方法论上偏重于模仿,这自然会引起人们的异议。首先反对模仿、提倡独立研究的是陈承泽的《国文法草创》。他简要地比较、分析了汉语和西方语言的不同特点之后指出:"今使不研究国文所特有,而第取西文所特有者,一一模仿之,则削趾适履,扞格难通,一也;比附不切,求易转难,二也;为无用之分析,徒劳记忆,三也;有许多无可说明者,势必任诸学者之自由解释,系统歧异,靡所适从,四也;举国文中有裨实用之变化而牺牲之,致国文不能尽其用,五也;是故治国文法者,当认定其所治者为国文,务于国文中求其固有之法则,而后国文法乃有告成之一日。自有《马氏文通》以来,研究国文法者,往往不能脱模仿之窠臼,今欲矫其弊,唯有从独立的研究下手耳。"①他还提出"标语""说明语"(相当于现在一般所说的"话题"和"说明")的概念,认为"鸟吾知其能飞"的"鸟"就是一个"标语",不同于印欧语的主语,是汉语语法结构的特点。这种反对模仿、要求根据汉语本身的特点研究汉语语法的呼声是中国学者独立研究意识的觉醒,希望从一个新的角度去探索中西语言学结合的途径。"《国文法草创》是《马氏文通》以后的相当长的一个时期内最有意思的一部讲文言语法的书"②,它提出的"独立的非模仿的"问题也极其重要,值得加以强调。

独立与模仿,从方法论上说,相互是对立的,我们或许可以借此探索语法研究中的中西语言学结合的轨迹。如以此为参照点,那么《国文法草创》和《马氏文通》就是这两种对立方法论的最初代表作,

---

① 陈承泽:《国文法草创》,北京:商务印书馆 1957 年重印。
② 参看吕叔湘 1957 年为商务印书馆重印《国文法草创》而写的序言。

或者说,它们是寻求中西语言学相结合的两种不同思路的代表。不过这里应该说明的是,说《马氏文通》代表模仿、《国文法草创》代表独立,是就其理论思路的意向来说的,不是说模仿中没有创造,独立中没有模仿。《马氏文通》比较注意汉语的特点,书中有不少创造性的发挥,但这不能否定它的方法论基础是模仿。《马氏文通》以后的各种语法著作,自诩为"模仿"的非常少,但我们仍将把那些以印欧语语法理论、方法为基础而写成的著作归入模仿论。《国文法草创》呼吁独立,但其主要的部分分类论字(第四章到第十二章)显然属于模仿的范畴。吕叔湘1957年为《国文法草创》写的序言中指出,该书"有很多新颖的见解","现在的读者最能从里边得到教益的,我以为还应当数第二章'研究法大纲',第三章'文法上应待解决之诸悬案',第十三章即末了一章'活用之实例'。最后这一章尤其有启发作用",就是说,它的"独立"的各章"读者最能从里边得到教益"。所以,独立与模仿,这只是就一本语法著作的基本理论倾向和研究思路来说的,不是这一本完全"独立",那一本完全"模仿"。尽管如此,我们仍需强调独立与模仿,因为抓住了这两种基本倾向,也就容易抓住《马氏文通》以来中西语言学结合道路的发展脉络。从总的发展趋向来看,模仿的意识由强趋弱,而独立的意识则渐渐地由弱趋强。在《国文法草创》的时代,独立论基本上没有市场,就在陈承泽创导"独立的非模仿的"研究的时候,胡适的《国语文法概论》就振臂反对，认为"中国文法学的第一需要是取消独立"①。胡适是"五四"时期的权威性大人物，而陈承泽当时只是一个名不见经传的小人物，大人物的反对自然只能使小人物的独立理论"束之高阁"，并为模仿论的发展开辟前进的道路，出版于 1924 年的《新著国语文法》，作者黎锦熙后来在为该书再版写的序言中指出，它的"英文法面貌颇浓厚、颇狰狞"，就是这方面的一个最好注释。

### 汉语特点的探索和语法研究的进展

学术研究有它自己的发展规律。独立论的一时失利只能说明学术研究的客观条件还没有成熟，而不是它的失败。随着学术研究的发展，它一定会像雨后春笋那样破土而出，因为机械的模仿是无法解决汉语的语法结构问题的。1936 年，王力再一次发难，在《中国文法学初探》中明确提出："我们对于某一族语的文法的研究，不难在把另一族语相比较以证明其相同之点，而难在就本族语里寻求其与世界诸族语相异之点。"过了几年，即 1943 年，王力在《中国现代语法》一书中进一步指出，为了"表彰中国语法的特征，汉语和西洋语法相同之点固不强求其异，相异之点更不强求其同。甚至违反西洋语法书中之学说也在所不计"，"从语言事实出发才是研究语法的正确的道路"。这是反对机械模仿的宣言，要求研究"与世界诸族

---

① 胡适：《国语文法概论》，见《胡适学术文集》（语言文字研究），北京：中华书局1993 年版。

语相异"的汉语的特点。这反映了当时汉语语法研究的一种思潮，其理论色彩和客观影响比陈承泽的"务于国文中求其固有之法则"的独立论要大得多。1938 年，上海语法学界以《语文周刊》为阵地展开语法革新问题的大讨论，反对模仿，主张根据汉语自身的特点建立汉语的语法体系，走自己独立研究的道路。虽然在如何建立"新体系"的问题上学者们的争论激烈，进展也不大，但主张"独立"的人已成大军，不像陈承泽那样单枪匹马，也没有像胡适那样"中国文法学的第一需要是取消独立"的反对声。

40 年代，中国语法学在"独立"的道路上前进了一大步，王力、吕叔湘、高名凯等人的语法研究已摆脱了直接的模仿，而根据西方的某些语法理论来研究汉语的语法结构，突出语义的地位，并揭示"与世界诸族语相异"的汉语语法的特点。王力根据叶斯柏森的三品说，主张将汉语词类的划分与句子结构成分的关系脱钩，并根据汉语的语法特点提炼出能愿式、处置式、使成式、被动式、递系式等的句式；高名凯的汉语实词不能分词类的主张从另一个角度触及汉语法结构与西方语法理论的矛盾的一个核心问题。我们这里要特别强调吕叔湘的语法研究。除了在《中国文法要略》中开创了从外到内、从内到外的语法研究格局外，吕叔湘还对汉语语法研究的一些核心问题发表了非常重要的见解，其中最重要的是有定性范畴和与此相关联的主宾语问题。有定性范畴是一种语言的语法结构的核心，抓住它才能把握一种语言的语法结构的脉络。如果说，《中国文法要略》只是从指代词的角度讨论有定和无定的问题，那么《从主语宾语的分别谈国语句子的分析》则进一步联系汉语的语法结构讨论有定性问题,并对一些语法现象做出了有说服力的分析。他还联系汉语主宾语与施受事关系的特点认为"分析国语的句子,是不是可以只讲施事受事,不讲主语宾语"。这些论断都涉及汉语语法结构的核心。从《马氏文通》到20世纪40年代,集中对汉语有定性范畴与语法结构的关系展开讨论,并对印欧语以主谓结构框架为基础的语法理论的适用性提出一些疑问的好像只有吕叔湘。配价语法是现代汉语语法研究中的一种时髦理论,但"价"这种概念吕叔湘早在40年代就已经明确地提出来了,不过用的字不是"价""向"之类,而是"系",指出动词有单系、双系之别;三系的概念虽然没有明说,但也已经暗含于行文之中。这是中国语言学家独立的创新性研究,遗憾的是人们没有给予注意。这说明,20世纪40年代中国的学者已经明确地感到西方传统的语法理论不适合汉语语法的研究,开始进行独立的探索。这种"独立"性主要表现在哪儿?就是词类的划分与句了结构成分的关系脱钩,不再纠缠于名、动、形的词类和句子结构成分之间的对应关系。谁都知道,名、动、形的词类划分和它们与句子结构成分的规律性联系是印欧语语法理论的核心,形成一般所说的"双轨制"语法结构。主张汉语的语法研究应该将二轨脱钩的实质,实际上就是对印欧语的语法理论进行了一次"釜底抽薪"式的改造。当时,虽然还不能说已提出"独立"的汉语语法理论,但"独立"求索的方向是非常明确的,而吕叔湘、王力和高名凯就是当时站在"独立"研究前沿的学者,我们今天重读他们的论述,仍不乏新鲜感。20 世纪 40 年代是汉语语法进行独立性研究的一个重要时期。

### 结构分析法和汉语的语法研究

新中国成立以后,汉语语法研究进入一个新的时期,理论和方法"更新换代",主要用结构分析法来研究汉语的语法结构。新理论、新方法的运用自然会与旧理论、旧方法产生尖锐的矛盾,于是在 20 世纪 50 年代爆发了汉语的词类划分和主宾语问题的两次大辩论。辩论双方的立论根据,说实话,都来自西方,区别只在于一方根据分布的原则,另一方根据形态(词类划分)和语义(主宾语的鉴别)。依据分布的结构分析是当时语言学的一种主流思潮,力量大,旧的理论、方法自然无法与之抗衡,何况我们自己还没有建立起独立的理论,因而两次辩论的结果只能是为结构分析法的运用和推广开辟前进的道路,使这种分析法成为汉语语法研究的主流理论。

以分布分析为标志的语法理论是偏重于"模仿",还是"独立"?很难简单地下结论,因为它的研究格局已不同于以往。科学无国界,理论和方法只要符合汉语的特点,我们自然可以用它来分析汉语的结构。但是,另一方面,我们这里也必须强调:理论和方法是客观规律的主观反映,不同的研究对象各有其自己的客观规律,不能因"科学无国界"而机械地搬用国外的理论和方法。汉语和印欧语,虽然都是语言,都是现实的编码体系,彼此有"同"的一面,但是这种"同"是通过不同语言的结构特点表现出来的,需要根据对它们的独特结构规律的研究去揭示其中所隐含的共性结构原理。不同语言的"异"的研究是求"同"的基础，因而在吸收国外语言学的理论和方法的时候也得根据对象的特点加以灵活运用，不能机械地模仿或生搬硬套。王力在 20 世纪 30 年代强调的"我们对于某一族语的文法的研究，不难在把另一族语相比较以证明其相同之点，而难在就本族语里寻求其与世界诸族语相异之点"，是符合科学研究的方法论原则的。结构分析法的吸收和运用与这种强调"世界诸族语相异之点"的方法论的精神有点距离，因为它根据分布的原则侧重于汉语和"世界诸族语"的"同"，重新建立二轨（名动形的词类划分和句子结构成分）之间的联系，把汉语纳入到印欧语的语法理论框架中去分析，而不是强调各自的"异"。这就是说，这种研究方法的基本精神是偏重于模仿，不过不是直接的模仿，而是分析方法的模仿，是用一种方法的"尺"来"量"汉语的"体"、"裁"汉语的"衣"，而注重语序的汉语在某些方面也适合用这种方法来"量"和"裁"，但问题是我们分布分析的前提不确切或不很确切。它仍以主谓结构框架为基础，强调名、动、形的词类划分和它们与句子结构成分的对应关系，而忽视虚字在分布分析中的重要的鉴别作用。分析方法的这种偏误自然会使研究的成果偏离汉语社团的语感，不符合说话-听话人的直觉（intuition）。"的"分成"的 1""的 2""的 3"就是这方面的一个典型例子。它以名、动、形的词类划分为基础，考察"的"加在这些词类后整体结构的分布，然后分出"的 1""的 2""的 3"。为什么一个"的"字能分出三个来？因为"的 1"所在的结构其分布是副词性的，"的 2"所在的结构其分布是某类形容词（后称状态词）性的，"的₃"所在的结构其分布是名词性的。[①] 这种分析方法的实质就是把汉语的一个字根据印欧语的语法理论把它改造为三个词，以便纳入以主谓结构为基础的分布的框架中去分析。"的"的三分法在汉语语法研究中产生了重要的影响，人们步其后尘，也喜欢将某一个字分为1，2，3……但在我看来，这种分析除了语言学家为了自己理论上的自圆其说以外，与汉语社团的语感是有很大的出入的，因为说汉语的人是不会把一个"的"字分成"的₁""的₂""的₃"三个"的"的。

方法是客观规律的主观认识，因而需要从实际研究对象中去总结、提炼。汉语的结构与印欧语不同，找出规律的研究方法自然应该有差异，过分关注方法的模仿，尽管表述的形式很精致、很形式化，但无法揭示汉语结构的基本规律，只能在主、谓、宾和名、动、形之间的关系上兜圈子。所以，从研究的相对独立性角度来说，20世纪五六十年代的语法研究较之于40年代，似乎是"进一步，退两步"，对句法结构层次性的分析和某些规律的表述的准确性方面取得了明显的进展，但忽视了40年代已经提出的诸如有定性、"系"之类与句法语义相关问题的研究；否定了将词类划分与句子结构成分脱钩的意见，等等。就这一点来说，汉语的语法研究又重新打上了"印欧语的眼光"的烙印。

独立与模仿，两种思路的竞争，一方面推进了汉语语法研究的

---

① 朱德熙：《说"的"》，载《中国语文》1961年第12期。

发展,但另一方面也不能不引起人们的深思。回顾《马氏文通》以后语法研究的发展思路,基本上都是围绕着名、动、形的词类划分以及它们与句子结构成分的关系展开的,核心是词类的划分与句子结构成分是挂钩还是脱钩。《马氏文通》是第一次将二者挂上钩,不过以词类(书中的表述是字类)为主;黎锦熙的《新著国语文法》倡导的是"依句辨品,离句无品",想使二者脱钩,但后来作者自己放弃了这一思路。三四十年代之交,上海语法学界展开的"文法革新问题讨论",也有人主张将二者脱钩,但缺乏有影响的范例。40 年代的吕、王、高三家的语法研究,都主张将二者脱钩,并将其付诸实践,实质上是对印欧语的语法理论进行了一次"釜底抽薪"式的改造,因而取得了令人瞩目的成效。50 年代在结构语言学思潮的影响下,倡导分布分析,重新将二者挂钩,重形式分析,使汉语的语法研究仍旧回复到二者的关系上做文章。否定的否定,这本是学术研究发展的规律,不值得大惊小怪,但问题是为什么会出现如此频繁的反复而又找不到出路? 追溯其原因,恐怕是我们弄错了汉语的基本结构单位。《马氏文通》以后,不管是词类与句子成分的挂钩论者还是脱钩论者,都认为汉语的基本结构单位是词。基本结构单位是驾驭整个语言系统的枢纽,如果这种单位抓得不准确,不可避免地会影响语言研究的发展方向;即使是脱钩论者,也难以摆脱"印欧语的眼光"的束缚而进行完全独立的研究。为什么汉语语法研究中会出现那么多的"本位"? 实际上都是在寻找汉语自己的基本结构单位;由于每一种本位都难以有效地揭示和分析汉语的结构规律,因而才会不断地出现本位观的更替。比较之下，汉语音韵史的现代化研究从来没有在本位问题上发生过争论，这可以从另一个侧面反衬现代汉语语法研究所依据的基本结构单位——词的可靠性和可信性值得怀疑。汉语研究的实践呼唤着真正符合汉语实际情况的本位。

## 3　反思和探索：语法研究前进道路的开拓

### 理论的反思和对比研究方法的复苏

语法是中国现代语言学的一个主"战场"，投入的力量最多，但成效与投入力量的大小不大相称，以至发出"淡化语法"的呼声。[①]究其原因，恐怕是它背离了汉语的结构基础，过于迁就西方的语法理论。"文革"十年，我们没有条件追随和模仿国外语言学理论的新发展、新变化，而当改革开放以后我们有条件去学习国外语言学理论的时候，这些新理论的弱点已经表露。这使我们有可能以冷静的目光去审视这些新理论的利弊得失，并结合汉语研究的发展道路进行冷静的反思，总结相应的经验教训。首先进行这项工作的是吕叔湘的《汉语语法分析问题》（北京：商务印书馆 1979 年版），对《马氏文通》以来汉语语法研究所碰到的方方面面的问题进行了一次系统

---

① 张志公：《汉语辞章学引论》，初载于《语文学习》，又见《张志公自选集》，北京：北京大学出版社 1998 年版；《张志公论语文·集外集》，北京：语文出版社 1998 年版。

的清理，说明每一问题何以成为问题的来龙去脉，并提出可能的解决途径。这为进一步的研究奠定了良好的基础。吕先生能在"文革"动乱、无法进行学术研究的时期就对汉语语法研究进行冷静的反思，这种精神实在令人钦佩。这本书的篇幅不大，实际上在出版前就有油印本广为流传，对加快学术研究的复苏起了重要的指导性作用。

研究方法的改进是推进学术研究发展的一个重要条件。经过 20 世纪 50 年代的两次大论争，汉语语法研究中的主流就是以分布为标志的结构分析法。这种理论和方法在国外已于 20 世纪 50 年代末衰落，而在我们国内的语法研究中，却还大行其道。采纳这种理论和方法虽然在语言分析的形式化方面取得了积极的进展，但难以解决汉语研究的实质性问题。为什么？因为它只就语言事实进行分类描写，很少追究隐含于事实背后的结构原理。吕叔湘根据汉语语法研究的实际情况，不仅对它的发展道路进行了冷静的反思和总结，而且还在语法研究的方法论上提出了切实可行的建议。1977 年，还在学术复苏的酝酿时期，他就提出"通过对比研究语法"的意见，认为："一种事物的特点，要跟别的事物比较才显出来……要认识汉语的特点，就要跟非汉语比较；要认识现代汉语的特点，就要跟古代汉语比较；要认识普通话的特点，就要跟方言比较。无论语音、语汇、语法,都可以通过对比来研究……"①这是对方法论的一次反思。20 世纪 40 年代吕、王、高三家的语法研究为什么能取得明显的进展? 主要的方法就是通过对比的研究去发现汉语的特点,追溯原因,因而在理论上、方法上都有一些新的发现,吕先生当时在《中国文法要略》上卷初版例言中甚至说:"假如能时时应用这个比较方法,不看文法书也不妨;假如不应用比较的方法,看了文法书也是徒然。"吕叔湘的重新倡议复活了对比研究法在语法研究中的地位,从而使汉语的语法研究又发生了一次方法论的转折。这对当时对分布分析法还很迷信的很多年轻人来说,无疑是一服清醒剂。

20 世纪 80 年代,经过反思后的语法研究出现了一些重要的变化,最引人注目的是引入语义,强调功能,用语义特征、语义指向等来辅助和补充以主谓结构为纲的线性分布分析。这种变化也是国际语言学思潮的一种反映。自乔姆斯基的"标准理论"以后,语言研究的重心逐渐向语义倾斜,重点解决语义和语法的关系问题。我们吸取这种趋向的精神开展语义与语法相结合的研究,使汉语的语法研究出现了一些新气象。被冷落近 40 年的动词的"系"的概念重新受到人们的重视,不过发生这种变化的原因不是我们重新发现了20 世纪 40 年代的吕叔湘,而是受西方语言学配价语法的影响,以"价""向"之类的术语出现。语义特征之类的概念虽已用于语法研

---

① 吕叔湘:《通过对比研究语法》,载《语言教学与研究》第 2 期,这里据《语法研究入门》,北京:商务印书馆 1999 年版。

究,但基本上是举例性、实用性的,服从于某一句式研究的需要;离开这一句式,这些特征就不一定适用于其他句式的研究。实践的需要迫使人们去探索新的途径,于是相继提出一些新的设想,比较重要的有词组本位理论,语法、语义、语用三结合的研究和字本位理论。

### 朱德熙和词组本位的语法理论

词组本位是朱德熙在《语法答问》(北京:商务印书馆 1985 年版)中正式提出来的,是将吕叔湘的对比研究方法付诸实践并产生广泛影响的一种语法理论。他通过汉语和印欧语结构的比较,发现汉语语法有两大特点:第一,词类和句法成分之间的关系在印欧语里是一对一的对应,即"动词跟谓语对应,名词跟主宾语对应,形容词跟定语对应,副词跟状语对应",而汉语的词类和句法成分的关系错综复杂,是一对多的"对应":"(1)动词和形容词可以做主宾语,(2)名词可以做定语,(3)形容词可以做谓语和状语,(4)名词在一定条件下可以做谓语";第二,汉语的句子的构造原则跟词组的构造原则一致,因而可以以词组为本位进行汉语语法的研究。这两个特点的核心是想使词类的划分与句子成分脱钩,既坚持名、动、形的词类划分,又坚持主谓结构的框架,各自进行独立的研究。朱德熙想以这一研究为基础,摆脱汉语研究中"印欧语的眼光"的束缚。

确实,"印欧语的眼光"是束缚汉语研究的一种"紧箍咒",其中最核心的是将词视为汉语的基本结构单位。基本结构单位是驾驭

整个语言系统的"纲"，纲举目张，"纲"弄错了，"目"自然难"张"，或
"张"得畸形。如何摆脱"印欧语的眼光"的束缚？这是汉语研究能
否取得实质性进展的关键。朱德熙提出了这个问题，确实抓住了关
键，比吕叔湘的反思和对比研究说在理论上又进了一步。至于什么
是"印欧语的眼光"？朱德熙认为是"把印欧语所有而为汉语所无的
东西强加给汉语"①。问题是什么是"有"？什么是"无"？这里缺乏
一个客观的鉴别标准。比方说"词"（word），是为汉语所"有"还是为
汉语所"无"？以主谓结构为标志的句法结构规则是为汉语所"有"
还是为汉语所"无"？从《马氏文通》以来的汉语语法研究来看，它们
自然是为汉语所"有"的。但它们是"有"还是"无"，恰恰是一个关键
问题。一些有经验的语言学家，如吕叔湘、赵元任等，早就讨论过这
个问题，认为它是"为印欧语所有而为汉语所无"的东西，汉语没有
词，现在使用的词的概念是"按西方语言学家的眼光来分析汉语并
确定像结构词这样的单位"，"但这不是汉人想问题的方式，汉语是
不计词的……"②语言基本结构单位的确定是"牵一发动全身"的事
情，我们既然用印欧语的词的概念来分析汉语，那么必然会把印欧
语的一套语法理论搬到汉语中来，仿效印欧语的研究讲述汉语构词
法，划分词类以及它们与句法结构的关系，等等。印欧语由一致关
系所维系的主谓结构是词的活动舞台，能充当句法结构成分的词进

---

① 朱德熙：《语法答问》，北京：商务印书馆1985年版。
② 赵元任：《汉语词的概念及其结构和节奏》，见《赵元任语言学论文集》，北京：商
务印书馆2002年版。

入句子之后必须直接地或间接地接受一致关系的支配,发生不同的形态变化,以执行不同的语法功能,使名、动、形的词类与句子结构成分之间呈现出有规律的对应关系。词与句为什么具有这种结构关系?关键就是印欧语的句法是一种封闭性的结构,二"轨"相互依存,使每一个词只能在一致关系所维持的主谓结构这一封闭的框架内活动。汉语自然有句子,但没有封闭性的语句结构;它的特点是开放性的,与印欧语的句法结构特点正好相反。这样,以封闭性为特点的主谓结构的句子是为汉语所"有"还是为汉语所"无"?不同的学者同样有不同的答案。鉴于这些复杂的情况,我们认为应该给"印欧语的眼光"定出一个客观的鉴别标准。"眼光"就是一种语言的结构基础,或者说是能控制全局的结构规则。印欧系语言的结构基础是由一致关系所维持的主谓结构和与此相关联的名词、动词、形容词的划分,其具体的表现就是词类与句子结构成分之间的有规律的对应关系,语言系统中的其他规则都由它派生并接受它的控制。这应该是"印欧语所有而为汉语所无"的具体内容,是鉴别"印欧语的眼光"的标准,即凡是用这种原则来观察汉语语法结构的就是汉语研究中的"印欧语的眼光",是使中西语言学的结合进入误区的理论基础。自《马氏文通》以来,汉语语法研究的几次周期性的大争论为什么始终围绕着名、动、形的词类划分以及它们与句子成分的关系问题展开?为什么这一问题老是解决不好?原因就在于这种"印欧语的眼光"难以解释汉语语法的结构,或者说,是汉语的语法结构对"印欧语的眼光"的一种顽强的抗拒。我们如果越是坚持这种"眼光",那么就会越深地陷入误区而难以自拔。

朱德熙根据汉语和印欧语的比较研究提出汉语的两个特点,并以此为基础提出词组本位理论,这无疑是向摆脱"印欧语的眼光"的束缚的方向前进,因为以主谓结构为标志的句法成分与词类划分的结构关联是印欧语语法理论的结构基础,词组本位理论使两者脱钩反映了中国学者要冲出"结合"的误区、对汉语语法进行独立研究的一次重大努力。但是,我们感到遗憾的是,朱先生的努力好像是在"印欧语的眼光"的阴影下努力挣脱"印欧语的眼光"的束缚。这主要表现在:第一,词类与句法成分脱钩,实际上也就失去了划分词类的必要,因为分类的目的就是为了分析语法结构的方便。这一点,吕叔湘、朱德熙早在 20 世纪 50 年代初的《汉语语法修辞讲话》中就有明确的讨论;英国语言学家帕默的《语法》也有相关的论述。印欧语的词类划分之所以重要就是由于它们与句法结构存在着内在的结构关联。另一方面,脱钩又不彻底,因为名、动、形的词类划分还得纳入词在主谓词组、动宾词组等结构中的分布去分析,并没有完全摆脱词类与句法结构成分之间的关系。第二,如果说,印欧语的词类与句法成分的一对一的对应关系是语言规律的反映,那么汉语的错综复杂的一对多的所谓"对应"就不能看成为规律,因为我们在这里找不出对应的条例,或者说,印欧语的结构规律不能用来分析汉语的结构。我们一定要在这种不存在规律的地方找规律,只能是自寻烦恼,《马氏文通》以来语法研究和词类划分与句子成分的关系的周期性争论就是这方面的最好说明。第三,印欧语的句法结构是以封闭性为其特点的主谓结构，词组本位也想在封闭的框架内研究汉语的语法结构，避开开放性的语法现象，这就使汉语语法中的一些富有特点的重要现象得不到有效的研究。所以，尽管朱德熙对汉语的特点进行了有价值的探索，但由于受"印欧语的眼光"的干扰，始终难以迈出有决定意义的一步。尽管如此，朱德熙的研究唤醒了汉语特点的研究，为此后的研究开拓了一条前进的道路。

### 语法、语义、语用的"三结合"和汉语语法研究

语法、语义、语用的"三结合"的研究思路也是中国语言学家想摆脱"印欧语的眼光"的束缚而提出来的一种假设。最早提出这个问题的上海复旦大学的一位年轻语言学家陆丙甫的《读〈"的"字结构和判断句〉》，认为语法结构中的施事、受事、工具等是语义关系，主题、陈述等是表达关系，而结构单位的位置等是结构关系，其中的表达关系连接语义关系和结构关系。后来胡裕树和范晓进一步讨论了三个平面的结构，特别是范晓，主要的精力都集中于这一领域的建设。

激发"三结合"研究思路的主要是当时语言研究的多元化的发展，在语法、语义、语用等方面的研究都取得了一些积极的进展。语法的研究虽有悠久的历史，但基本上没有涉及语义。而自 20 世纪 60 年代中期开始，很多人已认识到没有语义的语法研究是不全面的，因而以乔姆斯基的"标准理论"为标志，语言研究向语义倾斜，重点探索语义与语法的关系，诞生了不少以语义解释语法结构的理

论,如雷柯夫(G. Lakoff)的生成语义学、菲尔墨(C. J. Fillmore)的
"格语法"等,而且这一研究思路也已影响到国内的汉语语法研究,
如朱德熙的《语法答问》等就用各种语义格来解释主语等语法结构
成分的功能,不再满足于单纯的分布分析。至于语用的研究,理论
上的探讨始自 20 世纪 30 年代布拉格学派的马蒂修斯(V. Mathe-
sius)等关于主题(theme)和述题(rheme)的研究,但没有对汉语的
研究产生什么影响。1958 年,结构语言学后期的一个代表人物霍
凯特(S. F. Hockett)在他的《现代语言学教程》中再一次提出"话
题—说明"(topic—comment)和"主语—谓语"的关系,唤醒了人们
对语法和语用的关系的研究兴趣。赵元任的《汉语口语语法》首先
将这一思路用于汉语语法的研究,认为"主语和谓语的关系可以是
动作者和动作的关系。但在汉语里,这种句子(即使把被动的动作
也算进去,把'是'也算进去)的比例是不大的,也许比 50% 大不了
多少。因此,在汉语里,把主语、谓语当作话题和说明来看待,比较
合适,主语不一定是动作的动作者,在'是'字句里不一定等于'是'
字后边的东西;在形容词谓语前头不一定具有那个形容词所表示的
性质。它可以是这种种,但不是必得是这种种"①。此后的汉语研究
对语法与语用的关系逐步展开,取得了一些积极的进展。这是对汉
语结构的总体宏观的观察,比较适合汉语的特点,因而受到很多人
的重视。另一方面,某些实际语言现象的研究也已深刻地揭示出语

---

① 赵元任:《汉语口语语法》,吕叔湘译,北京:商务印书馆 1979 年版。

义、语用和语法结构关系的矛盾,其中最有意思的是朱德熙关于"差一点儿"的研究。朱曾在《中国语文》上发表过两篇文章,1959 年是《说"差一点儿"》,1980 年又在《汉语句法中的歧义现象》中讨论到"差点儿没",分析汉语语法结构中的某些语用的特点:

|  | A | B |
|---|---|---|
| 1. | 差点儿没考上大学(考上了) | 差点儿没掉进井里(没掉进) |
| 2. | 差点儿考上大学了(没考上) | 差点儿掉进井里(没掉进) |

B 的肯定式表否定,而 A 的例 1 否定表肯定,例 2 则是肯定表否定。朱用"主观企望"来解释二者的差异,A 是主观企望发生的事情,B 是不企望发生事情;由于这种主观企望的差异,B 的肯定式和否定式都表否定,而 A 的例 1 和例 2 的"±肯定"式与其所表达的意思相矛盾,是否定式表肯定的意思,而肯定式则表否定,主观语用的因素影响语法结构的语义表达。

人们看到语法、语义、语用这些领域都取得了明显的进展,而印欧语的语法理论又不大适合汉语语法的研究,于是就想吸取语义、语用领域的研究成果,实现语法、语义和语用的"三结合",以改进语法研究的方法。语法研究应该克服单纯语法结构关系的研究的局限,这是无可非议的,但涉及的一些深层次的问题还有待推敲,其中最重要的一个问题是结合的基础、基点或中心,需要有一个合适的结构框架。汉语是一种语义型语言,不同的结构层面上语义的地位都很突出,传统的文字、音韵、训诂的研究都已为此做出了有力的佐证。现代汉语尽管不同于古代汉语,但需要突出语义的地位,这一点不应该有任何怀疑。20 世纪 40 年代吕、王、高三家的语法研究的成就、结构语言学单纯的形式分析难以解决汉语结构中的实质问题，都已从不同的侧面衬托语义在汉语结构中的特殊地位。如果要实现"三结合"的研究，其基础应该是语义。语义与语法、语用的联系，哪一方面的联系更密切？应该是语义和语用，但现在"三结合"研究的重点偏重于语法与语用的关系，重点讨论主语与话题的关系。遵循这一思路，不一定能为汉语结构的研究找到切实可行的途径。

### "字本位"与中西语言学的结合的基点

中西语言学的结合是发展中国语言学的必由之路，但这种"结合"必须有一个自己的立足点。《马氏文通》以来的语法研究开始了中西语言学结合的进程，但立足点是印欧语的语法理论，把汉语结合到这种理论框架中去研究，与肇始于高本汉的汉语音韵史研究的结合很不一样，或者说，两种研究的立足点很不一样。音韵史研究的立足点是汉语，即前面所说的"中学为体，西学为用"，而这个"体"的基础就是语言的基本结构单位，即音韵史的研究始终以字为基础，而语法却以汉语中所没有的词为基础，从而形成两种不同的结合思路。我们前面为什么要进行一些音韵史研究的讨论？目的就是要比较这两种结合思路的优劣，想为中西语言学的结合寻找一个合适的立足点，用一个统一的基本结构单位来研究汉语的各个结构层面，从一个侧面为字本位理论梳理历史的成因。

"字"本位理论的最早倡导者是赵元任，认为"……汉语是不计词的，至少直到最近还是如此。在中国人的观念中，'字'是中心主题，'词'则在许多不同的意义上都是辅助性的副题，节奏给汉语裁定了这一样式"①。此文是用英文写的，1992 年清华大学在纪念赵先生百年诞辰时才翻译发表，读者才了解他的观点。在此前一年，徐通锵在不知道赵的观点的情况下也提出字本位的理论，指出字是汉语结构的核心和枢纽，是语音、语义、语汇、语法的会聚焦点，各个层面的研究都得以此为基础。② 这一时期还有其他学者，如潘文国、鲁川等，也开始研究字和汉语语法结构的关系。不同地区、不同层次、不同年龄的语言学家在相互不知情的情况下向同一方向探索前进，说明学术发展的客观条件已趋成熟。这"已趋成熟"四个字隐含这一思路"多灾多难"，已有一个发展的历程。这里不妨引述张志公的一段话③，以资参照：

> 语素不等于 morpheme，我们语言里基本上没有 morph（形素），那么字是什么呢？恐怕说半天，字就是字。算个老账吧：50 年代有一个同志（我记不得名字了）非常强调字，认为汉语就是字，没有词。当时批风很盛，把这位同志批了一通。现在

---

① 赵元任：《汉语词的概念及其结构和节奏》，见《赵元任语言学论文集》，北京：商务印书馆 2002 年版。

② 徐通锵：《在"结合"的道路上摸索前进》，（香港）*Newsletter*，No. 13。

③ 张志公：《汉语辞章学引论》，初载于《语文学习》，又见《张志公自选集》，北京：北京大学出版社 1998 年版；《张志公论语文·集外集》，北京：语文出版社 1998 年版。

想一想,他的说法是否全面,得另当别论,但是对于字的性质恐怕确实需要下一番工夫来研究研究。这是个地道的中国货,把它翻成 morpheme,再把 morpheme 翻成语素,用以指字,恐怕有点名同实异,还需要再考虑考虑。

这里提到的"50 年代有一个同志"大概是指景幼南,他曾写过一篇文章《汉语语法学上的一个新体系》,刊载于"中国语文"丛书的《语法论集》第一集,1957 年由中华书局出版。文章认为汉语语法的基本单位是字,不是词;而字可分单字、准单字和复字三种,汉语语法应该以此为基础进行研究。当时的学术环境是"一边倒"学习苏联语言学,盛行批判风,不合"一边倒"观点的学术研究"不合时宜",自然属于批判的对象,因而"把这位同志批了一通"。不过有意思的是,对这种观点进行公开批判,似乎还不够"格",只能作为一篇附录性的文章刊载于《语法论集》第一集的最后,因而多数读者(包括本人在内)对这一段公案都不大清楚。从这里可以清楚地看到,如果学术发展的条件不成熟,那就连问题也提不出来,更不要说研究讨论了。20 世纪 90 年代是中国语言学多元发展的时期,学术环境比较宽松,已不同于 50 年代,而汉语的语法研究也在实践中碰到了很多问题,解决不了,因而发出"淡化语法"的呼声。这些都从不同的侧面为"字本位"思路的提出和发展清除了一些思想障碍,形成了一个"已趋成熟"的学术条件,不过这只是"已趋成熟",而不是"已经成熟"。

　　经过近百年的探索,汉语语法研究终于提出了一条最"独立"的字本位思路,但这一思路如何用于现代汉语语法的研究? 却是一条前人没有走过的、布满荆棘的坎坷之路,需要不畏艰辛、甘于寂寞的长期探索。然而,要在没有路的地方走出一条路来,总得有人迈出第一步。景幼南的探索以失败而告终,主要是当时还缺乏自由探索的学术条件。徐通锵、潘文国等的运气比较好,一是 20 世纪八九十年代的学术环境有了比较大的变化,已没有 50 年代那样的批判风;二是已有如赵元任那样的权威学者进行了先导性的研究;三是已有很多学者深切地认识到印欧语的理论、方法不大适合汉语语法的研究,因而他倡导字本位的汉语研究尚能见容于学术界,而且还得到了相当一部分人的响应。如把徐通锵和景幼南两人所遭遇的一些情况进行一些对比,就可以清楚地看到"已趋成熟"的学术研究的条件对一种新理论的探索是多么重要。徐通锵此后花了多年的时间研究以字为本位的语义句法,在《语言论》中提出了一个初步的理论框架;潘文国也于 2002 年出版《字本位与汉语研究》,对相关问题的研究向深化的方向前进了一步。尽管这一"字本位"理论尚处于草创阶段,还有待完善和深化,但是,它把握住了"字"这个牵动整个汉语系统神经的基本结构单位,而抓住了字,无疑也就抓住了古今汉语研究的关键。顺着这一思路进行研究,我们相信,它不仅能为中西语言学的结合开拓一条新的途径,而且对丰富和补正普通语言学的理论、方法也会产生积极的影响。鲁迅说过:世上本没有路,走的人多了也就成了路。我们相信,随着越来越多的志同道合者走上字本位这条研究的路,一定会走出一条真正具有汉语特色的中国语言学之路。

纵观《马氏文通》以来的汉语语法研究,我们虽然走上了与印欧语研究传统相结合的道路,开创了一个新的格局,但还没有找到有效的结合途径,因而难以摆脱印欧语研究格局的影响。为什么历经百年,我们还找不到一条有效的结合途径?"独立"的研究为什么那么困难?这里的原因,有两点值得我们去好好思索,一是结合的基点,二是思维方式与语言理论研究的关系。

所谓"结合的基点"就是我们应该站在什么样的立脚点上去实现中西语言学的结合。以印欧语的理论为结合的基点,或者说,用"印欧语的眼光"来观察汉语的结构,是很难揭示汉语的结构规律和演变规律、实现结合的目标的,《马氏文通》以来的汉语语法研究的实践已为此提供了一个很好的佐证。至于思维方式与语言理论研究的关系,实际上已在第五章中进行过具体的讨论,这就是:印欧语的语法与推理式的思维方式相联系,汉语的结构与隐喻性的两点论的思维方式相联系,要用与这一种思维方式相联系的语言理论去分析、解决那一种语言结构的问题是很难收到成效的。乔姆斯基的标准理论之后的几种语法理论为什么难以解决语法和语义的关系?主要也是由于与推理式思维方式相联系的语法理论无法解决以隐喻性的两个"点"为基础的语义生成机制的问题(第五章第四节);同理,《马氏文通》以后的汉语语法研究为什么老是在词类的划分和它与句子结构成分的关系上兜圈子,而且还难以取得实质性的进展?

也是重语义的汉语结构难以纳入与推理式思维方式相联系的语法框架去研究的反映。要研究语义的结构,还得采用与隐喻性两点论的思维方式相联系的语言理论和方法。这是日后有待解决的重要课题。

立足以字为基本结构单位的汉语特点的研究,认清语言结构与思维方式之间的关系,这可能是实现中西语言学的有效结合需要解决的两个重要问题。

# 汉语特点的研究和中国 语言学与国际接轨

　　科学最可怕的是一种教条，或者是框框，这不光是人文科学，自然科学也是这样。物理学的发展就说明这个问题，受一些老框框限制住啦。先入为主和传统观念对科学的束缚非常大。有的时候超出我们的想象之外，不知不觉地受到这些限制，总觉得这是大家这样说的，不应该有问题呀！其实，问题就出在这儿。过去荒谬的东西，现在都变成了真理。我们语言学也不例外。

——朱德熙

　　朱德熙(1920—1992)，当代著名语言学家，在语法研究、古文字研究和语文教学等方面做出了突出的贡献。著有《语法讲义》《语法答问》《现代汉语语法研究》《语法修辞讲话》(与吕叔湘合著)等。

# 1　语言特点的研究和语言共性的探索

## 语言差异的比较研究和语言共性的探索

语言学之所以不同于语文学，主要是在于它是对语言共性的研究，能从具体语言的研究中抽象出共同的结构原理，并据此去指导具体语言的研究，不断丰富、改进和补正语言共性的假设。这一点，人们不会有什么歧义，问题是如何去探求语言的共性。这就涉及语言特点的研究与共性诉求之间的关系。

语言的共性都隐含于具体语言结构的特点之中，难以直接观察，需要人们从语言特点的研究中去挖掘、寻求语言的共性结构原理。要实现这样的目标，就需要人们对比不同语言的结构差异，从"异"中找出相互间的"同"，说明这种"异"与"同"的关系，进一步升华语言共性的假设。从语言学成为一门独立的科学以来,语言共性结构原理的建立都是从"异"中找出"同"的联系,并从当时科学思潮的发展中吸取自己所需要的理论和方法,对它做出理论的解释。一般说来,只要能真正抓住具体语言结构的特点,就有可能找到通向语言共性的桥梁。历史比较语言学通过不同语言的语音对应规律的比较研究从相互的"异"中找到了"同"的规律,美国描写语言学从印第安语不同于印欧语的结构特点中提炼出分布(distribution)的理论和方法,根据替换(substitution)的原则将索绪尔的组合关系和聚合关系理论进一步系统化。它们都是从语言特点的研究中总结出具有普遍理论意义的语言的共性结构原理,因而对语言学的发展产生了巨大的影响。美国语言学家基姆(Kim)在梳理语言学的发展线索时说过这么一段话[1]:

> 如果有人要对语言学史作一概括的话,可以说,是印欧语系产生了欧洲十九世纪的历史比较语言学。北美洲的美洲印第安语是养育廿世纪上半叶的描写语言学的沃土。在六十年代,主要是非洲语言提供了生成音位学的研究素材。叫人饶有兴味的事是,中东的闪含系语言成了非线性音位学早期研究者(如 Prince McCarthy, Selkirt 等)主要的材料来源。无疑,这样的概括有点太笼统了。但无论如何,它会诱人思索,随着将来

---

[1] 转引自陆致极:《关于"非线性"音位学》,载《国外语言学》1985 年第 3—4 期。

对亚洲系语言(阿尔泰语系、德拉维达语系、汉藏语系等)的深入研究,将会产生一种什么样的新理论。

这个概括很有意思,虽然很简单,但抓住了语言特点的研究与语言共性诉求之间的关系,使人们清楚地看到了语言学发展的基本脉络。

### 汉语的特点和语言共性结构原理的研究

汉语特点与语言共性研究的关系是有待开发的一块语言学沃土,具有挑战性。

汉语地处东亚,这是一个特殊的语言区,语言的数量多,相互间的接触很频繁,因而语言发生学的共性、类型学的共性和因接触而产生的地域语言学的共性相互交织在一起,而汉语可以说是处于这一交织的中心,不同语言的结构往往可以通过汉语而找到它们相互间的联系。这种语言关系为语言共性的研究提供了丰富的素材,只要能从一个合适的视角去观察语言间的相互关系,就有可能为语言共性的研究提出一种新的理论思路,丰富和补正理论语言学。前述陈保亚的语言接触的"无'界'有'阶'"理论(第六章第四节)就是一个很好的例证。不过就东亚诸语言谈语言结构类型的共性还比较容易,因为结构单位的单音节性、声调别义等已成为人们探索这些语言的共性的向导。

从宏观的视角考察语言的共性,它无疑具有超时间、超空间的特点。对它的研究，人们不问结构类型的异同，不问有无发生学上的联系，只问相互间有无相同或相似的结构原理。如前所述，语言是现实的编码体系，不同语言的结构是对同一现实的编码，相互间自然隐含有共性。这一点，人们没有歧见；问题是，不同语言对现实进行编码的观察视角不同，因而形成语言世界观的"主观性"和"片面性"，呈现出不同的特点，模糊了语言共性的表现形式。如何从"主观性"中透视客观的根据、从不同的"片面性"中找出相互间的共同性？这应该是语言共性研究需要解决的问题。人们自觉不自觉地在探索这一问题的研究途径，虽然理论上的讨论不多，但不同地区的语言学家似乎早就对此有了一个明确的回答，这就是自觉或不自觉地将印欧语的理论、方法视为语言共性的标志，因而用它来研究不同语言的结构。我们不同意这种不成文的看法，因为印欧语的理论、方法是根据印欧语的研究总结出来的，反映印欧语的结构特点，不能成为语言共性的天然标志。我们前面批评汉语研究中的"印欧语的眼光"，实质就是反对把印欧语的理论、方法视为语言共性的标志，以它为标准衡量其他语言结构的短长。语言学家面对的都是特殊的语言现象，要探索语言的共性，只能从特点的研究中去探索相互间的共同结构原理。如何实现这种探索的途径？比较有效的方法就是前面说到过的对比，先弄清楚同一性质的语言现象在不同语言中的不同特点，而后找出隐含于其中的共性结构原理。比方说音节，它是语言的最小语音结构单位，由音素的组合构成，但音素如何组合成音节，不同的语言有不同的特点。汉语的音节结构规则不同于印欧语(参看第二章第二节),但它们的结构原理是相同的,或者说,是相通的。美国语言学家首先在汉语音节结构的特点中发现了它所隐含的共性结构原理[①]:

> 据生成音系学的创始人 Halle 教授告知,他们在各种语言的韵律规则研究中都发现了辅音在音节首与音节尾的不同功能,才发现汉语音韵学的音节层次结构说原来是普遍的语音模式。现在,这一模式已被普遍接受,其解释力令许多音系学家震动。可惜,声·韵二分的音节结构层次说作为语言的普遍模式,其发明权不在中国而在美国,中国人坚持认为它是汉语独有的特点。

为什么中国语言学家自己没有看到这种共性的结构原理?主要是由于我们的视野比较狭窄,就事论事,缺乏对比的研究,虽然看到了每一种语言的音节结构的差异,但却无法从差异的对比研究中提炼出共性的结构原理,因而留下来的只能是望"洋"兴叹的遗憾。这是我们的语言理论研究远远落后于西方语言学的一个重要原因。

从语言特点的研究中探索语言共性的结构原理,音节的研究提供了一个成功的范例。艺术界的人们常说,越是民族的,越具有世界的意义。语言研究的情况与此类似,越是成为具体语言的特点的现象,就越是具有语言学研究的价值,越能从中提炼出语言共性的

---

① 参看王洪君:《语言的特点和语言的普遍性》,见《缀玉二集》,北京:北京大学出版社 1994 年版。

结构原理。这犹如音变规律与例外的关系的研究。例外考验规律;
例外有它自己的规律,即所谓"没有一个例外是没有规律的",因而
对它的成功解释就成为音变规律能否成立的一个重要条件;语言特
点的研究犹如对规律例外的解释,是否解释得清楚,就成为对语言
共性研究的考验。汉语的最大特点集中于字,用赵元任的话来说,
就是"在中国人的观念中,'字'是中心主题",它在语言系统中的地
位虽然相当于印欧语的词,但二者的关系,"甚至连近于相同也谈不
上"。如何对此做出语言共性的解释,则涉及如何认识语言共性和
语言结构层次之间的关系。

### 语言结构层次的深、浅差异和语言的共性结构原理

语言是现实的编码体系。如何将现实"编"成"码"的体系? 我
们在第一章第二节画了一个示意图,可以据此讨论不同结构层次与
语言共性之间的关系。

对现实进行编码,首先是需要将混沌的、连续的现实现象进行
分类概括,转化为概念性的语义。这是最近似现实的语言结构层,
隐含的语言共性最丰富。语言的结构以此为基础,不断对它"加
工",进行编码;每加一次"工",它的共性特点就淡化一层。将语义
与语音结合起来,即用语音对语义进行"加工",使之构成语言的基
本结构单位,共性的语义就受到不同语言的音系的制约,呈现出不
同语言的特点,"甚至连近于相同也谈不上"的字与词的差异就是这
方面的具体例证。基本结构单位的音义结合是非线性的,将这种非

线性的结构单位转化为线性的组合，生成一般所说的语汇和语法，这就使语言的共性特点进一步淡化，而不同语言的特点则越来越显著。对语义的一层层"加工"大致相当于编码的一次次抽象，逐步使一般转化为特殊、从深层转化为表层：语义是对现实的抽象，从而向表层化方向迈出第一步；音义结合是对语义的抽象，使模糊的、范畴化的语义转化为界限清晰的语言基本结构单位，在汉语中的表现就是如"人、马、牛、羊……"这样的字；语汇是对语言基本结构单位的抽象，使数量庞杂的结构单位条理化、系统化；语法是对语汇的抽象，这已见于前述（第三章第一节）。随着结构层次向表层的转化，不同语言的特点也就渐次明显，也就是说，语法化了的表层是语言特点最明显的结构层；反之，越是接近底层的结构，语言共性的因素就越丰富，也就是说，语义是语言共性特点最丰富的结构层，不同语言间的翻译就是通过表层特点的转换去揭示语义的共性规律。我们前面讨论语言结构的时候大致就是根据这样的想法展开各层之间的关系的分析的。当然，这是最粗的分层，其实，各层内部还可以分出若干个小层，如语法层可以分出形态层和句法层；各层之间也可以分出某种过渡层，不过就我们现在所要讨论的语言结构的分层和语言共性研究的关系来说，这样的粗分也就可以说明相关的问题了。

　　追溯语言共性研究的历史，基本的脉络是由"表"及"里"，从表层向底层的方向摸索前进。最初是根据词的形态变化的有无和形态变化的特点，分出屈折、黏着和孤立三种结构类型，这是着眼于语言结构的最表层的特点去探索不同语言的共性。其次是根据句法结构成分主语、谓语、宾语的先后排列顺序进行语序类型的分类,主要分出 OV 型(宾动型)和 VO 型(动宾型)语言,在语言共性探索的道路上向底层的方向前进了一步;这虽然是一小步(因为它仍是"语法化"中的一个层次),但毕竟已不同于根据形态变化的共性研究。由于这种研究还存在着诸多问题,如"动宾型"语言的语序,根据结构规则的蕴涵关系,修饰成分应该在被修饰成分的后面,但"动宾型"语言的英语、汉语的修饰成分却都在被修饰成分的前面,此外还有其他诸如此类的问题,因而人们又改变观察的视角,着眼于介词在语法结构中的地位和作用去研究语言结构的共性,创建介词语序类型学,国内对此进行全面研究的是中国社会科学语言研究所刘丹青的《语序类型学和介词理论》(北京:商务印书馆 2003 年版)。这虽然还是在语法化的层次内进行语言共性的研究,但已开始向语汇化方向的共性研究转化。还没有人从语义范畴的角度去讨论语言共性研究的问题,但实际的研究已提出了不少重要的线索。例如"±有生",不管是有形态变化的语言还是没有形态变化的语言,这一对语义范畴对不同语言的语法结构的制约呈现出一些共同的特点,这就是:"多数及物动词在主动句中同作主语的有生名词一起出现,而不及物动词的主语和及物动词的宾语对有生、无生名词间的区别相当漠然。"[①]这种现象不仅见于印欧语,汉语的结构也同样反

---

① Lyons, J., 1977, *Introduction to Theoretical Linguistics*, §8.1.5.

映出这方面的特点。李佐丰在研究古汉语语法时发现,"有生名词主要表示人物、国家和其他生物,经常给动词性词语作主语,并且主语充当施事主语。有生名词给动词性词语作主语有三个特点",即常给带宾语的状态动词作主语、常给具体动词性词语作主语和给具有言语、心理等行为的抽象的动词性词语(主要是人类所具有的心理活动)作主语,而无生名词则相反,"给动词性词语作主语的次数要少得多,并且很少用作施事主语"①。汉语和印欧语是两种不同结构类型的语言,但有生和无生的语义特征在两类语言的语义结构中却起着相同或相似的作用,说明不同的语法结构隐含有共性的语义基础。语义是语言共性的富矿,只是研究的难度大,不易取得有效的进展。20 世纪 60 年代的中、后期,或者说,从乔姆斯基的"标准理论"开始,语言学中兴起了语义研究的思潮,诞生了一系列以语义为主要研究对象的学科,如生成语义学、层次语法、格语法、切夫语法、蒙太古语法等;特别是晚近兴起的认知语言学,语义的地位尤为突出。这种发展趋向说明人们已不再满足于语法共性的研究,开始摸索语义的共性规律。"±有生"的语义范畴对不同语言的语法结构呈现出相同的影响只是这种共性特点存在于语义结构层的一个佐证而已。

　　共性与语言结构层之间的关系,总的趋向是:结构层次越深,语言的共性特点就越丰富,相反,越是接近表层的结构,相互的差异就越突出,因而很难找到在统计概率上有价值的共性参数。例如汉语

---

① 李佐丰:《文言实词》,北京:语文出版社 1994 年版。

的字和印欧语的词在语言的表层结构中相互"连近于相同也谈不上"，但在语义的结构层中它们存在着共性，都是用来表达概念的结构单位，我们前面也正是从这一角度揭示它们的共性结构原理，说明它们在各自的语言系统中都是音义关联的基点，具有现成性、离散性和语言社团中的心理现实性的共同结构原理。所以，如果人们能以语义研究为基础说明汉语的特点与语言共性研究之间的关系，犹如解释音变规律的例外那样，对汉语的特点做出理论的解释，那么就一定能深化语言共性的研究。

### 汉语特点的研究和与国际接轨

现在学界有一种强烈的呼声，认为汉语的研究水平太低，应该努力学习西方语言学，与国际接轨。这一呼吁不错，问题是如何接轨，是"急起直追"，还是"迎头赶上"？《马氏文通》以来的汉语研究的理论和方法基本上就是以西方语言学为楷模"急起直追"，人家有什么，我们就学什么，"过去，中国没有系统的语法论著，也就没有系统的语法理论，所有理论都是外来的。外国的理论在哪儿翻新，咱们也就跟着转"（吕叔湘 1986 年为龚千炎的《中国语法学史稿》写的序言），但"追"的结果只能是"跟着转"，还没有等我们完全弄懂人家说的是什么，人家的理论已经发生了变化，于是又得急起直追，继续"跟着转"。这样的循环往复，我们是永远也实现不了与国际接轨的目的的。怎么办？只能变"急起直追"为"迎头赶上"。什么是"头"？就是语言的特点，就像研究音变规律的例外那样，对特点做出理论的解释,揭示其中所隐含的结构原理,由此通向语言的共性,与国际接轨。为什么?印欧语的理论是根据印欧语的特点总结出来的,我们要"迎头赶上"就得根据汉语的特点,从材料的分析中提炼出相应的理论;印欧语的理论、方法要学,但不是学它的现成的结论,而是学它的立论精神和分析问题的方法,即学它如何从具体材料的分析中升华相应理论的思路。这样,汉语特点的研究才有可能通向语言的共性,对普通语言学的发展做出自己的贡献。王士元基本上根据汉语中古音和汉语方言总结出来的词汇扩散理论就是这方面的一个范例。

特点是语言研究的基础。什么时候强调汉语的特点,什么时候的汉语研究就能取得一些实质性的进展,20世纪的40年代和八九十年代的汉语研究可以为此提供有说服力的例证。问题是:什么是特点?见仁见智,很难有一个统一的意见。我们不必在"什么是特点"的概念上兜圈子。这是永远"兜"不出结果来的,20世纪五六十年代的语言演变原因、语言与言语、语法与文法等问题的讨论都为此提供了有价值的经验教训。怎么办?最简单、但也是最有效的办法就是从语言事实和语言理论的矛盾入手。比方说,结构语言学分析音位的分布分析法在20世纪30年代至50年代期间是一种至高无上的语言研究方法论,但是无法有效地分析汉语儿化之类的语言现象,即使在印欧语的研究中也难以处理重音之类的语音现象与音位之间的关系。这给语言研究提供了一种重要的线索,暗示这种至高无上的理论仍有明显的弱点,应该创建新的理论以推进语言研究的发展。美国语言学的生成学派根据英语、俄语等印欧系语言的重音材料说明结构语言学就语音论语音的"音位发现程序"是不合理的,应该兼顾语法语义条件才能有效地进行语音单位的分析,于是创建了生成音系学、非线性音系学、词汇音系学等一系列新的理论,使音系学的研究上了一个新的台阶。汉语的研究在理论创新方面就相形见绌,始终没有突破音位的分布分析框框;即使以字音为单位的音位分析已经涉及语义、语法层面的因素,我们也"自觉"地加以排除,以符合纯语音的分布原则。这就是中西语言学的差距。王洪君在比较了这两者的差异之后说了一段很有感慨的话:"同样是理论不适用,引出的结果却不相同。人家认为音位理论处理不了英语重音是有普遍意义的,因而对结构主义进行了'革命',建立起新的、普遍性的语言理论。我们则或者以为普遍理论不可更改,或者认为儿化韵是汉语独有的。一次很好的机会,根据汉语的特点来修正、补充,以至重建普通语言学理论的机会就这样失去了。"①这里涉及中西语言学的差距的核心:西方语言学家碰到语言事实与语言理论的矛盾,一般都认为是理论有局限性,应该加以修正,创建新理论;中国语言学家如碰到语言事实与印欧语的理论有矛盾,一般都不去怀疑理论本身的局限性,而仍旧坚持用原来的理论去分析这些有矛盾的"特点"。这种思想认识上的差距在语言研究中呈现出来

---

① 王洪君:《语言的特点和语言的普遍性》,见《缀玉二集》,北京:北京大学出版社 1994 年版。

的情况就是：西方的理论不断翻新，而我们只能"跟着转"。所以，中国语言学与西方语言学的差距不是理论的表述形态，而是思维方式的差异，缺乏理论创新的意识、勇气和信心；即使是最有才华的一些语言学家，在理论创新面前也是望而却步，不敢在语言事实与语言理论的矛盾面前突破旧的理论樊篱，通过语言特点的分析揭示隐蔽于它背后的深层的普遍结构原理，以解释所面对的语言事实与理论的矛盾。这是我们要实现与国际语言学接轨的主要思想障碍。

　　语音研究方面表现出来的差距不是孤例，而是我们语言理论研究的一个通病。现在碰到的最大矛盾是名、动、形的词类划分和它们与句子结构成分的关系问题。印欧语的语法是双轨制，名、动、形的词类划分与一致关系所维持的主谓结构的结构成分存在着有规律的对应关系。我们用这种理论来研究汉语，发现语言事实与理论之间存在着尖锐的矛盾：名词不仅可以做主宾语，而且还可以做定语和谓语；动词不仅可以做谓语，而且还可以做主宾语；至于形容词，主宾语、谓语、定语和状语等结构成分都可以做。这就是说，汉语的词类和句子结构成分之间不存在类似印欧语那样的有规律的对应关系（第九章第三节），说明印欧语的理论用于汉语的语法研究有严重的局限性，应该根据汉语的特点创建新的理论，以揭示隐蔽于汉语特点背后的普遍结构原理。但是我们没有这样做，坚持用印欧语的理论来分析汉语的结构，结果就是用"印欧语的眼光"观察汉语的结构，周期性地发生词类与句子结构成分之间的关系的论争，始终找不到一条有效的解决问题的途径。为什么？因为我们一定要在不存在规律的地方找规律，结果自然难以对汉语的结构做出有效的解释。《马氏文通》以来已历经百年，并经过几次大的论争，始终解决不好名、动、形的词类划分和它们与句子成分的关系问题，就是这方面的一个最好证明。我们已经在语音的研究方面失去了一次"根据汉语的特点来修正、补充，以至重建普通语言学理论的机会"，希望在语法理论研究方面有所建树，不致再发出同样的感慨。不错，根据语言事实与语言理论的矛盾进行理论创新是一件吃力不讨好的事情，而且容易出错，但是，因创新而出现的错误总比躺在印欧语理论的大床上咀嚼人家咀嚼过的东西要强一些。为了赶上世界语言学的发展水平，实现接轨，我们最需要的是根据汉语特点的研究进行理论创新的意识、勇气和信心。字本位的语言理论是这方面的一次尝试，希望能为探索"迎头赶上"的语言研究途径找到一种可行的办法。不管成功还是失败，这种根据汉语的特点去探索"迎头赶上"的研究思路的方向是不会有什么问题的。

与国际接轨的"轨"应该是语言的共性，不是印欧语语法的现成的结论。最丰富的语言共性存在于语义结构层，因此，要接轨，就应该立足语义的研究，将汉语的特点和语义结构联系起来，从特点的分析中透视语言的结构原理，进而总结相关的规律，这应该是"与国际接轨"的正确途径。说到这里，我想就汉字的问题再说几句。汉字的特点是表义，跨时间、跨空间，能以不变应万变，离语言共性的要求最接近，因而它所隐含的结构原理在语言的语义共性的研究中有可能会产生积极的影响，日语、朝鲜语（这两个语言的系属不清）、越南语（南亚语系）为什么都能用汉字作为它们的书面语的载体？语言理论研究并没有对此做出有说服力的解释。这种现象可以成为以语义为目标的语言共性研究的一个向导。人们可能会说：汉字只流行于东方的几种语言，并没有对西方的语言产生影响，怎能谈及它与语义共性的关系？不错，现在的情况是这样，但随着社会的发展，不同的语言之间急需通过机器翻译进行信息处理，那就需要一种跨时间、跨空间的中介语，或者说，需要一种跨语言的中介语；根据语言的表层结构建立中介语，由于不同的语言有不同的特点，缺乏跨时空的表义性，因而简直是不可能的，而汉字则是一种可能的选择。有无可能，自然需要研究，但汉字曾在汉、日、朝鲜、越南等语言中起过中介的作用，人们或许可以从中得到一些必要的启示。

## 2 语言研究的发展趋向和中国语言学

语言学自成为一门独立的科学以来已经历了二百余年。回顾这两个世纪的发展历程，对语言研究的发展趋向或许可以做这样简单的概括：19 世纪的研究重心是历史比较语言学，20 世纪肇始于索绪尔语言理论的研究是以音位和语法为重心的共时描写语言学。进入 21 世纪，语言学的研究重心向何处转移、发展？根据最近二三十年来语言研究的发展趋势和信息科学、生命科学的发展要求，应该是语义学。它既是语言共性的凝聚中心，也是前两个世纪的语言研究涉足不多、不深的一个领域；要推进语言学的发展，就必须重点探索它的规律。社会发展的要求从来都是科学发展的强大动力，现代信息科学、生命科学的发展需要语言学与之配合，将语义的规律形式化、规则化，以便于计算机进行高效率的处理。现在与计算机有关的语言信息处理的发展瓶颈主要不是计算机的技术，而是语言研究的成果无法满足它的发展需要，拖了后腿。这一矛盾终将迫使语言学的研究重心向语义的方向转移。

语义将成为今后语言研究的重心，这恐怕已是一种不可逆转的发展趋势。我们需要联系这一趋势去考虑中国语言学的发展。

汉语是一种语汇厚、语法薄的语言，语义研究有悠久而丰富的传统，与印欧语的语法厚、语汇薄的结构和重语法的研究传统形成鲜明的对比（请参看第三章第一节）。两种研究传统固然不同，但现在都面临着一个共同的难题，就是需要解决语义与语言结构的关系问题。这里的最大困难是两种思维方式的交融。如前所述，语义的生成机制与隐喻性的两点论的思维方式相联系，与推理式的思维方式的关系不大，而语法的生成机制正好相反，它是推理式的思维方式的外在表现。语言研究的两种不同的传统实际上就是两种不同思维方式在语言研究中表现出来的状态。要改变习惯的思维方式和与之相关的语言理论，是非常困难的，因为它需要创建一种全新的语言理论。从 20 世纪 60 年代中期开始兴起的语义研究思潮，诞生了如生成语义学、层次语法、格语法、切夫语法、蒙太古语法等，虽然提出了不少新的思路，但始终无法解决语义和以主谓结构为框架的语法生成机制的矛盾，或者说，没有找到谐合两种思维方式的矛盾的出路。主谓结构的语法框架与推理式思维形式的判断相对应，没有语义的地位，这恐怕也是印欧语传统重语法、轻语义的一个原因。

中国人在语言研究中碰到语义和语法的矛盾要早于欧洲人。从《马氏文通》开始，我们引入西方的语法理论，用主谓结构框架来分析汉语的结构，考察名、动、形的词类划分和它们与句子结构成分之间的规律性联系，结果是如前所述，虽经百年的努力，汉语的语法研究仍旧解决不好或解决不了名、动、形的词类划分和它们与句子结构成分之间的关系问题。为什么？实际上也就是推理式的思维方式难以谐合汉语以两点论思维方式为基础的语义生成机制。以语法研究为代表的中国现代语言学为什么会中断汉语本身的悠久研究传统？深层次的原因恐怕也就在这里。

思维方式不同的西方人和中国人在语言研究中既然碰到了相同的困难，那是不是说，这两种思维方式根本无法谐合和交融？否！一个语言社团虽然习惯于某一种思维方式，但不是没有或不会其他的思维方式，只要社会的发展有需要，人们也就能很快学会另一种思维方式，实现方法论的转化。以演绎论证为特点的"正的方法的传入……给予中国人一个新的思想方法，使其整个思想为之一变"①，"西学东渐"之后中国现代科学的兴起、发展和所取得的伟大

---

① 冯友兰：《中国哲学简史》，北京：北京大学出版社 1985 年重印。

成就就是这种转化的一种标志。这主要是自然科学的研究，实现思维方式的转化比较容易，因为不同民族的科学家面对的研究对象都是物质结构相同的自然现象。语言学在这方面的转化为什么比较困难？因为不同语言的结构有重大的区别，体现思维方式的语言结构的特点制约着语言学家的研究方法，形成上述那样的语义和语法难以谐调，呈现出语言事实与既有理论的某些矛盾的状态。要兼容两种不同思维方式，这就需要以语言共性的研究为基础，进行新的理论探索。这方面西方人也走在中国人的前面，我们比较熟悉的就有索绪尔的语言系统的价值说、音位的对立理论、音位区别特征的偶值理论等，它们的基本特点都是抓住两个"点"，从它们的相互关系中去把握每一个"点"的性质和特点，对之进行演绎论证。或许可以说，这就是用演绎论证的方式去分析两点论的结构。这些理论的出现，每一次都使语言研究的面貌为之一新。对比它们与传统研究方法的异同，人们一定可以在方法论上得到一些有益的启示。这些理论在方法论上的局限性主要就是如第七章第二节所说的"拆零"，将所研究的现象孤立化、绝对化。我们认识到这些理论的利弊优劣，就可以学其所长，弃其所短，为我所用。

晚近兴起的认知语言学，在我看来，它的方法论基础也就是用推理的方法对语义生成的两个"点"进行演绎论证，探索两种不同思维方式的谐合和交融，创建新的语言理论。这方面虽然现在还处于探索阶段，但已明显地显出它的生命力。汉语有语义研究的悠久传统，有雄厚的基础，但只抓住两个"点"进行比喻例证，而没有演绎论证的推导分析过程,因而精华都隐含于例证式的注释中,难以形成理论。尽管有这方面的"片面性",但它的基础是扎实的,我们如能立足"两点论"的语义生成机制,吸取演绎论证的推理式的思维方式的精神,对传统进行好好总结,定可以从中发现独特的理论思路,以补正普通语言学的理论和方法。

从《马氏文通》开始,中国语言学开始了与印欧语研究传统相结合的进程,但以语法研究为标志的中国现代语言学实际上没有实现结合的目标,因为它只是用印欧语的理论、方法来研究汉语,而中断了自己的传统。结合,它需要以语言共性的结构原理为基础,而犹如第十章第一节所述,汉语和印欧语的共性原理凝聚于语义,而百年来汉语语法研究的实践过于迁就印欧语的语法理论,放弃了语义,因而难以揭示相互的共性基础,结果只能与传统脱钩。要真正实现中西语言学不同传统的结合,还得以语义的研究为基础,立足两点论的思维方式,而对每一个"点"的解释需要变例证为演绎论证,把汉语研究传统的精华与印欧语的理论、方法融于一体,揭示其中所隐含的共性结构原理。

无论是语言共性研究的发展趋向、科学思潮发展的要求,还是实现中西语言学不同传统的有效结合的需要,中国语言学今后的研究方向都指向语义。语义的研究应该成为中国语言学的主攻方向,汉语悠久而深厚的研究传统将有助于我们在这一领域中做出自己的贡献。

# 推荐阅读书目

1. 索绪尔:《普通语言学教程》,高名凯译,岑麒祥、叶蜚声校注,北京:商务印书馆 1985 年版。

2. 德里达(J. Derrida):《论文字学》,汪堂家译,上海:上海译文出版社 1999 年版。

3. 沃尔夫(B. L. Wholf):《论语言、思维和现实》,高一虹等译,长沙:湖南教育出版社 2001 年版。

4. 罗宾斯(R. H. Robins):《语言学简史》,上海外国语学院语言文学研究所译,合肥:安徽教育出版社 1987 年版。

5. 冯友兰:《中国哲学简史》,北京:北京大学出版社 1985 年版。

6. 林语堂:《论东西思想法之不同》,见《林语堂名著全集》,长春:东北师范大学出版社 1994 年版。

7. 饶宗颐:《符号、初文和字母——汉字树》,香港:商务印书馆 1998 年版。

8. 沈兼士:《右文说在训诂学上之沿革及其推阐》,见《沈兼士学术论文集》,北京:中华书局 1986 年版。

9. 赵元任:《汉语词的概念及其结构和节奏》,见《赵元任语言学论文集》,北京:商务印书馆 2002 年版。

　　10. 吕叔湘:《语文常谈》,北京:生活·读书·新知三联书店1980 年版。

　　11. 吕叔湘:《汉语语法分析问题》,北京:商务印书馆 1979年版。

　　12. 朱德熙:《语法答问》,北京:商务印书馆 1985 年版。

　　13. 潘文国:《字本位与汉语研究》,上海:华东师范大学出版社2002 年版。

　　14. 徐通锵:《语言论——语义型语言的结构原理和研究方法》,长春:东北师范大学出版社 1997 年版。

# 后　记

　　2003 年春,杨书澜同志约我写一本《语言学是什么》的书稿,要求通俗易懂,而又能反映学科研究的最新成果,为北京大学出版社出版的"人文社会科学是什么"丛书第二辑的一本新书。由于教学和其他杂事的干扰,直到今年春天才开始构思这本书的写作。开始时对介绍语言学基本知识方面的问题考虑得比较多,想写成一本通俗小册子,但写了几章后发现它只是"语言学概论"的简编,内容偏多、偏散,而且也处理不好学界在语言学基本问题上的流行看法和我本人的意见之间的关系,因而觉得没有什么意思,想搁笔不写,但书澜同志不同意。旧的思路既然不合适,自然得另起炉灶,重新构思。怎么写?"以我为主",重点谈我对语言学基本问题的一些最新看法,并以此为主线,穿插讨论一些相关的问题,介绍语言学的一些基本知识。基于这一考虑,我选择了十个问题,每章集中讨论一个问题,将前贤的研究成果和我近年来的一些思考编入本书,写成现在这个样子。这样,专业性和学术性加强了,"一家言"的色彩也很浓重,但通俗性方面就不能不受到一些影响。这样处理的利弊优劣,只能由读者评说。

徐通锵

2004 年 8 月于北大寓所

# "未名·人文社会科学是什么"丛书

《经济学是什么》　梁小民　　　　《文学是什么》　　傅道彬　于　莘

《历史学是什么》　葛剑雄　周筱赟　《语言学是什么》　徐通锵

《伦理学是什么》　何怀宏　　　　《新闻学是什么》　俞国明

《哲学是什么》　　胡　军　　　　《传播学是什么》　陈力丹

《美学是什么》　　周　宪　　　　《管理学是什么》　张　德

《宗教学是什么》　张志刚　　　　《民俗学是什么》　刘铁梁

《逻辑学是什么》　陈　波　　　　《考古学是什么》　王　迅

《人类学是什么》　王铭铭　　　　《民族学是什么》　郝时远

《社会学是什么》　邱泽奇　　　　《艺术学是什么》　朱青生

《法学是什么》　　贺卫方　　　　《文艺学是什么》　童庆炳

《教育学是什么》　励雪琴　　　　《军事学是什么》　彭光谦

《政治学是什么》　李　强　　　　《图书馆学是什么》王子舟

《心理学是什么》　崔丽娟　等